거꾸로 교실,
교실,

잠자는
아이들을
깨우는
수업의 비밀

거꾸로
교실,

잠자는
아이들을
깨우는
수업의 비밀

초판 1쇄 발행 2015년 12월 26일
초판 4쇄 발행 2018년 1월 11일

지은이 이민경
펴낸이 김승희
펴낸곳 도서출판 살림터

기획 정광일
편집 조현주
북디자인 꼬리별

인쇄·제본 (주)현문
종이 월드페이퍼(주)

주소 서울시 양천구 목동동로 293, 22층 2215-1호
전화 02-3141-6553
팩스 02-3141-6555
출판등록 2008년 3월 18일 제313-1990-12호
이메일 gwang80@hanmail.net
블로그 http://blog.naver.com/dkffk1020

ISBN 979-11-5930-003-5 03370

거꾸로
교실,

잠자는
아이들을
깨우는
수업의 비밀

이민경 지음

KBS 방송의 거꾸로교실 실험 기획에 자문교수로 함께한 시간들은 '교육'을 업으로 하는 내게 가르치고 배운다는 의미를 반추하는 계기가 되어주었다. 이후 전국 각지의 선생님들을 수업 연구회나 교육청 교사 연수, 단위 학교 교실 수업 개선 워크숍 등에서 만나면서 한국 교육 현실에 대한 사유의 지평을 더 깊고 넓게 할 수 있었다. 덕분에 학교 현장의 희망적이고 때론 비관적인 이야기들을 공유하면서 왜 가르치는지 그리고 어떻게 가르쳐야 하는지에 대해 서로 머리와 가슴을 맞댈 수 있었다.

무엇보다 아이들을 위한 좋은 교육을 고민하는 전국의 많은 학교 선생님들을 만날 수 있었던 것은 그 자체로 행복한 시간들이었음을 고백해야 할 것 같다. 이들 모두는 '교육'의 길을 함께 가는 동반자였고, 나의 사유를 넓혀준 스승이었고, 가르치는 즐거움과 어려움을 나누는 벗이기도 하였다.

강의와 숙제의 공간을 바꾸어 학습자 중심 교육을 실현한 거꾸로교실은 전 세계적으로 플립드 러닝Flipped learning, 플립드 클래스룸Flipped Classroom 등으로 불리며 초·중·고·대학교의 학교급을 막론하고 최근 가장 뜨겁게 회자되고 있는 수업 방식이다. 현재 한국의 많은 초·중·고 학교와 교사들도 이 수업 방식을 이미 실천하고 있고, 거꾸로 교실을 적극적으로 도입하여 지원한다고 공식화한 대학들도 생겨날 만큼 대학 강의실도 변화 중이다. 따라서 이 책은 어느 학교급이건 상관없이 적용할 수 있는 거꾸로교실과 교육에 대한 일반적인 내용을 포함하고 있다.

그럼에도, 이 책을 아우르는 경험적 토대들은 나의 대학 강의실 수업에서의 개인적인 경험을 제외하면 주로 초·중·고 교사들의 거꾸로교실 실천 사례가 주를 이룬다. 대학에서 초청받아 관련 연수를 하기도 했지만, 이 책에는 초·중·고 교사들을 대상으로 한 교육청과 단위 학교의 관련 연수와 워크숍, 수업 컨설팅 경험이 주로 녹아 있기 때문이다.

책을 펴내면서 감사해야 할 사람이 많다.

먼저 거꾸로교실을 방송으로 기획하고 연출하면서 교육 현장의 이슈를 함께 고민할 기회를 열어준 KBS 정찬필 PD에게 감사의 마음을 전한다. 덕분에 다양한 교육 현장과 더 가까이하면서 이상적인 교육 담론을 넘어 현실적 닻 내리기를 할 수 있었다.

거꾸로교실 실험과 연수 등으로 만난 많은 선생님들은 이 책을 함께 쓴 보이지 않는 공동 저자다. 이분들을 만나면서 우리 사회에 훌륭한 선생님들이 많다는 생각을 새삼스럽게 다시 하게 되었다. 바라건대 이 책이 정해진 짧은 강의와 워크숍 시간에는 못다 한 수많은 선생님들의 고민과 질문에 대한 하나의 응답이 되었으면 좋겠다.

거꾸로교실 수업을 직접 함께한 나의 학생들에게도 고마운 마음을 전한다. KBS 방송의 자문교수로 참여하면서 내 대학 강의실도 전면적으로 거꾸로교실을 도입해왔다. 나의 수많은 학생들은 이 새로운 수업에 기꺼이 동참하면서 예비 교사로서 한국 교육 문제를 토론하고 거꾸로교실의 의미를 공유해주었다. 반짝반짝 빛나는 눈빛과 배움에의 열정을 보이는 학생들로 인해 수업은 내게 설레고 즐거운 시간이다. 덕분에 나는 좋은 선생이 되고 싶다는 소망을 포기하지 않게 된다. 그동안 함께한 시간들이 앞으로 대한민국의 교사가 되었을 때 더 좋은 수업과 학교를 만들어가게 되는 동력이 되었으면 좋겠다.

덕성여대 이수정 교수는 이 글의 초고를 함께 읽어주고 수고로운 조언을 아끼지 않았다. 삶과 학문의 도반으로 함께할 수 있는 벗이 있다는 것을 늘 감사하게 하는 인연이다.

일에 치여 늘 정신없이 살고 있는 나를 이해해주는 나의 가족에게도 미안하고 고마운 마음을 전한다. 가장 가까운 사람을 가장 소홀히 대하는 어리석음을 범하는 사람 범주에서 나도 자유롭지 않다.

좋은 교육이란 어떤 것인가라는 화두는 쉽지 않은 질문이다. 이 책을 쓰면서 가장 많이 떠올린 질문이기도 했다. 정답도 없는 질문이 아닐까라는 생각이 든다. 다만 좋은 교육을 위한 우리의 희망 어린 노력이 있을 뿐일지도 모르겠다. 바라건대 거꾸로교실이 이처럼 좋은 교육에 대한 희망을 품은 선생님들을 초대하는 전령이 되었으면 좋겠다. 조금 욕심을 내본다면 이 책이 현장에서 학생들을 위한 좋은 수업을 위해 노력하는 이 땅의 많은 선생님들에게 의미 있게 닿을 수 있다면 더없이 기쁠 것 같다.

2015년 가을날에

이민경

차례 ————————

프롤로그 1
교사는 여전히 힘이 세다?!

　KBS를 통해 '거꾸로교실' 실험이 방영된 후 호의적인 반응 덕분에 전국 각지의 학교와 현장을 돌아다니며 많은 선생님들과 만나는 행운을 누리게 되었다. 연수와 워크숍을 진행하면서 만났던 선생님들이 보여주었던 '거꾸로교실'에 대한 반응은 매우 다양했다.

　가정 형편이 어려워 사교육은 꿈도 꾸지 못하는 아이들에게 무엇인가를 해주고 싶어도 마음처럼 쉽지 않아 늘 안타까웠는데 거꾸로교실이 대안이 될 수 있을 것 같아 가슴이 뛰었다는 한 시골 학교 선생님의 이야기는 아이들을 위한 사랑과 열정을 고스란히 느낄 수가 있어서 반가웠다. 사교육으로 이미 선행 학습을 한 아이들이 학교에서는 잠을 자는 교실 풍경을 그동안 애써 외면하면서 스스로도 수업 시간을 견뎠는데 뭔가 돌파구를 찾은 느낌이라는 선생님들의 희망 어린 눈빛을 마주하는 일도 즐거운 경험이었다. 교실이, 아이들이 이렇게 바뀔 수도 있는데 그동안 아이들에게 좋은 수업을 해주지 못한 것 같아 마음이 아팠다는 절절한 고백들도 많았다.

　물론 지금도 충분히 힘든데, 수업 변화를 새로운 업무 부담으로 받아들이는 불편한 시선들도 없지 않았다. 거꾸로교실에 대한 기대와 우려

섞인 회의적인 반응을 보이는 선생님들도 있었다.

거꾸로교실 자체는 좋은 수업 방식이긴 한 것 같은데, 등급으로 아이들의 서열을 매기는 상대평가가 지배적이고, 입시 교육 위주인 한국의 교육 문화에 효과적일까라는 의문을 품는 선생님들도 적지 않았다. 한국 교육 현실은 수업 하나 바꾼다고 쉽게 바뀌기도 어렵고, 어떤 교육적 처방을 해도 반짝 효과만 낼 것이라는 '비관적 현실론'을 설파하는 선생님들도 있었다.

이런 비관적 전망은 한국 교육 현실과 현장 학교 경험에 근거한 이야기들이라는 점에서 충분히 공감이 간다. 학벌 문제나 그로 인한 고용 시장에서의 차별 등 한국 사회의 구조적 문제는 그대로 두고 교실 수업을 개혁한다고 모든 교육 문제가 해결될 수 있을지에 대한 의문 역시 매우 타당하다. 또한 사교육을 중심으로 한 교육 경쟁이 극심한 한국 사회의 문화적 환경에서 학교 수업을 바꾼다고 학생들의 삶에 얼마나 큰 변화를 가져올 수 있을지에 대한 회의론도 고개가 끄덕여지는 이야기다.

그동안 교실 수업의 개선과 혁신 이야기가 나올 때마다 늘 회의적인 반응들이 있었다. 학교 환경의 문제, 입시 문제를 비롯한 사회구조적 문제, 교사들의 과다한 행정 업무, 학생들의 무기력, 학부모들의 예상되는 반발 등등. 그 이유는 매우 다양했고, 근거도 없지 않았다. 비단 선생님들의 이야기를 빌리지 않더라도 교육 정책적 담론과 현실도 크게 다르지 않았다. 교육 문제를 해결하기 위한 다양한 정책적 시도들이 있었지만 교육 상황은 더 나빠졌다는 패배론에서부터 교육 문제는 사회의 각 영역과 밀접하게 연결되어 있기 때문에 교육 내부적 시도와 노력들은 한계에 부딪힐 수밖에 없다는 구조한계론까지 다양한 주장들이 있었다. 이러한 주장들은 현실적 경험과 구조적 문제에 근거한 통찰력을 수반하는 이야기들이다. 따라서 매우 설득력이 있기도 하다.

물론 그 어떤 변화도 개인의 노력만으로는 한계가 존재한다. 구조적 문제를 두고 미시적 차원의 변화를 외치는 것은 모든 책임을 개인적인 것으로 환원하는 위험성이 있다는 점에서 충분히 경계해야 마땅하다. 사견私見을 말하자면, 구조 혹은 제도적인 문제를 해결하려는 노력은 개인적 차원의 노력보다 훨씬 중요하고 그 파급력도 크다고 생각하는 편이다.

그럼에도 불구하고 구조적 한계 너머에 우리가 스스로 놓아버린 가능성도 여전히 존재한다. 제도적 차원의 교육개혁 드라이브만으로 지금 우리가 직면한 교육 문제를 풀기에는 교육 현실이 만만치 않아 보이기 때문이다. 따라서 지금 우리에게 놓인 현실을 돌파하기 위해서는 제도적이고 구조적 차원을 넘어 각자 선 자리에서 무엇을 할 수 있을까에 대한 좀 더 구체적이고 현실적인 전략을 고민할 필요가 있어 보인다.

구조적인 요인은 매우 중요하고 지속적으로 풀어가야 할 핵심적인 과제이지만, 역으로 구체적인 행위자들의 의지와 실천 없이는 그 어떤 변화도 불가능하다. 부르디외Bourdieu의 통찰처럼 인간의 삶과 사회는 구조화되는 동시에 구조화하는[1] 역동성 안에 존재하기 때문이다.

2000년 이후 한국 교육을 설명해주는 열쇳말을 말하라고 한다면 단연 '무기력'이다. 1990년대 중반 이후 '학교 붕괴' 혹은 '교실 붕괴'가 한

국 학교교육 현실을 설명하는 지배적인 담론이 되면서 무력감은 비단 학생뿐만 아니라 교사들에게도 급속하게 퍼져가고 있다. 긍정 심리학자인 마틴 셀리그만은 피하거나 극복할 수 없는 환경을 반복적으로 경험한 사람이 다른 상황에서 자신이 실제로 극복할 능력이 있으면서도 시도조차 하지 않으려는 현상을 '학습된 무기력Learned Helplessness'이라고 이름 붙였다. 이 무기력의 그늘은 이미 한국 학교교육 현장에 매우 짙게 드리워져 있다.

학생들에게 학교란 주로 잠을 자면서 그냥 수업 시간을 견디거나, 제도적인 자격증(졸업장)을 취득하는 곳 이상의 의미를 지니지 않는 것처럼, 교사들에게도 단순히 지식을 전달하는 기능적인 직업적 공간이 되어버린 듯하다. 더 이상 자신들을 '스승'으로 정의하거나 특별한 전문직으로 간주하지 않을뿐더러, 학생과의 관계에서도 존재감이 희미해지고 있는 것이 오늘날 교사들이 처한 현실임은 분명해 보인다.

그동안 이러한 한국 교육 현실에 대한 다양한 진단과 이에 따른 해결책들이 제시되었지만, 구조적인 처방은 별 효과를 발휘하지 못했고, 앞으로도 쉽지 않아 보인다. 물론 이 모든 문제가 학교나 교사의 책임은 아니다. 아이들을 가르치는 일에 열정적일수록 더 '선생 노릇' 하기 힘들어지는 게 요즈음 교육 현실이라고 한다. 학교는 더 이상 과거처럼 '감히' 권력을 행사하지 못하고 있고, 교사들의 '교과 수업'이 지닌 권위는 입시학원에 밀린 지 오래라는 자조 섞인 이야기도 들려온다. 아이들을 데리고 학교에서 무엇인가를 해보려고 해도 냉소적인 반응만을 보내는 아이들에게 상처를 입는다는 교사들의 이야기도 흘러나온다. "좋은 선생 노릇 하기가 이렇게 힘들 줄 몰랐다"라는 이야기는 좋은 교육을 고민하고 실천해온 교사들에게서 더 자주 듣는 말이기도 하다. "교사도 학교가 두렵다"[2]라는 말에는 그래서 충분히 공감이 된다.

그럼에도 불구하고 모든 원인을 외적 환경이나 학생들 탓으로만 돌리고 무기력하게 그냥 있어야 한다면, 그것은 교사 개인에게도 불행한 일이 아닐 수 없다. 자신이 하는 일을 회의감과 무력감으로 채워가면서 그 안에서 어떤 비전과 의미를 발견하기는 어렵기 때문이다.

어떤 현상의 원인을 차분히 분석하고 그에 대한 책임을 묻는 일은 중요하다. 그러나 보다 중요한 것은 '누구의 책임인가' 혹은 '왜 이런 현상이 일어났나'를 따지는 것을 넘어 어떻게 우리 앞에 놓인 위기를 돌파해내고 새로운 해법을 찾을 것인가이다.

다양한 방식으로 교육에 많은 관심을 표명해온 빌 게이츠는 TED 강연[3]에서 세상에서 가장 중요한 직업 가운데 하나로 '교사'를 꼽았다. 비단 빌 게이츠만이 아니다. 자신의 삶에 교사가 미친 영향력을 고백하는 사람들의 이야기는 TV나 드라마, 책, 일상적 대화에서 그리 어렵지 않게 만날 수 있다. 교사 개인의 의지 혹은 의도와는 상관없이 가르치는 사람이 한 개인의 삶에 미친 영향력이 적지 않다는 것은 자명해 보인다.

물론 함께 살아가는 사람들과 영향을 주고받으며 성장의 역사를 써나가는 것은 인간의 삶을 이해하는 데 있어 새삼스러운 사실은 아니다. 인간人間이라는 존재가 '사람人 사이間'이기 때문이다. 그럼에도 성장기의 아이들에게 교사의 존재는 이러한 일반론을 넘어서는 특별함이 있다. 아이들에게 교사는 가정이라는 사적 공간을 떠나 공적 관계에서 만나는 매우 중요한 '어른'이기 때문이다. 특히 인정 욕구가 매우 큰 성장기에 만나는 교사는 매우 '의미 있는 타자significant other'다.

물론 한 개인의 삶에서 가장 강력한 의미 있는 타자는 당연히 부모다. 한 개인의 물질적·정신적 삶의 세계는 어떤 부모에게서 태어나고 성장하느냐가 많은 부분을 결정한다. 신분제 사회가 무너지면서 학교가 사회적 삶을 결정하는 제도적 기능을 수행할 것이라는 기대가 있었지만 여전히 부모라는 배경이 학업 성적과 사회적 삶을 결정하는 가장 막강한 변수다. 부모만큼은 아닐지라도 아이들이 성장기에 가장 많이 접촉하는 교사는 부모에 버금가는 의미 있는 타자일 수 있다. 또래 관계도 매우 중요하지만 기본적으로 친밀감으로 유지되는 사적인 관계이다. 그러나 교사는 공적 표상이다. 아이들은 학교라는 제도적 공간에서 교사를 통해 개인적·사회적 삶을 직간접적으로 배우고 모방한다.

이렇게 교사의 영향력을 이야기하는 것은 교사에게 더 엄격하고 특별한 도덕적 기준이나 잣대를 들이대야 한다고 말하고 싶어서는 아니다. 또한 학생들을 위한 교사의 특별한 헌신을 이야기하고 싶은 것도 아니다. 교사 개인으로서는 이런 사회적 시선과 역할 기대가 부담스러울 수도 있다. 그럼에도 불구하고 원하든 그렇지 않든 나의 행동과 태도가 타인에게 결정적 영향을 미칠 수 있다는 자각이 있는 것과 그렇지 않은 것은 다르다. 타자에 대한 무감각은 우리 모두가 놓지 말아야 할 삶의 경계다. 더구나 교사는 타자(학생)에 대한 직접적인 영향력을 행사할 수 있는 위치에 있는 사람이다.

"스승의 그림자도 밟지 않는다"라는 과거의 영광을 거울삼아 교사의 권위가 예전만 못하다는 개탄의 목소리도 적지 않지만, 아이들이 말하는 '선생님'이란 존재의 의미는 뜻밖의 사실을 이야기해준다. 그동안 다양한 기회로 학교 안팎에서 만났던 많은 아이들 가운데 교사의 존재가 무의미한 경우는 단 한 명도 없었다. 공부를 잘하건 못하건, 선생님 말을 잘 듣는 모범생이건 아니건, 학교의 규칙도 선생님의 말도 무시하는 것처럼 보이는 소위 말하는 '쿨'한 학생이건, 모두 선생님이란 존재는 특별했다. 교사와의 관계에 대한 경험이 부정적이든 긍정적이든 아이들에게 교사의 존재는 각자 나름의 이유로 각별했다.

내 개인적인 경험에 의하면 성인이라고 할 수 있는 대학생들도 크게 다르지 않다. 강의 시간이나 학생 면담 시간에 만났던 학생들은 선생인 나의 태도와 관계 형성 방식에 매우 민감하게 반응한다. 가르치는 일의 무게를 생각하지 않을 수 없는 모습들이었다. 어떻게 가르치고 어떻게 관계를 맺으면서 학생들을 만나야 하는지를 고민하는 일은 가르치는 사람의 숙명적인 화두인 듯하다.

수업은 가르침과 배움, 가르치는 자와 배우는 자의 관계가 가장 밀도 있게, 그리고 가장 빈번하게 교차하는 장이다. 수업을 통해서 아이들은 지식과 기술만을 습득하지 않는다. 교실이라는 공간 안에서 아이들은 관계 맺기 방식도 배우고, 삶의 질서도 배운다. 어떻게 살아가야 하는지도 무의식적으로 체득하게 된다. 수업은 가르침과 배움의 접속이자 교사와 학생이나 학생들 간 상호작용이 형성되는 관계의 장이기도 하다. 명시적 교육과정 못지않은 숨겨진 교육과정Hidden curriculum이 학생들의 삶에 미치는 영향력은 매우 크다.

학교의 기능과 역할을 무엇으로 정의하건, 그리고 그 기능과 역할에 대해 긍정적이건 부정적이건 학교는 여전히 성장기의 아이들에게 매우 중요한 공간이고 학교교육과정을 관통하는 시간들이 삶의 무늬를 결정한다는 사실은 변하지 않는다. 그리고 교실 수업은 아이들이 가장 오랜 시간 머무르는 시·공간이다. 그 시·공간들을 만들어가는 핵심적인 키를 교사가 쥐고 있다. 교사는 '여전히' 힘이 세다.

프롤로그 2

다시 학교교육의 희망을 이야기하다

학교는 내게 말 그대로 '기회의 공간'이었다. 물론 가족적 자원이 보잘것없는 아이가 학교교육과정을 통과하면서 겪어야 했던 배제의 경험과 상처의 기억들도 적지 않다. 그 가운데는 가난한 집 아이라는 이유로 학급 선거에서 뽑힌 반장을 다른 친구에게 양보(?!)한 경험도 있다. 학교교육을 부정적으로 표현하는 언어들, 예를 들어 입시지옥, 통제적이고 경쟁적인 학교 문화, 획일적인 주입식 교육 등은 내 기억 속 학교라는 공간을 주로 채웠던 것들이기도 하다.

그렇지만 지금 내게 학교교육에 대한 기억들은 부정적이지만은 않다. 아마도 별다른 사회적·문화적 자본이 없었던 한 아이에게 학교는 집보다 훨씬 다양한 경험과 기회를 제공해줄 수 있는 공적 공간이었던 이유가 컸을 것이다. 수업 시간에 배우는 교과 내용과 선생님들이 들려주는 교과서 안팎의 이야기는 새로운 세계로의 초대였고, 그 세상을 알아가는 일은 내게는 알 수 없는 자유와 설렘을 주기도 했다.

학교에 대한 나의 긍정적인 의미화는 무엇보다 공부를 잘한다는 이유로 상대적으로 호의적인 관심과 지지를 받았던 관계의 경험 탓도 있지 않나 싶다. 학교에서 공부를 잘한다는 것은 단순한 배움에 대한 성취감을 넘어 인정과 지지를 얻는 방법이라는 것을 본능적으로 알았던 것 같기도 하다. 돌이켜 보니 공부와 성적에 대한 압박과 경쟁으로 인한 피로감이 없었다고 할 수는 없지만 교실 수업은 내게 즐거운 지적 놀이 시간이기도 했고, 학교생활은 다양한 경험과 관계의 장이기도 했다. 어느 시인의 표현을 빌리자면 "나를 키운 건 팔 할이" 학교였다.

근대 공교육의 신화가 내 성장의 역사에 그대로 배어 있는 셈이다. 그러나 이제 학교가 더 이상 기회와 가능성의 공간이 아니라는 사실은 거의 상식에 가깝다. 학교교육이 한 개인에게 삶의 기회일 수 있다는 말은 낡은 언어가 되어버린 지 오래다. '아이의 성적은 부모의 능력'을 넘어 '조부모의 재력'까지도 필요하다는 말이 상식처럼 회자되는 지금은 더욱 그렇다. 이러한 상황은 앞으로 더 나아질 것 같지도 않다. 부모의 능력이 자식의 학교교육에도 그대로 대물림되는 현상은 교육 불평등 지수라는 숫자로 매우 간결하고 명확하게 나타나고 있다.

그런데 학교교육 위기가 단순히 개천에서 용이 나지 않는 현실에만 국한되어 있지 않다는 것이다. 최근 학교교육 문제의 화두가 된 왕따와 학교폭력은 학교의 사회화 기능에도 커다란 생채기를 내고 있다.[1] 예전에 비해 대학의 문이 훨씬 넓어졌는데도[2] 경쟁이 완화되기는커녕 학교는 더 황폐해지고 있다는 우려의 목소리도 끊이지 않는다. 학교가 입시 전사들만을 길러내는 폐허가 되어버렸다는 것도 꽤 오래된 이야기다.

전 세계가 놀랄 만한 교육 열망에 힘입어 한국 사회는 초고학력 사회로 접어들었고, 한국 학생들의 학업성취는 세계 최고 수준이다. 미국 대통령 오바마는 미국이 한국 교육을 본받아야 한다고 공개적으로 여러 차례 이야기해서 화제가 되기도 하였지만, 한국인들인 우리가 절감하는 교육 현실은 그리 긍정적이지만은 않다. 정작 우리 스스로가 경험하는 한국 교육 현실에 비추어보면 오바마의 발언은 씁쓸하기까지 하다.

사석에서 가끔 농담으로 회자되는 이야기 하나. 한국 사회에서 누구라도 쉽지 않은 자리가 두 개라고 한다. 하나는 대한민국 축구 국가대표 감독 그리고 다른 하나는 교육부 장관이다. 이 두 가지 영역은 국민들의 열망과 관심이 집중되다 보니 잘못하다간 국민들의 거센 원성과 비난을 감수해야 한다. '잘해도 본전'이라는 속된 말이 횡행하기도 한다. 물론 히딩크처럼 월드컵 성공 신화를 이끌며 국가적 영웅이 될 수도 있다. 현상적인 이야기의 한 부분만을 과장하여 단순화시킨 사적私的 농담에 불과하지만 여기에는 '무얼 해도 안 된다'는 교육정책에 대한 경험적 무용론無用論 혹은 비관론이 존재한다.

이러한 비관론은 냉정한 현실과 경험에 따른 것이어서 틀린 이야기는 아니다. 그러나 현실을 관통해나갈 아무런 힘도 가질 수 없다는 점에서 문제적인 태도일 수는 있다. 무조건 '하면 된다'는 불도저식 낙관론을 설파하고 싶은 것은 아니다. 낙관의 논리는 '언제나 가능하다'는 것이고, 희망의 논리는 '불가능하지 않다'는 것이라고 한다.[3] 불가능하지 않으므로 노력은 할 수 있고 또 필요하다는 의미다. 이반 일리히Ivan Illich 식으로 말하자면 지금 우리에게 필요한 것은 '기대'가 아니라 '희망'이다.[4]

따라서 우리가 희망을 놓지 않는다면 여전히 좋은 교육, 혹은 수업을 만들기 위한 길을 만들어갈 수 있다. 무엇보다 교실은 교육이 이루어지는 최전선이다. 그리고 이 최전선은 위로부터의 명령이나 강제에 의해 획일적으로 움직이는 단순한 기계적인 공간이 아니다. 교실 수업을 기획하고 운영하는 교사의 의지에 따라 달라지는 매우 유연하고 자율적인 공간이다. 또한 수업은 교사들이 지금 각자 선 자리에서 위기론을 돌파해가는 막강하면서도 가장 현실적인 방법이기도 하다.

프랑스 사회철학자 카스토리아디스Castoriadis는 인류 역사를 '상상력의 역사'로 정의한다. 지금까지 인류의 삶을 만들어온 것은 과학적 합리성이 아니라 오히려 비현실적이고 비과학적인 상상력이라고 단언한다. 태어난 계급대로 살아가는 것이 상식인 신분제 사회에서 인간은 평등할 수 있지 않을까 하는 '불온한' 상상력이 지금의 평등한 민주 시민 사회를 만들어왔고, 인간도 새처럼 날 수 있을까와 같은 '미친' 상상력이 비행기를 만드는 실험을 할 수 있었다는 이야기다. 그가 통찰한 인류의 역사는 더 나은 삶을 위한 끊임없는 인류의 상상력에 의해서 전개된 흔적들의 총합이다. 카스토리아디스의 통찰을 빌리자면, 우리가 살아가는 사회는 우리들이 상상한 것이 구현된 것이다. 따라서 사회 구성원이 어떤 사회를 꿈꾸느냐에 따라 그 사회의 모습도 달라질 수밖에 없다고 본다.

교육도 이러한 보편적 속성과 다르지 않은 영역이다. 어떤 교육을 꿈꾸는지에 따라 교육의 모습이 결정될 수 있다. 따라서 그 상상력을 실현하기 위한 새로운 교육 실험들의 중요성은 아무리 강조해도 지나치지 않다. 각자 선 자리에서 할 수 있는 끊임없는 모색과 시도가 우리가 원하는 교육 풍경과 교실 공간을 만들어낼 수 있다고 감히 말하고 싶다.

이 글은 섣부른 '낙관'이나 '기대'를 넘어 '희망'의 논리가 교육 현장에 스며들기를 바라는 마음으로 거꾸로교실이라는 새로운 수업 이야기를 풀어낸 것이다. 모두들 학교와 교실은 이미 붕괴되었다고 냉소 어린 눈길만을 보내지만, 그 폐허 위에서 새로운 시도를 함께 해보자는 초대의 글이기도 하다. '불가능하지 않다'는 희망을 가지고 무언가를 시도하느냐, 폐허더미 속에서 무기력하게 비관하고 있느냐는 여전히 우리 앞에 놓인 선택의 문제다.

들어가며

교실 수업에서 시작하는 교육혁신 이야기

한국 사회에서 '학교교육 위기론'은 꽤 오래된 교육적 화두다. 1990년 대 후반부터 제기되기 시작한 '학교 혹은 교실 붕괴' 담론이 내적 위기론이라면, 21세기 지식 기반 사회Knowledge-based society로의 전환에 따른 '교육 지체'[1] 현상은 외적 위기론이다. 학원과 과외 등 사교육에 대한 절대적 의존과 그로 인한 공교육 붕괴, 가정적 배경에 따른 학업 격차 문제, 입시로 인한 경쟁적 학교 문화로 말미암은 학습공동체의 붕괴 등 학교교육에 대한 다양한 차원의 비판적 담론들이 전자에 해당된다면, 획일적인 주입식 교육이 주를 이루는 한국 사회의 교육 문화는 21세기 지식 기반 사회를 살아갈 미래 세대를 길러내는 데 적절하지 않은 낙후된 교육이라는 비판은 후자에 해당된다.

그동안 학교교육에 대한 다양한 위기의 징후들은 '학교는 무엇을 하는 곳인가?', '누구를 위한 공간인가?' 혹은 '학교(교실)를 어떻게 재구조화해야 하는가?' 등 다양한 질문들을 촉발시켰다. 이러한 문제 제기는 다양한 차원의 교육혁신 담론과 실천으로 이어지기도 했다. 또한 학교교육 위기론은 교육정책에도 막강한 영향을 미쳐왔다. 입시제도와 교육과정의 개편, 평가 방법의 개선 등등 다양한 차원과 방법으로 거시적·미시적 변화를 시도해온 것은 그 대표적인 제도적 노력들이다.

원인에 대한 분석은 다양하지만 제도적 개선을 통한 구조적 처방은 기대만큼 효과를 발휘하지 못했고, 앞으로도 근본적인 해결책을 제시하기 쉽지 않아 보인다. 또한 구조적 변화를 통한 교육개혁은 많은 비용과 시간을 요하는 작업이라는 점에서 요원한 작업이기도 하다. 물론 구조적 환경 개선이나 제도적 개혁은 학교교육에 막강한 영향력을 발휘한다는 점에서 그 무게감이 결코 적다고 할 수 없다. 그럼에도 불구하고 제도적 개혁만으로 학교교육을 바꾸어놓을 수 없다는 것은 그동안 수차례 경험해온 '불편한 진실'이기도 하다.

한국 교육을 둘러싼 우울한 풍경들과 전망들 속에서도 새로운 교육을 꿈꾸고 모색하는 크고 작은 다양한 실험들이 우리 사회에 끊임없이 존재해왔고 지금도 다양한 움직임들이 여기저기 나타나고 있다. 입시를 위한 교육 대신 인간을 키우는 배움을 실현하기 위해 제도 안팎에서 다양한 실험을 하고 있고, 또 한쪽에서는 새로운 정책 대안들을 고심하고 이를 현실화하기 위해 노력하고 있다. 이러한 노력들은 다양한 차원에서 지금의 교육을 바꿔보려는 시도라는 점에서 충분한 의의를 지닌다. 이론과 실천이 따로 가지 않듯이 제도 안팎의 움직임들도 서로에게 영향을 미치며 변화해갈 수밖에 없는 것은 인간 사회가 지니는 기본적 속성이며 생명력이다.

교육 혹은 학습을 생태계로 본다면, 단순히 구조적·제도적 장치만으로 학교와 교사를 변화시킬 수 없고, 교사나 단위 학교의 노력만으로 지금의 구조적 문제를 모두 해결할 수도 없다. 교육개혁이 교육 생태계의 복원을 의미한다면, 구조와 개인, 형식과 내용, 학교 안팎의 노력이 모두 필요하다.

모든 사회 문제와 마찬가지로 교육 문제는 다양한 변인들이 다층적으로 얽혀 있는 복합적 사회 현상이다. 무엇보다 학교교육개혁은 교육 주체들의 공감과 자발적인 참여 의지가 없이 실현되기는 매우 어려운 영역이다. 그동안 위로부터의 수많은 교육정책들이 제대로 정착되기 어려웠던 것은 학교 현장의 감수성을 제대로 읽어내지 못했기 때문이기도 하다.

그동안 한국 사회는 현장에서 시작되는 다양한 교육적 실험을 통해 교육적 비전을 구성해나가는 문화가 정착되지 못했다고 할 수 있다. 매우 우수한 교사 인적 자원을 지닌 한국 사회가 다양한 교육적 쇄신을 선도해내지 못한 이유이기도 할 것이다.

이 글은 여전히 해결해야 하는 문제투성이 학교교육 환경 속에서 교사가 교실 수업을 바꾸는 것으로도 작은 교육혁신을 만들 수 있다는 믿음에서 시작한다. 그 가능성을 거꾸로교실이라는 새로운 수업 이야기로 풀어낸 것이다.

거꾸로교실은 2014년 KBS 파노라마 "21세기 교육혁명-미래교실을 찾아서"를 통해 처음으로 현장 실험 이야기가 방영되면서 최근 교육계 안팎에서 뜨겁게 회자되고 있는 수업 방식이다.[2] 필자는 이 프로그램에서 자문과 연구자의 역할을 수행하고, 이 과정에서 교사들과 학생들을 만나면서 학교교육의 속살과 이면을 접할 수 있었다.[3]

이후 거꾸로교실이 KBS 파노라마에서 방영되고 전국적으로 반향을 일으키면서 전국 각지의 교사, 교육 전문가 등과 만나 학교 현장의 다양한 풍경들을 마주할 수 있는 기회도 갖게 되었다. 학교와 교실 수업이라는 구체적 현장에서 수업을 직접 관찰하고 이에 대하여 이야기를 나누었던 시간들은 교육, 학교 그리고 수업이란 무엇인가에 대한 여러 가지 성찰적 문제들을 던져주었다. 이 글은 이처럼 다양한 기회로 만났던 선생님들을 비롯하여 학생, 학부모 등과 함께 교육, 학교, 수업에 대해 고민한 공동의 결과물이기도 하다.

이 글은 내용상 크게 여섯 부분으로 구성되었다.

먼저, 한국 교육 문화를 성찰적으로 보는 작업을 시도하였다. 한국 교육의 현실을 거시적·미시적 맥락에 바탕을 두고 다양한 관점에서 통찰함으로써 한국 학교교육의 현재를 성찰적으로 돌아보는 작업을 진행하였다. 이는 거꾸로교실이라는 새로운 수업이 복잡한 그물망처럼 얽혀 있는 한국 교육 문제를 어떻게 가로지를 수 있는지를 탐색하기 위한 준비 작업에 해당된다.

둘째, 거꾸로교실의 개념과 거꾸로교실에 영향을 미치거나 전제되어 있는 다양한 교육학적 배경과 성과들을 정리하였다. 거꾸로교실은 교육 내·외적인 다양한 이론적 배경과 실천적 전개과정이 녹아 있는 수업 방식이다. 거꾸로교실의 기틀을 이루고 있는 교육 이론들과 배경을 간략하게 정리하여 거꾸로교실을 보다 맥락적이고 입체적으로 이해하는 데 도움을 주고자 하였다.

셋째, 거꾸로교실의 교사와 학생의 변화와 그 의미를 기술하였다. 이 장은 필자가 거꾸로교실 실험에 대한 사례 연구 결과[4]를 중심으로 간략하게 정리한 것이다. 거꾸로교실이 가져온 수업 변화가 어떤 교육적 효과와 의미를 가져왔는지를 개략적으로 기술하였다.

넷째, 거꾸로교실을 수업에 적용하려는 교사들에게 실질적으로 도움이 될 만한 구체적인 방법과 조언을 기술하였다. 이 방법들은 특별한 원칙이라기보다 필자가 직접 경험하거나 교사들과의 워크숍, 현장 연수에서 만나 함께 고민한 결과를 기반으로 한 경험적 방법들이다.

다섯째, 거꾸로교실에 대한 오해와 진실을 정리하였다. 거꾸로교실 실험 방영 이후 각종 연수와 워크숍 현장에서 만났던 교사들이 거꾸로교실에 대해 매우 다양한 이해를 가지고 있다는 사실에 놀라곤 했다. 이러한 이해가 때로는 거꾸로교실에 대한 오해로 인한 경우가 많아 이를 명확히 할 필요성을 느꼈다. 더불어 교사들이 가장 많이 궁금해하는 질문들에 대답함으로써 거꾸로교실에 대한 이해를 돕고자 하였다.

마지막으로 거꾸로교실이라는 수업 혁신이 어떻게 지금 각자 선 자리에서 교육혁신을 견인해내는 시작이 될 수 있는지를 기술하였다. 거꾸로교실이 남긴 화두와 함의들도 정리하여 거꾸로교실로 열어가는 교육혁신의 가능성을 모색하고자 하였다.

어떤 영역이나 제도를 막론하고 이 세상에 완벽한 것은 없다. 수업도 마찬가지다. 또한 수업 변화가 모든 교육 문제를 해결해주지도 않는다. 따라서 거꾸로교실이 지금 한국 교육이 처한 대외적인 위기를 모두 해결해줄 만병통치약이 될 수는 없다. 그렇지만 지금 우리가 처한 현실을 가로지르며 작은 성과를 만들어낼 수 있다면 그 의미는 이미 충분해 보인다. 거꾸로교실은 그 가능성을 지금 우리에게 이야기하고 있다.

Part I

한국 교육의 빛과 그림자:
한국 교육 현실의 세 가지 풍경

누군가에게 '교육' 혹은 '한국 교육'의 이미지를 떠올리라고 한다면 어떤 그림을 머릿속에 그리게 될까? 개인의 경험에 따라 그려지는 '교육'에 관한 이미지는 그 경험의 색깔만큼 다채로울 것이다.

그런데 세계 최고의 학력 상승 속도를 자랑하고, 높은 학업성취를 보여주지만 한국 사회의 교육 현실을 긍정적으로 이미지화하거나 희망적으로 이야기하는 경우는 찾아보기 힘든 것 같다. 학교는 주로 '입시전쟁터'이거나, 경쟁으로 인해 '황폐화된 곳'이거나, 폭력으로 인한 '위험한 공간'이거나, 모두가 잠을 자는 '무기력이 지배하는 공간'으로 회자된다. '학교 붕괴'라는 언어가 극명하게 말해주듯이 학교는 오래전부터 '폐허'가 되었고, 그 안에서 학생들도, 교사들도 학교에서의 시간들을 힘겹게 견뎌야 하는 정신적 황무지를 경험하고 있다는 이야기가 떠돌기도 한다.

언제부터인가 학교교육을 지배하는 언어는 이렇게 부정적이거나 비관적이다. 누구의 잘못인지, 어디서부터 비롯된 것인지, 어떻게 그 해결책을 찾아야 하는지 알기도 쉽지 않다. 한국 학교교육을 관통하는 문제들은 그 진단과 원인 파악도 간단하지 않은 복잡한 그물망 속에 있는 듯하다.

근대의 시작과 함께 탄생한 학교는 그 자체로 매우 혁명적인 속성을 지니고 있다. 특정한 계층만 향유할 수 있었던 교육의 기회를 모두에게 개방함으로써 지식의 대중적 확장의 길을 열어놓았기 때문이다. 무엇보다 학교는 타고난 신분이 아니라 개인의 능력과 노력에 따라 원하는 삶을 살 수 있다는 꿈과 희망의 메시지를 인류에게 전달하며 이 세상에 출현한 제도적 기관이기도 하다. 오늘날에도 강력하게 작동하는 능력주의 혹은 업적주의 신화는 대부분 이러한 학교 역할에 기대고 있는 경우가 많다.

시민혁명은 '인간은 평등하다'고 선언하면서 계급사회의 종말을 이끌어냈지만, 선언과 현실적인 구현은 별개의 이야기다. 오히려 이 선언은 인간은 평등해야 한다는 인류 사회의 지향이나 의지의 표현이라고 보는 것이 더 진실에 가까울 듯하다. 그런 의지와 지향을 구현해낼 수 있으리라는 기대를 받아왔던 것이 학교교육이기도 하다.

그러나 신분제 사회가 무너진 지 오래지만 우리는 여전히 어떤 가정에서 태어나느냐가 많은 것을 결정하는 불평등한 삶을 살아가고 있다. 그럼에도 우리가 평등하다고 믿는 것은 학교라는 제도적 장치에 대한 역할 기대가 여전히 있기 때문일 것이다. 한국은 이러한 근대 학교의 특성과 기대가 극대화된 방식으로 표출되고 있는 사회이기도 하다. 한국 사회는 근대화라는 압축 성장의 역사와 함께 교육을 통한 다양한 개인적·사회적 욕망이 복잡하게 얽히면서 학교교육 성장의 역사를 써왔다. '교육열'로 표현되는 한국 사회의 교육을 둘러싼 욕망과 경쟁, 불안은 이러한 학교교육 신화와 연관이 깊다.

그러나 사교육 과잉과 교실 붕괴, 학교교육을 통한 계층 재생산이 90년대 이후 가파르게 진행되면서 사회적 평등 기제로서 학교교육의 공적 가치에 대한 의문이 제기되었다. 해마다 발표되는 대학 진학 결과로 드러나는 계층 간 불균형은 이제 더 이상 새삼스러운 이야기가 아니다.[1] 문제는 학교교육 위기가 계층 재생산에만 있지 않다는 것이다. 학교 혹은 교실 붕괴, 왕따, 학교폭력 문제 등 학교의 정체성과 효율성에 대한 위기의식도 최고조에 달하고 있다. PISA 등 교육에 관한 국제 비교평가가 보여주는 한국 학교교육의 빛과 그림자는 이러한 학교교육 위기를 돌파하기 위한 출구를 어디에서, 어떻게 찾아야 하는지에 대한 과제를 던져주고 있기도 하다.

이 장은 한국 사회의 현실적인 교육 지형을 교육 주체이자 행위자인 학생과 교사, 학부모를 중심으로 풀어낸 것이다. 한국 교육을 둘러싼 사회문화를 성찰적으로 보는 작업을 통해 거꾸로교실이라는 새로운 수업이 복잡한 그물망처럼 얽혀 있는 한국 교육 문제를 어떻게 가로지를 수 있는지를 탐색하기 위한 것이기도 하다.

특정한 개념이나 모형은 사회문화적 맥락에 따라 진화하거나 변형될 수밖에 없다. 수업도 마찬가지다. 수업 형식은 보편적인 속성을 지니기도 하지만 사회적·문화적 맥락에 따라 그 적용 방식이 재구조화될 필요가 있다. 따라서 새로운 수업을 이해하고 실질적으로 적용하기 위해서는 우리 교육 사회와 문화에 대한 맥락적 성찰이 필요하다. 우리 교육이 지금 어디에 있고, 어디를 향하고 있는지를 냉정하게 바라보는 일은 아프지만 반드시 직면해야 하는 우리의 현실이기 때문이다.

1. 학생: 높은 학업성취도와 낮은 배움에의 즐거움

한국 교육은 세계적으로 꽤 유명하다. 이 유명세를 확인할 수 있는 통로는 다양하다. 그 가운데 세계적인 파급력이 있는 TED 강연은 한국 교육의 위상을 단적으로 증명해준다. 이 TED 강연에서 세계적인 인사들이 풀어놓는 다양한 종류의 스피치에 한국 교육이 단골로 등장하고 있기 때문이다.

특히, 짧은 시간 안에 이루어낸 한국 교육의 양적 팽창과 학업성취 결과는 전 세계적으로 매우 주목받아왔다. 고등학교 졸업자의 약 80%가 대학에 입학하는 초고학력 사회는 한국 교육의 양적 팽창을 상징적으로 보여준다.[2] 6·25 직후 90%에 육박하는 문맹률과 비교하면 그야말로 비약적인 성장이다.

PISA 결과로 대변되는 한국 학생들의 높은 학업성취도 역시 한국 교육의 성공 신화를 입증하고 있다. 한국 경제 성장의 원동력으로 교육 성공을 가장 커다란 원인으로 꼽는 것은 더 이상 새로운 이야기도 아니다.

그러나 단순히 학업성취의 양적 결과만이 아니라 조금 안으로 들어가 보면 전혀 다른 풍경을 접하게 된다. 높은 학업성취도에 가려진 한국 학교교육 이면의 그림자들은 지금 우리 교육이 어디에 있으며, 어디를 향하고 있는가를 냉정하게 보여주기 때문이다. 특히 최근 발표된 한국 교육 상황과 관련한 다양한 국내외 조사 결과들은 우울한 이야기들을 들려주고 있다.

2013년 발표된 국제 학업성취도 비교평가인 PISA는[3] 한국이 여전히 학업성취도에서 세계 최상위 수준임을 입증하고 있다. 2012년 PISA 결과를 분석한 자료(OECD, 2013)에 따르면 우리나라는 OECD 24개국 중에서 수학 1위, 읽기 1~2위, 과학 2~4위를 차지하면서 공부 잘하는 국가임을 입증했다. OECD 비회원국을 포함한 전체 65개국 중에서 수학 3~5위, 읽기 3~5위, 과학 5~8위로 세계 최고 수준이다.[4] 한국 교육의 성공을 말하는 것이 새삼스럽지 않은 결과다.

그러나 높은 학업성취도에 가려진 한국 학교교육의 이면은 그 의미를 보다 맥락적으로 해석할 필요가 있어 보인다. PISA 결과를 분석한 OECD[5] 보고서는 한국은 학생 간·지역 간 학업 격차가 매우 큰 국가임을 보여준다. 학생 간·지역 간 교육 격차가 크다는 것은 학교교육이 아이들의 고른 성장에는 기여하고 있지 못하다는 것을 의미한다. 한국 언론에 빈번하게 소개가 되면서 주목을 받고 있는 핀란드와 비교되는 평가라고 할 수 있다.

핀란드는 학업성취도도 매우 높지만 우리와는 다르게 지역 간·학생 간 학업 격차가 매우 적은 국가에 해당된다. 다시 말하면 핀란드는 모든 학생들이 골고루 공부 잘하는 나라다. '같은 배를 탄 아이들이 모두 목적지에 도달'[6]하도록 돕는 것을 중요한 교육 목표로 삼는 핀란드의 교육 방향성이 한국 사회와는 다른 길을 걷도록 하고 있기 때문이다. 이처럼 수월성秀越性과 공공성公共性을 두루 갖춘 핀란드의 교육은 선거

때마다 진보와 보수 진영을 막론하고 교육정책 벤치마킹의 대상이었다. 비단 한국만이 아니다. 교육의 수월성을 강조하든 교육의 형평성 혹은 평등성을 강조하든 핀란드는 전 세계적으로 학교교육 벤치마킹 1위의 나라이다.

한편, 한국 학생들의 높은 학업성취도를 한국 교육 문화를 고려하여 새롭게 해석할 필요성이 있다는 주장은 PISA를 주관한 곳에서도 흘러나온다. 한국 학생들의 높은 학업성취도가 한국 교육 시스템이 훌륭하기 때문인가에 대한 의문이 학계에서도 꽤 많이 제기되고 있다. 한국 사회의 사교육 열풍과 경쟁적인 사회문화적 분위기를 고려한 맥락적 해석이 필요하다는 지적이 나오기도 한다.

한국 학생들은 공부에 흥미와 열망은 없는데 강요된(?!) 학습 시간의 양만 절대적으로 많은 까닭이라는 냉정한 평가도 있다. 사교육을 포함한 학생들의 평균 학습 시간을 고려한다면, 높은 학업성취도의 의미는 퇴색할 수밖에 없다는 것이다.

이는 최근 PISA 학업성취도에서 1등을 한 중국(상하이)의 약진과 함께 자주 거론되는 이야기다. 중국의 사교육 열풍과 교육 경쟁은 우리보다 덜하지 않다. 90년대 이후 급격한 경제 성장과 더불어 중국의 교육열은 우리보다 훨씬 더 극단의 풍경을 보여주고 있다. 따라서 한국과 중국의 높은 학업성취도는 사교육 등으로 인한 학생들의 학습 시간이 절대적으로 많기 때문이지 학교교육 시스템의 우수성이나 학생들의 학업 역량을 절대적으로 드러내는 지표로 단순 해석하기 어렵다고 본다. 학습의 즐거움을 가늠해볼 수 있는 학생들의 내적 동기가 상대적으로 매우 낮다는 것은 이러한 분석에 힘을 실어준다. PISA는 학생들의 인지적 영역만 평가한 것이 아니라 정의적 영역도 함께 평가하고 있어 학업 성취의 의미를 다각적으로 해석할 수 있기 때문이다. 즉, 학습 동기나 학교만족도 등 학업성취 이면을 볼 수 있는 정서적 영역을 별도의 평가 항목으로 마련해놓고 있다.[7]

한국 학생들의 낮은 학습 동기는 학교교육 현실에 대한 여러 가지 성찰적 지점을 던져주고 있다. 학습에 대한 내적 동기가 낮다는 것은 배움의 즐거움이 없다는 의미다. 즐겁지 않은 학습은 강요되거나 주어진 지식 습득을 넘어 창의적 활동이나 확산적 사고로 이어지기 어렵다. 다시 말하면 단기적인 학업성취에는 의미가 있을 수 있지만 장기적 차원에서 교육의 목표와 의미를 생각하면 문제적이지 않을 수 없다.

원론적으로 말하자면, 교육이란 경험의 의사소통이 가능하도록 하는 과정임과 동시에 하나의 학습이 다른 학습을 유발하며 그 계속성이 유지되는 것을 목표로 한다. 한국 교육이 그러한 목표 혹은 경험적 과정을 담지하고 있는지에 대한 성찰이 필요한 대목이 아닐 수 없다. 특히, 한국 교육 현실에서 대학 입시라는 목표가 사라진 후 학생들의 학습 동기 상실로 이어질 수 있다는 점에서 장기적으로 한국 교육의 미래에 미치는 영향은 치명적일 수 있다.

문제는 PISA 결과가 한국 교육 미래의 문제에만 국한되지 않는다는 것이다. 동기가 결여된 학습은 학생들의 현재의 삶에도 영향을 미친다. 이는 한국 학생들이 학교에서 체감하는 행복지수가 세계 최하위 수준이라는 것에서 적나라하게 드러난다. "나는 학교에서 행복하다"라는 문항에 그렇지 않다고 한국 학생들이 가장 많이 대답하였던 것이다. OECD 국가를 포함한 평가 참여 대상국 65개국 중 한국은 정확하게 65

위를 차지했다. 학교만족도도 마찬가지다. "내가 지금 다니는 학교에 만족한다"라는 문항에는 겨우 꼴찌를 면하고 64위에 랭크되었다. 학교가 학생들에게 어떤 의미인지를 짐작하게 해주는 결과다.

주목할 것은 한국은 학교에서 친구 사귀기도 가장 어려운 국가로 랭크되었다는 사실이다.[8] 최근 교육계의 핫이슈가 되고 있는 왕따와 학교폭력 문제가 새삼스럽지 않은 결과라는 것을 암시한다. 학습에 대한 내적 동기도 없고, 학교에서 즐겁지도 행복하지도 않으며, 높은 학업성취를 위한 전쟁을 치러야 하는 경쟁적인 학교 문화에서 친구를 만들기가 쉽지 않으리란 짐작은 어렵지 않다. 무엇보다 경쟁의 대열에서 이탈한 학생들은 학교에서 '투명인간'처럼 살아야 되기도 한다. 경쟁과 소외가 일상화된 공간에서 타인과의 관계 맺기가 어려운 것은 오히려 매우 당연한 결과이기도 하다.

학업성취도라는 빛에 가려진 우리 사회 학교교육의 그림자는 이토록 어둡다. 학교는 학생의 사회적 지위 획득을 위한 기회의 공간 역할도, 학생들에게 학습의 즐거움을 통한 성장의 토대 역할도, 또래 관계를 통한 시민교육 역할도 하고 있지 못함을 드러내주어 씁쓸하기까지 하다. 무엇보다 학교의 긍정적 기능과 역할의 부재는 가족적 자원이 취약한 아이들에게 더 치명적일 수 있다는 점에서 문제의 심각성이 있다.

2. 교사: 높은 직업 선호도와 낮은 자기 효능감

한국 사회에서 교사의 위상은 사회적·상징적으로 모두 매우 높은 편에 속한다. 국제적인 비교의 관점에서 보아도 한국만큼 교사에 대한 선호도가 높고 사회적 지위가 좋은 곳은 의외로 많지 않다. 전 세계적으로 우수한 인재들이 교사가 되는 몇 안 되는 국가가 바로 한국이다.

최근 교권이 붕괴되고 교사의 위상이 추락했다는 이야기가 매스컴을 자주 장식하고 있지만 여전히 교사는 한국 사회에서 꽤 괜찮은 직업이다. 중·고등학생들의 희망 직업 1위가 교사라는 조사 결과와 최근 교대와 사대의 높은 대학 입학 성적은 이를 증명한다. 물론 이러한 현상은 IMF 이후 고용 불안정 시대에 교사의 직업적 안정성에 기인한 바 크지만 교사의 사회적 위상과 상징적 지위도 나쁘지 않다.

최근 한 국제비교조사도 이러한 한국 교사의 위상을 가늠하게 해주고 있다.[9] 조사 결과에 의하면 한국 교사들의 위상이 경제협력개발기구 OECD 회원국을 포함한 주요 21개국 가운데 네 번째로 높은 것으로 나타났다. 부모들의 자녀 직업 선호도에서도 한국은 상위에 랭크되었다. "자녀가 교사가 되도록 권유하겠다"라는 질문에 한국은 48%로 중국 (50%)에 이어 두 번째로 높다.[10] 중국에서는 교사의 위상이 '의사'와 비숫한 수준이라고 한다. 시기적으로 차이는 있지만, 요즘 한국도 이에 버금가는 수준인 듯하다. 이러한 국내외의 설문조사나 평가로 볼 때 한국 사회에서 교사는 사회적 지위 면이나 선호도, 인적 자원의 우수성에서도 최고임을 증명하고 있다.[11]

그런데 가르치는 일에 대한 한국 교사들의 자기 효능감이 매우 낮다는 보고가 있어 충격적이다. 교사의 일반적인 위상과 배치되는 결과이기 때문이다. TALIS-OECD's 국제 비교조사[12]는 한국 교사들의 '자기 효능감self-efficiency'[13]이 설문조사에 참여한 23개 조사국 중에서 최하위를 기록했다고 보고하고 있다(OECD, 2009).[14] 그것도 하위 2위와 현격한 차이를 보이면서 꼴등에 머문 것이어서 충격을 더해준다.

자기 효능감이란 교사로서의 역할 수행에 대한 자기 신뢰인 동시에 자기 평가다. 교사로서 자기 효능감이 낮다는 것은 교사의 주요한 업무인 수업의 효과성과 의미, 학생에 대한 영향력, 학생의 성장과 학업성취도 향상을 위한 교수 활동에 대한 자기 신뢰가 결여되었다는 것을 의미한다.[15] 한국 교사들이 매우 우수한 인적 자원이라는 점에서 안타까운 결과가 아닐 수 없다. 이러한 결과는 "교사의 질이 교육의 질을 결정한다"라는 오래된 교육적 모토에도 매우 치명적일 수밖에 없다.[16] 스스로 낮은 효능감을 지닌 교사가 높은 교육적 역량을 발휘하기 어렵다는 것은 자명한 일이기 때문이다.

교사들의 낮은 자기 효능감은 교사들이 학교에서 아이들을 가르치는 일을 매우 어려워한다는 것을 암시하기도 한다. 실제로 현장에서 만났던 많은 교사들은 이런 어려움을 토로하였다. 흥미로운 사실은 교사들의 자기 역할에 대한 판단이 경험에 의한 것이라기보다 교사들이 그렇다고 미리 판단하여 지니고 있는 전제일 가능성이 크다는 것이다.

학교 급이나 교사 개인에 따라 차이는 있었지만 교사들 대부분이 수업 시간을 제외하면 학생과의 상호작용이 미미한 편이다. 한국 학교교육 문화에서 수업 시간이 전체 학생들을 대상으로 하는 일방적인 강의식 수업이라는 것을 고려하면 교사와 학생 간의 개인적인 접촉이나 관계 형성 기회는 거의 없는 셈이다. 다시 말하면 교사와 학생의 관계가 거의 없어 자기 역할의 의미를 반추해볼 경험이 거의 없었을 가능성이 크다. 무엇보다 학습 결과를 평가하는 방법은 시험을 보고 성적을 매기는 것이지만, 한국 교육 문화에서 평가 결과가 가르치는 일을 되돌아보는 과정이나 계기로서는 거의 작동되지 않는다.

거꾸로교실 수업을 통해 학생들과의 관계의 빈도가 높아진 교사들의 이야기는 교사의 자기 효능감에 대한 다른 해석적 지점을 보여준다. "이렇게 달라질 수 있는 아이들을 그동안 내버려두었다"라는 자책감을 토로하거나 "그동안 교사로서 내가 한 일이 없어 아이들에게 미안하다"라는 교사들의 고백이 이어졌던 것은 교사의 자기 역할에 대한 새로운 발견으로 읽을 수 있다.

전통적인 수업 문화나 학생과의 관계에서 교사들이 자기 효능감을 긍정적으로 의미화하기란 쉽지 않다. 실제로 요즈음 학생들이 더 이상 교사의 존재를 크게 느끼지 않는다는 것은 현장에서 만난 선생님들이 가장 많이 하는 이야기 가운데 하나였다. 따라서 자신의 수업이나 학생 지도가 아이들에게 먹히지도 않는다는 것이다. 요즘 아이들은 '쿨'하기 때문에 교사의 말이나 태도에 별 신경을 쓰지도 않고 매사에 시큰둥하다고 한다. 이런 경험 때문인지 학생들을 가르치고 지도하는 역할에 매력을 느껴 교사라는 직업을 선택했던 선생님들 중에는 직업에 대해 회의감을 호소하는 경우가 종종 있었다.

교사 연수나 워크숍을 진행할 때 교사들에게 꼭 던지는 질문이 있다. "교사가 학생들에게 미치는 영향력은 어느 정도라고 생각하느냐"라는 것이다. 대부분의 교사들은 학생들의 학교 적응이나 학업성취, 자존감 등을 결정하는 요인으로 가정적 요인을 가장 많이 꼽았다. 지능이나 성실성 등 개인적 성향의 차이를 드는 교사도 더러 있었지만 교사의 역할이 크다고 이야기하는 경우는 매우 드물었다. 어느 부모에게서 태어나느냐에 따라 학교 적응이나 학업성취가 결정된다는 것을 상기한다면 교사들의 이런 판단은 현실을 매우 정확하게 반영한 것이다. 그런데 매우 타당하고 설득력 있는 이 답변은 아이들의 성장에 학교 혹은 교사가 하는 일이 없다는 것을 확인하는 것과 다르지 않다.

사람을 상대로 그것도 아이들을 가르치는 일이 쉬운 일은 아니다. 사교육 문화 등 한국 교육 현실이 교사들의 사기와 위상을 떨어뜨리기도 한다. 그럼에도 불구하고 한국에서 교사는 여타 직업에 비해 자율성과 독립성, 전문성을 발휘할 수 있는 안정된 직업군 가운데 하나다. 교사들의 낮은 효능감은 한국 사회에서 선호하는 우수한 직업 집단의 당사자인 교사들이 스스로의 직업적 활동에 낮은 점수를 매긴다는 것을 어떻게 해석해야 할까에 대한 화두를 던져주고 있다.

3. 부모: 높은 교육열과 낮은 학교 만족감

한국인의 교육열은 세계적으로 명성이 높다. 특히 한국 사회문화적 환경에서 '학부모'라는 특수한 역할은 매우 빈번하게 회자되고 있다. "당신은 부모입니까? 학부모입니까?"라는 공익광고의 메시지는 한국 사회가 학부모를 바라보는 시선을 상징적으로 드러내준다.

한국 사회에서 학부모는 부정적인 이미지로 재현되어왔다. 학부모는 자녀를 이해하지 못하거나 망치는 '나쁜 부모'이거나 때로는 한국 교육을 교란시키는 매우 문제적 집단으로 치부되었다. 학부모들의 '지나친' 교육열은 '공교육 붕괴'를 야기한 근원으로 지목되었으며, 학부모들은 자기 자녀교육에만 집착하는 이기적 집단으로 표상되면서 한국 교육문화의 문제적 집단으로 인식되었던 것이다.

반면, 학부모의 교육열에 대한 부정적 시각을 비판하면서 이를 우리 사회의 긍정적 자원으로 이해할 필요가 있다는 담론도 존재한다.[17] 교육열의 방향성에 대한 문제 제기는 있을 수 있지만 학부모의 교육열 자체를 부정적으로 보는 건 편협한 시각이라는 것이다. 학부모들에 대해 어떤 이미지나 판단을 가지고 있건 학교교육에 미치는 학부모들의 영향력에 대해서는 이견이 없다.[18]

"계층 이동 드라마"라는 열쇳말로 한국 사회의 교육 문화를 탐색한 에이블먼Abelmann은 교육을 "한국인들의 오래된 꿈"이라고 이름 붙였다.[19] 그가 지적한 대로 교육열로 통칭되는 교육을 통한 사회적 성공에 대한 우리 사회의 집단적 열망은 사회적·정치적 차원의 거시적 담론뿐 아니라 개인과 가족의 일상을 구성하는 미시적 담론에서도 지배적인 화두가 될 만큼 '범국민적 드라마'다. 당사자와 주위의 다양한 주체들의 욕망과 불안이 교차하는 이 국민 드라마의 주인공이 바로 학부모다.

주목할 것은 이렇게 높은 교육열을 자랑하는 한국인들이 평가하는 학교에 대한 만족도가 매우 낮다는 것이다. 한국교육개발원이 전국의 만 19세 이상~75세 미만의 성인 남녀 2,000명을 대상으로 실시한 '교육여론조사 2013' 결과는 학교교육에 대한 범국민적 의식을 읽게 해준다. "우리나라의 초·중·고등학교를 전반적으로 평가한다면 어떤 성적을 주겠느냐"는 물음에 응답자들은 5점 만점에 평균 2.49점을 주었다. 100점 만점으로 환산하면 50점이 안 되는 점수다. 이 결과는 2012년 2.90에서 0.41점이나 떨어진 것이기도 하다.[20]

이러한 한국 국민들의 학교만족도는 국제비교조사에서도 상대적으로 매우 낮은 것으로 보고되고 있어 주목할 만하다.[21] 물론 한국인들의 낮은 학교 만족감을 단순히 학교나 교사 탓으로 보기는 어렵다. 높은 교육열이 야기한 학원과 과외 등 사교육에 대한 절대적 의존과 그로 인한 공교육 붕괴는 교육열이라는 한국 사회 집단적 열망의 그림자를 장식하는 화두였음은 새삼 지적할 필요가 없다. 따라서 부모들의 욕망의 정치학이 학교교육을 바라보는 기대와 평가에 영향을 미쳤을 가능성도 크다. 이 점에서 부모들의 낮은 학교교육 만족도와 사교육을 중심으로 촉발되고 있는 높은 교육열의 간극은 다양한 관점에서 사유가 필요하다.

무엇보다 이 불균형의 핵심에는 사교육이 있다. 자신의 아이를 우위에 두려는 사적 욕망에 의해 교육열이 작동하는 한 학교교육이 부모들에게 만족스럽기는 어렵다. 공적 영역엔 불신을 보내면서 사적 영역에서는 신뢰할 수 있는 자본을 만들고 자녀교육에 목숨을 거는 한국인들의 교육 문화[22]가 존재하는 한 학교교육의 정상화는 요원할지도 모른다.

주류 계층에서는 일종의 '구별 짓기distinction'의 일환으로 교육 욕망이 작동하고 있고, 물려줄 재산이 없는 사람들은 학벌이 자식에게 물려줄 수 있는 유일한 재산이며 교육은 삶의 안전망을 만들기 위한 강력한 장치라고 믿고 있는 듯하다. 교육에 대한 어떤 기대와 목표를 향해 가건 앞만 보고 질주하는 욕망을 실은 레일 위의 속도는 완화되거나 브레이크가 걸릴 것 같지도 않다. 그런데 문제는 셀 수도 없는 사교육 종류와 그 비용을 대기 위해 자신들의 삶을 반납하면서 최소한 '남들 하는 만큼'은 자식들 뒷바라지를 해야 한다는 강박증을 지닌 학부모들도 그리 행복해 보이지 않는다는 데 있다.[23]

최근 들어 '부모주의parentocracy'로 대변되는 가족 역할의 극대화는 상대적으로 학교교육 역할을 축소시킨다는 점에서 학교교육의 효과성 혹은 의미성과도 밀접한 연관이 있다. 무엇보다 한국 사회에서 가족적 자원을 중심으로 치열하게 벌어지고 있는 학벌 경쟁은 비주류 계층 부모들로 하여금 주류 계층 부모보다 훨씬 부담스러운 비용을 지불하게 만들면서도 상대적으로 매우 낮은 보상만을 돌려주고 있다는 점에서 문제적 현실이다.[24]

학생과 교사, 학부모라는 교육 주체들을 중심으로 스케치한 교육 풍경은 이처럼 우울하다. 학원 등 사교육의 창궐로 인해 학교가 더 이상 권위를 갖지 못하면서 교사는 가르치는 일에 대한 경쟁력을 상실하였고, 학생들은 공부는 학원에서 하고 학교 수업 시간에는 잠을 자면서 시간을 때우고 있다. 학습 생태계가 급속히 변화하면서 학교 혹은 교실 붕괴, 왕따나 학교폭력 문제 등 학교의 정체성과 효율성에 대한 위기의식도 최고조에 달하고 있다. 이러한 환경 속에서 학교교육을 둘러싼 학부모와 교사, 학생들의 무기력과 불신 등 학교교육 자체에 대한 회의론도 끊이지 않고 있다.

이러한 비관적 현실과 전망에도 불구하고 누가 더 문제적인가를 묻는 일보다 중요한 것은 지금 어떻게 이 현실을 가로지를 수 있을 것인가를 묻는 일이다. 이러한 고민이 각자 선 자리에서 가장 현실적이고 가능한 무엇인가를 만들어가는 작은 시작이 될 수 있기 때문이다.

Part II

교육 패러다임의
전환과 수업

1. 미래 사회와 교육

가. 학교교육 위기와 교육 패러다임의 전환

미래학자인 앨빈 토플러Alvin toffler는 사회 변화를 따라가지 못하는 교육 시스템을 "교육 지체" 현상으로 진단한 바 있다.[1] 세상은 변하고 있는데 교육은 19세기 근대 교육 시스템을 여전히 답보하고 있다는 그의 비판은 그동안 교육계 안팎에서 끊임없이 회자되어온 이야기이기도 하다. 물론 교육이 시류를 반드시 따라야 할 필요는 없다. 교육이란 백 년 앞을 내다보고 기획해야 한다는 "교육백년지대계教育百年之大計"는 교육의 지속성과 안정성의 가치를 우리에게 일깨우는 매우 익숙한 경구이다. 그러나 안타깝게도 현재의 학교교육은 교육이 잃지 말아야 할 특정한 가치를 지켜내는 곳도, 미래 지향적인 혁신적 실험이 이루어지는 공간인 것 같지도 않다.

앞서 언급한 것처럼 근대적 제도로서 학교의 탄생은 귀속적 신분질서를 대체하여 개인의 노력과 능력에 따라 사회적 지위를 공평하게 부여받을 수 있는 길을 제도적으로 열어주었다는 점에서 그 자체로 혁명이었다.[2] 이후 학교는 근대 산업 체제를 뒷받침할 인력 양성이라는 사회

경제적 요구와 학력을 통한 사회적 지위의 획득이라는 개인적 욕망이 맞물리면서 급속한 성장을 이루게 된다. 이 점에서 학교는 인류사에서 매우 성공한 근대 제도 중 하나라고 해도 과언이 아니다.

한국 사회도 예외는 아니다. 한국은 근대 교육적 특성이 매우 압축적이고 극대화된 방식으로 전개된 곳이다. 세계적으로 명성 높은 한국 사회의 높은 교육열 문화가 욕망과 기대가 결합된 한국 사회의 "멜로드라마Melodrama"[3]였던 것도 이러한 한국 사회의 교육 현상적 특성을 암시한다. 짧은 근대화 과정을 거치면서 초고학력 사회를 만들어온 한국 교육의 성장 속도는 근대 교육 성공 신화로 세계사에 기록될지도 모르겠다.

그러나 성장가도를 달리던 학교교육은 계층 재생산, 경쟁과 서열화 등 여러 가지 한계에 부딪혔다. 대량생산 체제에 기반을 둔 근대 산업 사회를 이끌어온 동력이었던 근대적 표준화·획일적 교육에 대한 비판적 성찰의 목소리가 힘을 얻기 시작하면서 새로운 교육 패러다임을 주창하는 이른바 '탈근대' 혹은 '후기 근대' 교육 담론[4]이 주요한 화두로 등장한 것도 이러한 배경에 기인한다. 대량생산 체제인 공장 모델을 기반으로 한 근대 교육 시스템에 대한 비판적 시선의 배경에는 이러한 학교교육 낙후성에 대한 담론도 자리하고 있다. 시대와 사회는 변화하고 있는데, 학교는 여전히 근대 교육 패러다임의 규율 안에서만 작동된다는 비판이 그것이다.

급격한 산업화와 더불어 근대 초기에는 대량생산을 위한 조직적이고 훈련된 노동력이 필요했고, 대규모 학생들을 한꺼번에 모아놓고 표준적인 지식과 기술을 전달하는 교육 시스템은 그 시절에 적절하고 필요한

'공장형' 교육 방식이었다. 한국의 근대화 과정 역시 이러한 대량생산 체제에 필요한 노동력을 공급했던 학교교육에 빚진 바 크다.

그러나 달라진 시대는 그에 걸맞은 새로운 교육 패러다임을 필요로 한다. 다품종 소량생산을 기반으로 하는 후기 근대사회에 적절한 교육은 다양성과 창의성을 바탕으로 이루어지는 개별화된 교육이어야 한다는 교육 패러다임의 전환을 주창하는 흐름이 힘을 얻고 있다. 비단 후기 근대사회로의 전환이라는 거창한 이야기를 꺼내지 않더라도 학교교육에 대한 내적 위기 담론은 새로운 교육 패러다임을 요구해왔다. 무엇보다 학교가 더 이상 기회의 공간이 되지 못하고 계층 재생산의 도구로 전락했다는 비판이 있었다. 1960, 70년대 이래 근대 학교교육의 신화에 대해 문제를 제기하면서 "학교 해체", "교육의 위기와 대응" 등 서구 사회에서부터 전개되기 시작한 비판적 교육 담론들은 그 대표적인 예다.[5]

한국 사회도 마찬가지다. "학교 혹은 교실 붕괴" 담론은 1990년 중반 이후부터 제기되어 20년이 다 되어가는 해묵은 담론이지만 여전히 현재형이기도 하다. 1990년대 후반부터 일기 시작한 탈학교 담론이나 대안학교의 팽창은 이러한 학교의 내적 위기 담론이 가시화되기 시작한 시점이다. 특히 자발적 탈학교(혹은 학업 중단) 담론은 학교가 급격한 패러다임 전환기에 적절히 대처하여 미래 세대를 길러내지 못하고 있음을 알리는 신호라는 점에서 주목받아왔다. 학교를 거부하는 현상은 아이들이 학교에 부적응하는 것이 아니라 학교가 시대에 뒤떨어져 아이들의 감성과 몸의 리듬을 따라가지 못하고 있기 때문에 발생한다는 진단이 교육계 안팎에서 흘러나오기 시작하였다. 이러한 관점에서 보면 교실 붕괴는 '아이들의 문제'가 아니라 '근대 교육 체제의 실패'가 된다.[6]

미래학자들은 지금 우리의 현 상황을 패러다임 전환기라고 진단한다. 따라서 교육도 근대 패러다임이 더 이상 작동되지 않는 '후기' 혹은 '탈근대적' 맥락에서 사유해야 할 필요성을 제기해왔다. '탈근대' 혹은 '후기 근대' 사회는 결과가 아니라 과정과 맥락이 중요하고, 위계 서열적 문화에 대한 적응력보다 네트워크 문화를 형성할 수 있는 능력, 그리고 최소한의 자기 보존이 가능한 공동체 형성 능력이 중요해지는 시대다.[7] 또한 필요한 학습은 특정 영역에서의 수월성이 아니라 다양한 환경에 유연하게 대처할 수 있는 능력이며, 새로운 사람들과 만나서 협업하여 서로가 윈-윈win-win할 수 있는 역량을 지닌 사람이다.

따라서 교육도 이러한 시대적 맥락에 적절한 인재 양성 요구에 직면할 수밖에 없다. 교육 패러다임의 전환을 요구하는 학교 안팎의 담론들은 이러한 시대적 요구인 것이다.

나. 지식 기반 사회와 21세기 핵심 역량

한국 교육은 미래에는 필요하지도 않을 쓸데없는 것들을 배우는 데 너무 많은 시간을 낭비하고 있다는 앨빈 토플러의 일갈은 한국 학교교육의 현실에 대한 냉정하지만 정확한 평가가 아닐 수 없다. 최근 OECD 국가를 중심으로 대두하기 시작한 21세기 교육 패러다임과 핵심 역량 담론은 이러한 시대적 요구를 반영한 것이다.

지식 기반 사회는 지식Knowledge을 기반base으로 한다는 점에서 여전히 지식을 필요로 한다. 그러나 역설적이게도 이 말은 지식 자체가 중요하지 않다는 의미이기도 하다. 지식은 다른 무엇을 위한 기반이지 그 자체가 최종 가치재가 아니기 때문이다. 더구나 지금은 소위 말하는 정보화 사회다. 지식은 도처에 널려 있고, 심지어 우리 손 안의 스마트폰에도 웬만한 건 모두 있다. 네이버Naver나 구글Google 검색만으로 필요한 지식은 다 찾을 수 있는 시대이기 때문이다.

이러한 시대에 중요한 것이 지식 자체가 아니라는 것은 자명해 보인다. 많은 미래학자들이 예견하고 있는 대로 앞으로 지식 자체는 쓸모없는 시대가 될 가능성이 많다. 대신 문제 해결을 위해 필요한 지식을 찾아내거나 판단하는 능력, 때로는 연관이 없어 보이는 지식을 엮어 새로운 지식을 만들어낼 수 있는 창의적 능력이 중요해진다. 최근 교육계의 '창의 인성', '창의 지성' 등 창의적 역량에 대한 강조는 이러한 사회적 요구를 반영한 교육 담론이기도 하다.

대량생산 체제인 근대산업 사회에서는 표준화된 교육, 단순 지식 전달 위주의 교육이 효과적이었다. 분업화된 산업 체제에서는 자신이 담당한 부분에 기계적으로 사용이 가능한 파편화된 지식과 기술이 필요했기 때문이다. 표준적인 지식과 단순 기술 습득 위주의 학교 시스템이 나름 의미가 있었던 이유다.

그러나 탈근대 후기 산업사회는 더 이상 근대 공장 시스템에 의존하는 사회가 아니다. 소위 21세기 핵심 역량21century skill으로 간주되는 비판적 사고력Critical thinking, 창의성Creativity, 의사소통 능력Communication, 협업 능력Collaboration 등 4C는 이러한 미래 사회의 교육적 요구와 밀접한 연관이 있다.

▶21세기 핵심 역량(21century skill)인 4C를 구체적으로 서술하면 다음과 같다.[43]

a. 비판적 사고력(Critical thinking)

주어진 지식을 기계적으로 암기하거나 수동적으로 받아들이지 않고 지식의 배경과 맥락을 이해하고 판단하는 역량을 의미한다. 따라서 비판적 사고력은 스스로 생각하고 판단하기 위한 토대다. 비판적 사고력이 없으면 문제를 발견하고 해결하는 능력도, 새로운 것을 만들어내는 창의성도 발현되기 힘들다. 또한 비판적 사고력이란 지식을 자신의 사고와 경험을 기반으로 재구성할 수 있는 능력이며, 때로는 기존의 지식에 대해 의문을 품는 것이라는 점에서 상식적인 것에 대해 새로운 질문을 던지는 능력이기도 하다.

창의적인 생각이나 문제의 해결은 당연하거나 일상적으로 오래 익숙해져서 굳어져버린 것들에 새로운 렌즈를 들이대는 일에서 비롯된다. 따라서 비판적 사고력을 통해 기존의 지식이나 관행과는 다르게 사고할 수 있는 능력을 기르면 문제 해결 방법도 자연스럽게 발견하거나 만들어낼 수 있다. 이 과정을 통해 생각이 깊어지고 확장된다.

b. 창의성(Creativity)

기존의 지식을 활용하여 실제 현실에 응용하거나 새로운 지식을 만들어낼 수 있는 역량을 의미한다. 우리는 흔히 창의성이란 세상에 없던 것을 만들어내는 특별한 무엇으로 정의한다. 따라서 창의성은 천재나 몇몇 타고난 인재들의 영역이라고 생각하는 경향이 있다. 창의성을 영재의 핵심 요소로 생각하는 이유도 이 때문이다. 그러나 창의성은 일반 사람들에게는 없는 특별하거나 타고난 능력이라기보다 학습과정을 통해 배우고 함양할 수 있는 그 무엇이다. 그리고 이러한 창의성은 특별하고 독립된 것이 아니라 모든 일에 필요한 도구적 성격을 지닌다.

창의란 유(有)에서 또 다른 유(有)를 만들어내는 것을 의미한다. 무(無)에서 유(有)를 만들어내는 것, 다시 말하면 이 세상에 전혀 없던 새로운 것을 만들어내는 것은 신의 영역이다. 인간은 이미 존재하는 그 무엇을 새롭게 해석하거나 다른 생각을 입히거나 비틀어서 그 이전과는 조금 다른 것을 생각해내거나 만들어낼 수 있을 뿐이다.

창의성과 관련한 오해 가운데 하나는 창의성이란 학습이 아니라 특별한 창의적 활동을 통해서 얻어진다고 믿는 것이다. 따라서 무엇인가 교과서 바깥의 독

창적인 활동을 필연적으로 수반해야 한다고 생각하는 경향이 있다. 창의적 재량 활동, 체험활동 등의 이름이 붙여지는 것은 이 때문이다. 그러나 창의성은 이미 존재하는 것들에 대한 제대로 된 이해에서 출발한다. 기존의 지식이나 생각에 의문을 제기하고, 질문하고 토론하면서 이해하는 과정을 통해 새로운 생각의 싹을 만들 수 있기 때문이다. 따라서 창의성은 제대로 된 배움의 과정에서 자연스럽게 길러질 수 있는 역량이다.

c. 의사소통 능력(Communication)

자신의 생각과 느낌을 자유롭게 표현할 수 있는 역량을 의미한다. 그동안 학교는 '침묵의 문화' 속에서 단순히 지식을 전달하는 역할을 수행해왔다. 상호 의사소통 없는 일방적인 소통 방식이었던 셈이다. 상호적인 의사소통이 어느 정도 이루어지는 교실 수업에서도 대부분은 전체 학생들을 대상으로 한 교사의 질문에 대한 학생들의 짧은 단답형으로 이루어지는 통제적인 상호작용이었다.

한편, 일부에서는 의사소통 능력을 특정한 스피치 능력이나 외국어 능력 등으로 오해하는 경우도 있다. 그러나 의사소통 능력은 학습과정에서 서로의 생각과 의견, 지식을 나누면서 자연스럽게 길러지는 역량이다. 따라서 배움의 과정에서 서로 논의하고 토론하면서 자신의 생각을 나누고 표현하는 과정 속에서 의사소통 능력이 길러진다고 할 수 있다.

d. 협업 능력(Collaboration)

다른 사람과 함께 공동 작업을 할 수 있는 능력을 의미한다. 즉, 생각과 아이디어를 공유하면서 자신의 역량을 배가시키고 일의 효율성을 높이기 위한 역량이라고 할 수 있다. 특히, 글로벌 사회로 진입하면서 협업 능력은 그 중요성이 더 커지고 있다. 글로벌 네트워킹(Global Networking) 시대에 때로는 새로운 환경에 적응하고, 낯선 사람들과도 접촉하거나 연대하면서 공동 작업을 할 수 있는 능력이 더 많이 필요하기 때문이다. 이 점에서 협업은 21세기의 생존 역량이기도 하다. 따라서 협업 능력이 교육적 목적인 이유는 도덕적으로 옳기 때문이 아니다. 최근 인성교육 차원에서 협업 능력을 강조하기도 한다. 그러나 협업 능력은 인성의 문제가 아니라 21세기를 살아가는 생존 역량으로 이해할 필요가 있다. "우리는 나보다 똑똑하다"라는 모토가 '집합적 창의성(collective creativity)'과 '집단지성(collective intelligence)'에 대한 신뢰를 의미하는 이유는 이 때문이다.[8]

이 4가지 핵심 역량은 서로 독립된 영역이라기보다 매우 긴밀하게 연결되어 있다. 예를 들면 주어진 지식을 수동적으로 받아들이지 않고 다양한 맥락에서 생각해보는 것은 새로운 생각을 이끌어내는 창의력 신장과 매우 밀접한 연관이 있다. 동료들과 함께 문제를 해결하는 토론과 토의 과정은 의사소통 능력을 함양하는 동시에 협업 능력을 길러준다. 이 과정에서 생각해보기는 비판적 사고력과 창의성도 함께 길러준다.

주목할 것은 4C로 대변되는 미래 역량은 교사가 학생들에게 강의를 통해 전달할 수 있는 그 무엇이 아니라는 것이다. 교사들은 창의성이나 의사소통 능력을 가르치거나 전달할 수 없다. 이는 학생들이 배움의 과정에서 자연스럽게 습득할 수 있는 것이다. 즉 학생들이 어떻게 배우느냐에 따라서 이러한 역량이 길러지기도 하고 그렇지 않기도 하다. 이 점에서 21세기 핵심 역량은 교과서에 제시된 명시적 교육과정이 아니라 교육과정을 통해 간접적으로 학생들이 습득할 수 있는 잠재적 교육과정Hidden curriculum[9]을 통해 길러진다.

따라서 21세기 핵심 역량 교육을 위해서는 '무엇을 가르칠 것인가'에서 '어떻게 가르칠 것인가' 혹은 '어떻게 배우는가'로 질문을 바꾸지 않으면 안 된다. 지식의 형성 과정을 이해하고 탐구하며, 또래들과 토론하고 함께 문제를 해결해가는 과정에서 부수적으로 얻어질 수 있는 것들이기 때문이다. 따라서 미래 역량은 교사가 교과 지식을 알려주는 강의 중심의 지식 전달 방식을 고수해서는 기를 수 없다. 교사의 강의 중심으로 이루어지는 가르침에서 자기 주도적인 학생 활동 중심의 배움으로 교육 방식을 바꾸어야 미래 사회를 살아갈 아이들에게 필요한 능력을 키워줄 수 있다.

2. 미래 역량 교육을 위한 수업

가. 제도적 개혁 없는 수업 혁신은 가능한가?

수업은 학교라는 복합적 장에서 이루어지는 가르치고 배우는 과정의 일부분이다. 따라서 학교의 구조, 환경 더 나아가 사회의 구조적 맥락과도 매우 긴밀하게 연결되어 있다. 수업 혁신이라는 미시적 차원의 변화가 학교 구조와 제도라는 거시적 차원의 문제와 직결될 수밖에 없는 이유다. 사회구조와 학교제도, 교육과정, 평가 시스템 등 학교교육 환경과 구조를 그대로 두고 수업을 혁신하자는 구호가 공허한 것일 수 있는 까닭이기도 하다. 실제로 수업 혁신에 대해 교사들과 이야기할 때 가장 많이 우려하거나 문제를 제기하는 부분이기도 했다. 모두 맞는 말이다. 그렇지만 수업의 상대적 자율성은 여전히 존재한다.

번스타인Bernstein은 '재맥락화recontextualization'라는 개념으로 이러한 자율성을 아주 설득력 있게 제시한다. 번스타인에 의하면 교사가 주어진 학교교육과정을 어떻게 가르치느냐에 따라 사회구조적 영향력을 벗어날 수 있다.[10]

물론 학교의 위기를 가져온 다양한 사회적·구조적 환경 개선이나 제도 개혁은 여전히 매우 중요하다. 교실 수업을 개선한다고 모든 문제를 해결할 수는 없다. 고용·노동·사회문화 시스템 등 제도적 개혁을 지속적으로 함께 해결해야 한다는 것은 이론의 여지가 없다. 교육 내적으로는 교육과정의 변화, 평가 체제, 학교의 물리적 환경 등 구조적 변화와 함께 가야 한다.

그럼에도 불구하고 교실 수업이라는 미시적 차원의 변화는 여전히 힘을 갖는다. 견고한 구조를 바꾸어내는 것도 궁극적으로 개인의 행위나 의지의 총합이라는 사실을 상기하면 더욱 그렇다. 새로운 수업 방식을 통한 교육혁신은 이러한 교육 주체들의 상대적 자율성이라는 영역의 확장이며, 이를 통한 실질적 교육 주체로의 귀환이기도 하다.

나. 교실 공간의 변화와 교사의 자리: 새로운 공간 배치와 탈근대적 상상력

공간은 단순히 물리적인 장소만을 의미하지 않는다. 공간사회학은 단순하고 기계적인 것처럼 보이는 물리적인 공간 배치에 숨겨진 사회적 권력관계를 일깨워준다. 공간 배치에 따라 그 공간 안의 사람들 간의 관계와 상호작용 방식이 달라지는 것은 일상에서도 어렵지 않게 경험할 수 있다. 둥그런 원탁에 앉아서 이야기를 나눌 때와 모임의 중심인물이 가운데에 앉고 그다음에 순차적으로 자리가 정해져 있는 사각형의 탁자에 앉아 있을 때를 상상해보라. 둥그런 원탁 배치는 평등과 상호 존중의 관계를 전제하지만 사각탁자 배치는 자리에 따라 서열과 역할이 이미 결정되어 있어 위계적 관계를 전제한다. 이러한 관계의 배치에 따라 관계의 형식이나 소통 방식도 정해지기 마련이다.

교실 공간 배치도 이런 공간사회학의 일반론에서 그리 멀지 않다. 교실 중심에 있는 교단에 서서 교사가 강의하고, 교단 아래에 있는 학생들이 교사를 바라보면서 일렬로 줄을 맞추어 앉아 있는 공간 배치는 우리에게 매우 익숙한 방식이다. 이러한 공간 배치는 근대적 학교의 탄생과 함께 지금까지 견고한 교실 공간 배치로 남아 있다.

주목할 것은 이러한 교실 공간 배치는 획일적 통제와 표준적인 지식 전달이라는 근대 교육의 지향을 그대로 반영한다는 점이다. 교실 중앙에 위치하는 교단에 있는 교사는 절대적인 지식을 전달하는 권력자의 역할을 부여받는다. 교단은 이러한 위계적 관계를 상징적으로 드러내주는 장치다.

흥미로운 것은 이러한 교실 공간의 배치가 종교적 공간의 그것과 매우 닮아 있다는 것이다.[11] 교사가 서서 강의하는 교단을 높게 만들어 학생들이 앉아 있는 공간과 의도적인 분리를 꾀하고 있으며 이는 위계적 관계에 기초하고 있다. 절대적인 권력을 가지고 표준적인 지식을 전달하는 교사는 신의 계시를 전달하는 사도와 닮아 있다.

표준적이고 획일적인 지식과 기술을 전수하는 근대 교육 체제에서 위계적이고 수직적인 교실 공간 배치는 적절하고 효율적인 시스템일 수 있다. 그러나 비판적 사고력과 창의력, 의사소통과 협업을 강조하는 교육 풍경과는 어울리지 않는 옷이다. 학생들이 일렬로 줄을 맞추어 앉아 교사만을 바라보는 교실 공간 구조는 근대적 계몽적인 수업 외에는 불가능하기 때문이다.

소통을 기반으로 한 상호작용이 활발한 학습을 촉발하려면 새로운 공간 배치의 상상력이 필요하다. 교실 공간 배치를 학생들이 교사만을 바라보는 일렬식이 아니라 학생들이 서로 마주 보는 구조로 바꾸면 관계의 재배치가 이루어지는 '마법'이 실현된다. 이렇게 달라진 교실 공간에서 학생들은 교사의 말을 기다리거나 받아 적는 것이 아니라 스스로 문제를 해결해가는 주체가 된다. 서로의 얼굴을 바라보는 공간 배치는 교실에서 의사소통 능력을 자연스럽게 향상시킬 수 있는 공간으로 탈바꿈시킨다. 서로의 표정을 읽어내고 생각과 느낌을 공유하면서 소통하는 법을 배울 수 있기 때문이다.

또한 이러한 공간 배치에서는 자연스럽게 학습의 주도권이 교사에게서 학생으로 넘어가는 경험을 수반하게 된다. 학생들이 스스로 배움의 과정에 참여하고 필요에 의해 교사가 학생들의 학습을 도와주는 촉진자 역할을 수행하면서 교사와 학생 그 누구도 소외되지 않는 교실 공간을 만들어갈 수 있는 가능성이 생긴다. 교사와 학생이 배움의 길을 함께 떠나는 동반자가 되면서 평등하고 민주적인 관계와 소통의 길이 열릴 수 있기 때문이다.

고전적 의미에서 교사는 특정한 지식과 기술을 보유한 사람이었다. 이러한 시대에 가르친다는 것은 다른 사람이 모르는 것을 알고 있거나 더 많이 아는 사람이 할 수 있는 행위였다. 따라서 자신이 지닌 특별한 지식과 기술을 전수하는 것이 교사에게 주어진 가장 중요한 역할이었다. 자신이 원하거나 필요로 하는 지식과 기술을 보유한 사람에게 그 내용과 방법을 전수받기 위해 배움의 길을 떠났던 수많은 이야기들에는 이러한 전통적인 '스승'의 이미지가 깊게 배어 있다.

근대 학교는 모든 사람에게 배움의 기회를 열어준 거대한 제도적 시스템이다. 스승을 찾아 길을 떠나는 수고로움 대신에 학교를 다니면서 자신이 필요한 지식과 기술을 배울 수 있는 장소적 역할을 했던 곳이라고 해도 크게 틀린 말은 아니다. 개별적인 맞춤형이거나 사적 관계에 의한 배움이 아니라 수많은 이들을 대상으로 표준적 지식을 전수하는 제도적 기관이라는 차이점이 있을 뿐이다.

그러나 우리가 살고 있는 지식 기반 정보화 사회는 지식을 전달하는 학교의 기능을 더 이상 호의적으로 보기 어렵게 한다. 지식 기반 정보화 사회는 앎이 특정한 사람의 전유물인 시대가 아니기 때문이다. 정보화는 지식과 기술을 전수하는 배타적 공간으로서의 학교의 위상을 더 이상 유지하기 어렵게 만드는 새로운 시대를 탄생시켰다. 무엇보다 테크놀러지의 발달은 언제 어디서나 원하는 지식에 접근할 수 있는 길을 열어놓음으로써 학교를 다니지 않아도 온-오프라인 어디서나 원하는 지식과 기술을 익히는 것이 가능해졌다. 지식 전달자Knowledge delivery로서의 교사 역할이 치명상을 입을 수밖에 없는 이유다. '더 많이 아는 자'로서의 교사의 정체성을 더 이상 유지하기 힘든 시대의 도래는 생존 전략을 위해서도 교사에게 스스로 몸 바꾸기를 요구할 수밖에 없다.

그렇다면 새로운 시대에 가르치는 자는 어떤 역할을 수행해야 할까? 질문에 답은 이미 나와 있다. 학습자들이 스스로 문제를 해결하는 교실 공간 배치로 수업 구조가 바뀌면서 교사는 학생들이 스스로 해결해나갈 수 있게 구조를 만들어주는 기획자이거나 교실 안을 돌아다니면서 도움이 필요한 학생들에게 도움을 주는 학습 조력자의 역할을 새롭게 부여받게 되는 것이다. 따라서 교사는 이전의 강의식 수업에서처럼 지식을 전달하는 권위자가 아니며, 학생들을 통제하는 감독자도 아니다.

특정한 지식과 정보에 접근하는 방법에서부터 지식을 적용하는 방법, 그리고 기존의 지식을 활용하여 새로운 지식을 만들어내는 과정으로 인도하는 새로운 역할이 교사에게 요구된다. 이때 교사는 학생들의 학습을 촉발하는 학습 촉진자facilitator[12]이며, 학습을 쉽게 할 수 있도록 도와주는 학습 보조자이다. 때로는 학생들과 함께 배움을 기획하는 동반자 역할도 부여받게 된다. 이처럼 거꾸로교실에서 교사 역할의 변화는 전통적인 교사의 이미지-백묵 들고 아이들을 가르치는 혹은 파워포인트 자료를 보여주고 설명하는 사람-를 전복시킨다.

달라진 교실에서 새롭게 정의되는 교사의 역할은 물론 교과와 학습목표에 따라 유연하게 달라질 수 있지만 교사의 자리가 교단 중앙에 위치한 곳이 아니라는 것은 공통적이다. 전통적인 교실에서 교사는 교실 중앙에 위치하면서 수업의 주인공 역할을 담당했다. 학생들은 교사의 강의라는 공연을 감상하는 관객이라는 수동적 지위를 부여받았다.

그러나 교사는 이제 교실 중앙 무대의 주인공에서 내려와 새로운 수많은 주인공들인 학생들이 배움의 길을 찾아가는 과정에서 기꺼운 마음으로 조연을 담당할 필요가 있다. 때로는 엑스트라처럼 거의 보이지 않는 존재로 그러나 학생들이 성장의 길을 갈 수 있도록 돕는 보다 적극적인 역할로 몸 바꾸기를 해야 할 때다.

Part III

거꾸로교실
제대로 이해하기

1. 거꾸로교실은 어떤 수업일까?

가. 거꾸로교실이란?: 강의를 집에서, 숙제를 학교에서

거꾸로교실은 동영상 제작과 배포라는 테크놀러지의 도움을 받아 고전적인 수업 형식을 뒤집은 것이다.[1] 즉, 교실에서 이루어지던 교사의 강의를 동영상으로 만들어서 교실 밖(과제)으로 이동하고, 기존에 집에서 이루어지던 과제 활동을 교실로 옮김으로써 전통적인 수업 방식을 뒤집은 것이다.[2] '뒤집다'라는 뜻을 지닌 'flip'은 전통적인 방식과는 반대로 강의와 숙제를 거꾸로 한다는 의미에서 붙여진 이름이다.

거꾸로교실은 다양한 명칭으로 회자된다. 영어권에서는 주로 flipped classroom, inverted classroom으로, 한국에서는 이를 거꾸로교실, 거꾸로수업, 역전 학습, 뒤집은 교실 등으로 회자되고 있다. 이 수업 방식은 전 세계적으로 2000년대 초반부터 주로 대학가를 중심으로 활발하게 이루어져왔다. 국내 대학에서도 수년 전부터 거꾸로교실을 도입하여 교육혁신을 꾀하는 사례가 늘어가고 있다.

초·중·고등 단계에서의 확산은 대학가보다 2012년이 분기점이 된다. 존 버그만John Bergmann과 샘스Sams가 미국 고등학교에서의 거꾸로교실 실행 효과를 정리한 『당신의 수업을 뒤집어라*Flip your Classroom*』를 발간하여 초·중등 교실 수업에의 확산을 촉발하면서 대중화되기 시작했다. KBS 파노라마를 통해 동평중학교와 서명초등학교에서 거꾸로교실 실험이 2014년 봄에 방영되면서 국내에서도 최근 뜨겁게 회자되고 있다.

한편, 칸 아카데미Kahn Academy나 무크MOOC 등 동영상 강의 콘텐츠를 공유하는 방식으로 오프라인 수업을 보완하는 방식이 확산된 것도 거꾸로교실의 확장세에 기여했다. 최근 들어 새로운 교육 모델로서 테드TED[3] 등을 통해 전 세계적으로 널리 알려지면서 새로운 교육 트렌드로 자리 잡고 있다.

거꾸로교실의 개념과 활용은 매우 단순하다. 거꾸로교실은 전통적인 수업에서 주를 이루던 교과의 핵심 내용을 교사가 동영상으로 제작해서 미리 학생들에게 집에서 학습하게 하고, 수업 시간에는 학생들의 이해를 확인하거나 관련 학습 활동을 통한 심화 학습이나 응용 학습을 중심으로 운영하는 수업이다.

근대 학교교육이 시작된 이래 견고한 학교교육 풍경은 교실에서는 교사의 강의가 이루어지고, 숙제를 내주어 학생들이 배운 것을 점검하는 것이었다. 그러나 이 방식은 학교 수업에 출석을 하지 못하면 학습에 결손이 생길 수 있고, 강의를 이해하지 못하는 학생은 숙제를 하기가 불가능하여 학습을 따라가지 못하는 문제를 내재하고 있다. 한국의 경우 이러한 문제를 학원이나 과외 등 사교육의 도움을 받으면서 해결하기도 하지만, 사교육 지원을 받을 수 없는 학생들은 지속적으로 학업에서 소외될 수밖에 없었다.

그러나 동영상 강의를 제작·배포하여 학생들이 먼저 집에서 강의를 시청하고 오고 교실 수업에서는 배운 것을 확인하거나 응용하는 과제 활동을 하면 교사의 도움이나 또래 학습을 통해 이러한 문제를 해결할 수 있다. 즉 거꾸로교실은 전통적 학교교육의 순서를 뒤집으면 새로운 수업 혹은 학습이 가능하다는 착상에서 비롯되었다.

주목할 것은, 강의와 숙제를 바꾼다는 단순한 생각에서 출발한 거꾸로교실이 교사와 학생 역할도 바뀌게 되는 자연스러운 결과를 낳는다는 것이다. 교사의 강의가 사라진 교실에서 학생들이 주도적으로 학습을 이끌어가면서 교실의 주도권이 학생에게로 넘어가면 교실의 주체가 교사에서 학생으로 바뀌게 되기 때문이다.

또한 교사와 학생의 상호작용도 바뀌면서 수업이 전면적으로 재구조화된다. 고전적인 교실 수업은 교사의 독백이거나 혹은 교사가 질문하고 학생이 답하는 매우 한정적인 교사-학생의 상호작용으로 이루어졌다. 그러나 거꾸로교실은 학생이 질문하고 교사가 답하거나 학생들끼리 또래 학습을 통해 서로 질문하고 대답하면서 문제를 해결하는 학습 방법의 전이가 일어난다.

이처럼 동영상 제작과 배포라는 기술을 이용하여 강의와 숙제의 공간을 바꾼 간단한 아이디어가 교사와 학생의 역할과 관계를 바꾸고, 학습 방법을 획기적으로 전환해내는 결과를 이끌어낸다. 이 점에서 거꾸로교실은 강의와 숙제 공간의 뒤집기를 넘어 관계 뒤집기인 동시에 가르치고 배우는 우리의 고정관념을 뒤집는 수업 방식이다. 이러한 거꾸로교실의 특성을 전통적인 교실과 비교하여 표로 제시하면 다음과 같다.

<표 1> 전통적인 수업과 거꾸로교실 비교

구분	전통적인 교실 수업	거꾸로교실 수업
수업 방식과 내용	교사의 강의 중심으로 교과 지식을 전달하는 가르침(teaching) 중심	미리 보고 온 교과 내용에 대한 이해와 심화를 위한 학생 활동과 배움(learning) 중심
교사 역할	지식 전달자/ 통제적인 훈육자	학습 촉진자/조력자
교사-학생/ 학생 간 상호작용	교사-학생 간/ 또래 간 제한적 상호작용	교사-학생 간 활발한 상호작용/또래 학습의 촉진
수업 분위기	통제적 분위기로 학생들은 대부분 수동적임	자유로운 분위기로 학생들의 적극적인 참여로 이루어짐

나. 거꾸로교실의 구성: 디딤 영상과 학생 활동 중심 교실 수업의 결합

사전 수업 동영상 제작과 배포를 위한 교육 테크놀로지와 교실 수업 디자인을 위한 학생 활동 중심 학습은 거꾸로교실을 구성하는 가장 주요한 요소이다.

동영상 제작과 배포는 거꾸로교실을 실행하기 위한 사전 준비 성격을 띤다. 핵심적인 교과 내용을 사전 동영상으로 만들어서 미리 학생들에게 배포하여 학생들이 집에서 수업 전에 보고 오게 해야 교사가 수업 시간에 강의를 하지 않고 새로운 교실 수업을 기획·운영할 수 있다. 따라서 사전 동영상은 교실 수업 환경을 바꾸어주는 도구적 역할을 담당한다는 점에서 거꾸로교실을 구성하는 디딤돌 역할을 한다. 거꾸로교실에서 사용하는 동영상을 '디딤 영상'이라 부르는 것도 이 때문이다.

그런데 거꾸로교실에서 동영상은 본질이 아니라 새로운 수업을 위한 수단이라는 사실을 잊지 말아야 한다. 다시 말하면 디딤 영상은 교사가 강의를 하지 않기 위한 도구 이상의 성격을 지니지 않는다. 뒤에서 상세하게 기술하겠지만 거꾸로교실을 동영상 제작과 동일시하는 것은 거꾸로교실의 본질을 매우 흐릴 수 있다는 것을 먼저 말해두어야 할 것 같다.

다음으로 학습자 중심 교실 수업이다. 강의 동영상이라는 새로운 교육 테크놀러지를 활용하여 교사의 강의를 교실 밖으로 옮기면, 교실 수업에서 교사는 교과 내용을 강의할 필요가 없게 된다. 대신 학생들의 학습 상황이나 수준 또는 교과목이나 학습 목표에 따라 다양하게 교실을 창의적으로 구성할 수 있다. 학습 속도가 다른 아이들을 위한 교사의 개별적인 도움 주기에서부터 학생들의 팀별 활동을 통한 교과 내용의 심화, 적용 활동, 더 나아가 프로젝트 학습으로 연결할 수 있는 가능성이 열린다. 교실에서 이루어지는 학생들의 활동은 교과목의 성격, 단원의 목표에 따라 매우 다양하게 기획·실행할 수 있다. 최근 회자되고 있는 하부르타[4], 토의·토론 수업, 협업 학습 등 학습 목표에 따라 교사가 다양하게 선택하여 사용해도 된다.

이처럼 거꾸로교실은 디딤 영상과 학생 중심 활동이라는 2가지 요소에 의해 구성되는 수업 방식이다. 이 2가지 요소 중 더 중요한 것을 꼽으라면 단연 학생 활동 중심 교실 수업 구성이다. 새로운 교실 수업을 위해 기술을 이용한 사전 동영상을 디딤돌로 활용하는 것이 거꾸로교실의 본질이기 때문이다. 다시 말하면 거꾸로교실의 성공 여부는 교실 수업을 어떻게 기획하느냐가 좌우한다. 거꾸로교실에서 동영상과 교실 수업 활동의 중요도를 숫자로 표시한다면, 동영상이 10퍼센트라면 교실 수업 기획은 90퍼센트 정도의 중요성을 차지한다. 동영상 제작보다 교실 수업 전략을 기획하고 진행하기 위한 교사의 노력이 훨씬 더 중요하다.

2. 거꾸로교실의 이론적·실천적 배경

거꾸로교실은 이전에 없었던 완전히 새로운 교실 수업 방식이 아니다. 동영상 제작이라는 기술의 도움을 받아 교육적 이상으로 회자되어 온 학습자 중심 교육을 교실 수업에서 혁신적으로 구현한 것에 지나지 않는다. 따라서 거꾸로교실은 오래전부터 전개되어온 교육철학과 목표, 교실 수업 방법에 대한 다양한 논의와 실천적 경험들이 직간접적으로 녹아 있다. 다양한 교육철학과 경험, 그리고 방법에 기대거나 또는 극복하면서 만들어온 수업 방식이 거꾸로교실이다.

앞서 기술한 것처럼 교육 테크놀러지와 학습자 중심 교육은 거꾸로교실을 구성하는 핵심 요소다. 전자가 동영상 제작과 배포를 통해 교실 바깥에서 강의에 접속할 수 있는 기술의 진보가 가져온 혁신이라면, 후자는 교실 수업을 학생들이 주도적으로 만들어가는 학습자 중심 교육으로의 교육 패러다임의 전환에 기대고 있다. 전자에는 소위 말하는 기술을 활용한 온라인 교육의 역사가 축적되어 있고, 후자는 아동 중심 교육이라는 교육 패러다임이 그 기틀을 형성하고 있다.

이 장에서는 거꾸로교실에 대한 더욱 넓고 깊이 있는 이해를 위해 거꾸로교실에 녹아 있는 다양한 교육철학과 역사, 이론적·실천적 배경을 정리하였다. 따라서 거꾸로교실에 대한 단선적인 이해를 넘어 보다 입체적인 이해에 도움을 주고자 하였다.

가. 온라인 교육: 보조적 수단으로서의 교육 테크놀러지

거꾸로교실은 어떤 수업이고 어떤 이론적·실천적 배경을 지니고 있는지는 구체적인 수업 방법론 못지않게 자주 회자된 화두이다. 따라서 거꾸로교실 수업에 대한 적지 않은 오해도 있었다. 그 가운데 거꾸로교실을 '블랜디드 러닝'으로 보는 관점이 존재한다.

거칠게 정의하자면, 거꾸로교실이 온-오프라인 혼합 교육으로 불리는 일종의 블렌디드 러닝Blended Learning이라고 보는 것은 틀린 이야기는 아니다. 그런데 이러한 개념 정의가 매우 넓고 실제로 구현되는 형태도 다양해서 이렇게 단순하게 말하기에는 오해가 있을 수 있다.

그동안 테크놀러지를 활용하는 다양한 교육 매체는 학습 효과를 높여주는 기술적 수단으로 많이 활용되었다. 스마트 교육도 기술 매체를 이용한 교육혁신 모델이라고 할 수 있다. 좀 더 멀리는 김대중 정권 시절부터 본격적으로 교실 선진화 프로젝트가 시작되면서 이미 만들어진 사이버 강의 동영상이나 콘텐츠를 수업 시간에 교사의 강의 대신 활용하거나 보조적인 학습 도구로 이용해온 것도 여기에 포함된다.

세계적으로도 기술 매체를 이용한 교육 방식은 주요한 트렌드로 자리 잡고 있다. 이른바 디지털 혁명과 함께 교육의 장도 디지털화가 가속화되었다. 최근 칸 아카데미를 설립하여 전 세계적인 온라인 교육망을 구축한 살만 칸Salmann Kahn은 온라인 교육을 대중적으로 확장시킨 대표적인 사람이기도 하다.

한편, 기술을 기반으로 하는 온라인 교육은 수업의 보조적 기능을 넘어 그 자체로 교육 기회의 확장이라는 기능도 담당해왔다. 학교의 탄생은 교육의 대중적 확장이라는 의미를 지닌다. 그러나 근대 이후 학교의 팽창과 더불어 지속적으로 확장된 배움의 기회에도 불구하고 그 기회를 누리는 사람들은 여전히 제한적일 수밖에 없었다. 전 세계적으로 부가 확장되면서 의무교육이 확대되고 교육 기회를 보장하는 범위가 늘어났지만 여전히 개인이 처한 환경과 자원에 따라 차별적 교육 기회를 부여받고 있기 때문이다.

기술의 발전과 함께 팽창하기 시작한 온라인 교육은 이러한 교육 기회의 불평등을 해소하는 역할을 수행해왔다. 학교교육에 접근이 쉽지 않은 사람들에게 학교에 가지 않고 컴퓨터 접속만으로도 언제 어디서나 교육을 받을 수 있는 길을 열어놓았기 때문이다. 이처럼 기술적 혁신으로 인한 온라인 교육은 학교나 교사 등 교육 인프라가 없는 제3세계 국가들이나 경제적 이유로 배움의 기회가 없었던 이들을 위한 대안적 학교교육의 역할을 담당하면서 교육 기회의 평등에 실질적으로 기여해왔다.

환경의 열악함이나 경제적 자원이 없어서가 아니라 학교교육 시기를 지나온 성인들을 위한 대체적인 학습 도구로 이용된 것도 대표적인 온라인 교육 활용 사례다. 평생학습 시대를 견인해온 성인 학습에서 온라인 교육이 차지하는 비중이 매우 높은 것도 이 때문이다. 컴퓨터 보조학습CAI 등이 이러한 학습 형태에 속한다.

한편, 온라인 교육은 오프라인과 연결하여 학습 효과를 극대화하는 방식으로 진화되기도 하였다. 소위 말하는 온-오프 혼합 방식인 블렌디드 러닝은 바로 이러한 온라인 교육이 변형되거나 진화된 형태라고 할 수 있다. 이처럼 거꾸로교실은 새로운 교육 수단인 동영상이라는 기술을 활용하여 교실 수업 개혁을 가능하게 했다는 점에서 온라인 교육에 빚진 바 크다.

하지만 거꾸로교실은 온라인 교육이나 블렌디드 러닝과는 구별할 필요가 있다. 거꾸로교실의 강의 동영상은 교실 수업을 바꾸기 위한 디딤돌 역할만 수행하며 그 자체로 오프라인 교육을 대체하는 성격을 지니지 않는다. 이는 온라인 교육과 블렌디드 교육이 오프라인 교육의 전부 혹은 일부를 대체하는 성격을 강하게 드러낸다는 점에서 구별된다. 거꾸로교실에서 디딤 영상인 온라인 교육은 교실 수업 준비 도구에 불과하기 때문이다.

그럼에도 불구하고 동영상 강의 제작과 활용은 새로운 교육혁신으로서 거꾸로교실을 가능하게 하는 기술적 전령이라는 사실은 여전히 중요한 의미를 갖는다. 기술의 발전으로 인한 온라인 교육의 역사가 거꾸로교실에 유의미한 영향을 미쳐왔음도 부정할 수 없다.

나. 학습자 중심 교육: 교육 이상론으로서의 아동 중심 교육

사전적인 의미에서 학습자 중심 교육learner-centered education은 교수자 중심 교육instructor-centered education과 대조되는 교육 방식으로, 학습자가 자신의 교육 욕구에 따라 학습 활동을 기획·실천하는 일련의 교육 활동을 의미한다.[5] 오래전부터 학습자 중심 교육은 학습 효과를 극대화할 수 있는 가장 이상적인 교육 방법으로 회자되어왔다.

학습자 중심 교육은 단순한 수업 기법을 넘어서는 교육 목표와 방향성에 대한 새로운 성찰을 요구한다. 학습자 중심 교육은 아동의 흥미와 자발적 활동이 교육의 중심이라는 관점에 따른다. 촉진자facilitator로서의 교사의 역할을 강조했던 듀이Dewey의 교육 이론이 대표적이다. 듀이는 교육이란 교과를 기반으로 하는 내용 습득이 아니라 학생 활동 중심이어야 하고, 교사 중심이 아니라 아동 중심 교육이어야 한다는 진보주의적 교육을 주창하였다.

듀이의 이론은 1960~70년대 출현한 대안적 교육 운동인 자유학교 운동, 열린 교육 운동 등에도 막강한 영향을 미치면서 파급력을 갖게 된다. 한국 사회에서 90년대 교육민주화 운동 이후 '열린 교육'이 학교교육 현장에 급속하게 전파되었던 것도 이러한 흐름과 맥락을 같이한다. 최근 학생 배움 중심 교육을 주창하면서 확산되고 있는 사토 마나부의 배움의 공동체나 협력 학습도 이러한 학습자 중심 교육을 기반으로 한다.

듀이의 아동 중심 교육은 학생의 흥미와 적성, 학습 속도를 고려하는 맞춤형 학습자 중심 교육의 실현이라는 교육적 이상이 전제되어 있다는 점에서 거꾸로교실의 중요한 기틀을 형성하고 있다.[6] 학교교육을 통한 사회적 상호작용의 중요성과 협력 학습을 주장한 듀이의 교육철학은 미래 핵심 역량인 의사소통 능력, 협업 능력, 창의력 등을 기르기 위한 수업 방식으로 거꾸로교실이 내세우는 교육적 이상과 매우 닮아 있다.

한편, 듀이의 아동 중심 교육으로 대변되는 학습자 중심 교육은 학생들의 다양성을 고려하고 개별적인 지도를 함으로써 모든 학생들의 성장을 촉진할 수 있다는 점에서도 교육적 의미가 크다. 그러나 현재 공교육 현실에서 개별화된 수업이나 학생 지도는 현실적으로 거의 불가능하다. 무엇보다 교사 1인당 학생 수가 너무 많기 때문이다. 소규모 학급 구성은 개별적인 맞춤형 교육을 가능하게 한다는 점에서 학습 효과를 높이고, 학생들의 다양성을 고려하는 학생 중심 교육을 위한 최적의 교육 환경이다. 작은 학급 규모는 학급의 크기, 학생과 교사의 비율, 물리적 자원, 교사 수급 등 학교의 교육적 자원이 교수-학습 활동에 결정적 영향을 미칠 수 있기 때문이다. OECD 국가 간 교육 환경 비교가 활발하게 이루어지면서 한국 사회가 정책적으로 작은 학급 규모로 개편하겠다는 입장을 천명해왔던 것도 이 때문이다.

교사 1인당 및 학급당 학생 수 개선은 현 정부의 교육 공약 중 하나이기도 하다. 그럼에도 불구하고 2013년 OECD 비교조사[7]에 의하면, 우리나라의 연도별 교사 1인당 학생 수와 학급 인원수는 여전히 OECD 평균을 상회한다. 해마다 격차가 줄어들고는 있지만 중등학교 학급 인원수의 경우는 거의 10명 가까이 차이가 난다. 이러한 교실 환경은 다양한 학생들의 성장을 촉진하는 개별적인 학습 지도를 하기에는 녹록지 않은 조건이다. 학습 능력이나 속도가 뒤처진 학생들은 교실에서 소외되는 구조일 수밖에 없다. 또한 주어진 교육과정을 다양한 학습 배경을 지닌 학생들을 대상으로 한 교실에서 가르쳐야 하는 현실로 인해 학생 간 편차를 고려한 개별적인 지도를 하기가 어려웠다. 이러한 문제를 해결하려는 방법으로 능력별 반 편성이 이루어졌지만 이의 효과성과 의미에 대해서는 논란의 여지가 많다. 무엇보다 능력별 반 편성은 성적에 따른 학생 분리라는 점에서 아주 비교육적 방식일 수 있다.

거꾸로교실은 학교 급에 상관없이 학습자의 능력과 속도를 고려한 교육을 현실적인 교육 현장에서 가능하게 할 수 있는 길을 열어놓았다. 그동안 아동 활동 중심 교육은 학습자들의 참여와 활동 위주로 진행됨으로써 핵심적인 지식 습득의 기회가 제한된다는 비판이 있었다. "의미 있는 학생 중심의 실천적 활동을 하는 동안 핵심적인 지식을 놓칠 수 있다"라는 비판이 그것이다. 학생 활동과 배움 중심 교육을 표방한 혁신학교가 중·고등학교 급에서 그 파급력을 갖지 못했던 이유도 이 때문이다. 물론 이는 중·고등학교는 입시 준비를 위한 지식 습득 중심 교육이 필요하다는 한국의 교육 문화가 반영된 결과이기도 하다.

이처럼 거꾸로교실은 그동안 교육적 이상이었던 듀이의 아동 중심 교육을 기술의 도움으로 학교 현장에서 그 실현 가능성을 더 높여놓았다고 할 수 있다. 즉 거꾸로교실은 20세기에 주창된 아동 중심 교육을 21세기에 실현한 효과를 발휘한다.

다. 배움의 뇌는 어떻게 작동하는가?: 인지과학의 성과들

사람은 어떻게 배우는가라는 질문은 어떻게 가르칠 것인가에 대한 답을 그 안에 지니고 있다. 거꾸로교실의 토대를 이루는 학습자 중심 교육은 사람은 어떻게 배우는가라는 질문, 즉 배움의 방식에 따른 효과와 연결되어 있다.

사람은 어떻게 배우는가라는 질문을 던지는 분야는 배움의 뇌를 연구하는 인지과학이다. 이 연구 분야에 의하면, 인간의 인지 능력을 좌우하는 뇌는 전두엽 피질이라고 한다. 그런데 이 뇌과학자들에 의하면 일방적인 주입이나 강요는 배움을 촉발하지 않는다고 한다. 공포나 억압이 아니라 학습자의 자발적인 의지와 즐거움이 동반되어야 배움의 뇌가 활발히 반응한다는 것이다. 머리 좋은 자는 노력하는 자를 따라가지 못하고, 노력하는 자는 즐기는 자를 따라가지 못한다는 속설을 뒷받침해주는 결과이기도 하다.

한편, 배움의 방식은 오래 기억하는 능력에도 영향을 미친다고 한다. 다시 말하면 우리가 무언가를 배웠을 때 기억할 확률은 학습자의 능동성과 매우 밀접한 관련이 있다는 것이다. 인지과학자들에 의하면, 학습자가 수동적이고 소극적으로 배움의 과정에 참여했을 때보다 적극적으로 배움의 과정에 참여했을 때 기억할 확률이 훨씬 높다고 한다. 강의를 듣거나 책을 읽거나 영상을 시청하는 수동적인 학습이 기억될 확률이 30% 미만이라면 직접 배움의 과정에 참여하여 토론하거나 가르쳐보기는 기억될 확률이 90%로 높아져 거의 3배나 차이가 난다. 따라서 특정한 내용을 그냥 듣거나 보는 것보다 스스로 생각해보고 활용해보았던 것들이 기억에 오래 남는다.[8]

배움의 뇌가 작동하는 방식은 일상적 경험에서도 쉽게 발견할 수 있다. 만약 영어 단어를 외운다고 치자. 이를 위해 영단어를 반복해서 단순히 보는 것보다 이 단어를 활용해서 문장을 만들어보고, 이 문장으로 다른 사람과 함께 실천적인 회화를 시도해보면 기억될 확률이 훨씬 높아진다. 명강의를 그냥 앉아서 들었을 때보다 강의 내용과 관련된 참여 활동을 했을 때 오래 기억할 가능성이 높은 것도 마찬가지다.

특히 가르쳐보기의 효과성은 또래 학습이 중요한 교실 활동 요소인 거꾸로교실과 관련하여 시사하는 바가 크다. 학습자들이 스스로 문제를 해결하고 이 과정에서 서로가 서로에게 가르쳐주는 과정, 소위 말하는 또래 학습은 그 자체로 매우 뛰어난 학습 효과를 발휘한다는 것을 증명하고 있기 때문이다.

내가 아는 것과 내가 아는 것을 다른 사람에게 가르치는 것은 아주 다른 영역이다. 아마 가르쳐본 사람은 이 간극을 쉽게 이해할 수 있을 것이다. 나는 잘 이해하고 아는 내용이라고 할지라도 이를 다른 사람에게 설명하려고 하면 명확하게 정리가 잘 되지 않는 경험을 누구나 한 번쯤 해보았을 것이다. 이는 내가 안다고 착각했을 뿐 실제로는 제대로 잘 알지 못한다는 것을 나타내는 징표다. 단적으로 말하자면 "내가 아는 것을 설명하지 못하면 모르는 것"이다.

교사 중심의 강의식 수업에서 학생들은 대부분 수동적으로 앉아 있을 수밖에 없다. 이런 수동적인 배움의 풍경에서 학생들의 적극적인 참여가 들어설 곳은 거의 없었다. 흥미로운 것은 지식 암기가 지배적인 한국 교육 문화에서 선생님의 강의를 성실하게 듣는 것이 실은 학생들의 암기력 향상에도 도움이 되지 않았다는 것이다. 우리의 오래된 믿음은 때로는 이렇게 우리를 배반한다.

거꾸로교실은 배움을 학습자에서 시작하여 학습자의 주도로 이루어질 수 있도록 판을 만들어줌으로써 인지과학이 말하는 배움의 효과를 극대화하는 방식으로 진행이 가능하다. 어떤 학습 목표를 가지고 있건 사전 디딤 영상으로 핵심적인 기초 지식을 습득하고, 수업 시간에는 토론과 토의, 또래 학습, 문제 기반 학습, 프로젝트 학습 등 다양한 방식으로 수업을 진행할 수 있기 때문이다. 단순히 오래 기억하는 효과를 넘어 21세기 핵심 역량의 함양 등 다양한 교육 효과들을 잠재적 교육과정에서 덤으로 얻을 수 있는 것도 거꾸로교실의 교육적 효과라고 할 수 있다.

라. 지식은 그 자체로 전달되지 않는다: 구성주의

가르친 경험이 있는 사람은 자신의 강의를 아주 다르게 이해하거나 혹은 어려워하는 학생들 때문에 고민해본 적이 있을 것이다. 특히 다양한 학생들을 대상으로 하는 대규모 집단 강의에서 이런 경험을 하곤 한다. 나름 선명하게 잘 설명했다고 생각했는데 수많은 학생들의 이해가 제각각이라는 사실에 당황하기도 한다. 대학생을 가르치고 있는 나의 경험도 크게 다르지 않다.

이런 상황에 직면하면 가르치는 사람은 크게 두 가지 정도의 생각을 하게 된다. 첫째는 학생들의 학습 능력이나 학습 태도에 문제가 있다고 판단하는 것이다. 물론 그럴 수도 있지만 내 경험에 의하면 이는 반드시 그렇지 않다. 예를 들어, 내 강의를 듣는 사범대 학생들은 대부분 우수한 학생들이고 수업 시간에 학습 태도도 매우 좋은 성실한 학생들이다. 그렇지 않은 경우는 1~2% 정도에 불과하다. 따라서 학생들의 이해도가 기대에 미치지 못하는 것을 학생들의 학습 능력이나 학습 태도

탓으로 돌리기에는 설명이 충분치 못하다.

두 번째는 스스로 교수 방법을 반성해보는 것이다. 내가 설명력이 부족하여 관련 이론을 학생들에게 제대로 전달하지 못한 것이 아닌가라는 반성을 해보기도 한다. 물론 그럴 가능성이 없다고는 할 수 없다. 따라서 가르치는 자로서 효율적인 교수 방법을 늘 고민한다.

그런데 흥미로운 사실은 배움의 방식과 관련된 구성주의적 관점은 이에 대해 매우 다른 해석을 들려준다는 것이다. 교수자의 가르침에 대한 학생들의 다양한 이해는 구성주의적 관점에서 보면 매우 자연스러운 현상이다. 교사의 언어와 지식, 경험으로 구성된 내용을 다양한 학생들이 모두 동일하게 받아들인다는 것 자체가 불가능에 가깝다. 학생들은 교사의 언어와 지식, 인지구조, 선행 경험과 매우 다르기 때문이다.

구성주의는 지식이란 학습자들의 배경지식과 경험 속에서 만들어진다는 관점에 따른 것으로 학습자 중심 교육 이론에 힘을 실어주는 이론이다. 따라서 사람이 어떻게 배우는가에 대해 행동주의와는 다른 관점을 가지고 있다. 구성주의의 기초를 이루었다고 할 수 있는 피아제 Piaget의 이론이 대표적이다. 피아제는 유기체가 독립된 실체를 그대로 받아들이는 것이 아니라 인지적 주체로서 내면에 있는 개념 구조들과 조절해나간다고 주장한다.[9] 따라서 학생들은 교사가 가르치는 것을 동일하게 그대로 받아들이는 것이 아니라 자신들이 이미 가지고 있는 개념 구조들과 조절하면서 각자 개별적으로 다르게 구성한다.

이처럼 구성주의는 학습이란 학습자의 선행 지식과 경험, 배경, 동기 등이 영향을 미치는 복합적인 구성 과정이라는 관점을 취한다. 따라서 학습자들에게 전달되는 지식은 어떤 것인가가 아니라 학습자가 자신들의 경험과 개별성 안에서 어떻게 지식을 재구성하는가에 관심을 둔다.

이러한 구성주의적 관점은 교사가 아무리 잘 가르친다고 하더라도 모든 학생들이 잘 배울 수 없다는 중요한 사실을 알려준다. 예를 들면, 특정한 개념을 교사가 아무리 잘 가르쳤다고 해도 학생들이 자신들의 경험과 맥락, 학습 속도와 리듬에 따라 받아들이는 방법, 과정, 결과가 다를 수 있다. 학생들이 종종 잘못된 개념을 가지고 있는 경우가 이에 해당된다. 교사가 잘 가르치는 것이 교수 활동의 전부라고 말하기 어려운 이유가 여기에 있다.

마찬가지로 교사가 가르치는 것을 특정한 학생들이 이해를 잘 하지 못하는 것을 단순히 학생들의 인지 능력이 떨어져서라고 판단할 수도 없다. 학습자들의 다양성만큼, 이해의 정도나 인지되고 내면화하는 과정이 다르기 때문에 이해의 편차나 오해는 자연스러운 결과일 수 있기 때문이다.

물론 학습 목표나 단원의 특성에 따라 때로는 정해지거나 주어진 지식 습득이 아니라 학습자가 개별적으로 구성해나가는 지식이 학습 목표가 될 때도 있다. 그러나 기본적인 개념 이해가 제대로 되어 있지 않거나 왜곡될 경우, 다음 단계의 학습이 어려워질 수도 있다. 오개념으로 인해 학생들의 학습 성장이 제대로 되지 않는 경우가 이에 해당된다. 따라서 이 경우에는 교사가 학생들의 올바른 사실적 이해를 촉진하거나 유도하는 교수 방법이 필요하다.

물론 추상적인 개념이나 이론을 잘 설명하는 능력은 가르치는 사람에게 매우 중요한 능력이고 잘 가르치기 위한 훈련도 필요하다. 그러나 구성주의적 관점은 잘 가르치는 것을 넘어 교사의 가르침이 어떻게 학생들에게 구성되는지를 점검하고 확인하는 과정이 매우 중요하다는 것을 시사해준다. 단적으로 말하자면, 교사에게 중요한 능력은 아이들이 어떻게 배웠나를 확인하는 일이다.[10] 이것이 바로 학습자 중심 교육을 강조하는 이유다. 거꾸로교실은 핵심적인 지식을 디딤 영상으로 보고 온 후 교실 수업에서 학생들의 학습 상황을 점검하고 적절한 도움 주기가 가능한 학습자 중심 교육을 실현한 것이라고 할 수 있다.

▶또래 학습: 거꾸로교실을 견인하는 최고의 배움 기술

거꾸로교실은 배움의 원리를 더욱 효과적으로 구현하기 위한 수업이다. 디딤 영상을 통해 사실적 지식을 습득하고, 교실 수업에서는 또래 학습으로 이를 확인하거나 응용 학습과 심화 학습을 통해 지식을 맥락적으로 이해하고 내면화하게 된다.

그렇다면 어떻게 배워야 효율적인 배움을 실행할 수 있을까? 방법은 매우 다양하겠지만 교사의 강의가 아니라 학생들의 주도적이고 적극적인 학습이 필요하다는 것을 유추하기란 어렵지 않다. 내가 이해하고 있는 지식은 정확한 것인지, 혹은 무엇을 오해하고 있는지, 새로운 맥락에서는 어떻게 적용할 수 있는지 등에 대한 확인과 성찰 과정이 있어야 제대로 된 배움이 될 수 있기 때문이다. 이러한 접근법은 스스로 학습 방법을 성찰하고 통제함으로써 보다 고차원적인 사고와 학습 방법을 일깨워준다는 의미에서 소위 말하는 '메타 학습(meta-learning)'을 가능하게 한다.

배움의 파트너를 갖는 것을 의미하는 학습법인 '하부르타'가 최고의 학습법 가운데 하나로 부각되고 있는 이유이기도 하다. 배움의 파트너를 갖게 되면 또래와의 상호작용 과정 속에서 자신의 지식과 생각을 확인하고 확장할 가능성을 열어줄 수 있기 때문에 최고의 배움 방식이 될 수 있다. 무엇보다 또래는 인지 능력과 언어와 경험에서 동질적이기 때문에 교사의 설명보다 이해가 훨씬 쉬울 수 있다. 눈높이가 같기 때문에 교사보다 또래들의 언어가 학습에 더 효과적일 수 있다.

무엇보다 배움의 파트너를 갖게 되면 내가 알고자 하는 지식에 대해 진짜로 이해하고 있는 게 맞는지를 자연스럽게 확인할 수 있다. 내가 알고 있다는 느낌은 있지만 설명할 수 없는 지식은 진짜 지식이 아니라고 하는 인지 심리학자들의 말은 이 때문이다.

또래 학습은 다른 사람 또는 나 자신에게 설명을 하면서 실제로 내가 무엇을 이해했고, 무엇에서 막히는지를 발견해 메타 인지 감각을 날카롭게 만들 수 있는 기회를 얻게 된다는 점에서 가르침을 받는 사람이 아니라 가르치는 사람에게 더 효과적인 학습이다.

인지과학적 입장에서 거꾸로교실에서의 또래 학습 등 학생 중심 교육의 효과를 정리하면 다음과 같다.[11]

먼저, 자신이 애매하게 알고 있는 것을 수업에서 동료와 교사의 피드백 혹은 또래 학습에 의해 교정하거나 명료하게 알 수 있는 기회가 제공된다.

둘째, 심화, 연계 활동이나 적용(응용) 활동을 통해 개념적 프레임의 맥락에서 사실과 생각을 이해할 수 있게 된다.

마지막으로, 가르치기와 토론·토의 과정을 통해 새로운 지식을 다양한 맥락에서 적용할 수 있도록 조직하게 된다.

이처럼 가르침(Teaching)에서 배움(Learning)으로의 전환은 거꾸로교실이 토대를 두고 있는 매우 중요한 교육적 지향이자 전제이기도 하다.

'집단의 지적 능력(Collective intelligence)'이라는 말이 있다.[12] 혼자 생각했을 때보다 함께하면 더 좋은 판단을 하게 된다는 것이다. "우리는 나보다 똑똑하다"라는 말도 이와 연관이 깊다. 학생들과 수업을 하다 보면 이론을 학습하는 지식 이해의 경우라 하더라도 강의하면서 모든 것을 설명해주기보다 기본적인 개념 설명을 한 다음 학생들에게 스스로 정리할 수 있는 시간을 주면 학생들의 이해 정도가 비약적으로 높아지는 것을 발견하게 된다. 전체적으로 교사가 질문을 던지고 곧바로 답이나 의견을 개진하는 수업보다 또래 학습을 통해 스스로 생각해보거나 함께 논의해보도록 먼저 지도하고, 이후 모르는 것을 교수자에게 질문하게 할 경우 그 이해의 깊이와 넓이가 매우 다르다.

Part IV

거꾸로교실의
실제

2014년 KBS 방송을 통해 거꾸로교실 실험이 첫 방영되면서부터 거꾸로교실에 대한 교육 현장의 관심이 폭발적으로 커져왔다. 덕분에 학교 현장을 방문하거나 교사들과 연수나 워크숍을 통해 학교 현장의 어려움과 가능성 등에 대해 다양한 이야기를 나눌 수 있는 기회가 생겼다. 그러면서 거꾸로교실의 현실적 적용에 대해서도 많은 생각을 하게 되었다. 더불어 그 과정에서 거꾸로교실이라는 새로운 수업을 자신들의 교실 수업에 초대하기 위한 현장 교사들의 고민이 적지 않다는 것을 알게 되었다.

거꾸로교실이 가져온 새로운 교실 수업의 가능성에 공감하면서도 여러 가지 기술적·구조적 장애들을 고민하는 교사들이 매우 많다는 것도 알게 되었다. "내가 잘할 수 있을까", "내가 감당이 안 되는 힘든 수업이 아닐까" 혹은 "시도했는데 실패하면 어떻게 하나", "학생들 혹은 학부모님들의 반응이 부정적이지는 않을까" 등등 새로운 시도에 대한 막연한 두려움이 가장 많았다. 또한 수업 외에도 교사의 업무가 많은데 새로운 수업을 감당할 수 있을지에 대한 걱정도 있었다. 새로운 수업 시작을 위한 준비 작업, 보다 효과적인 거꾸로교실을 위한 구체적인 전략

등에 대한 갈증을 호소하는 선생님들도 많았다.

이 장에서는 이처럼 더 좋은 수업에 대한 갈망은 있지만, 다양한 이유로 용기를 내지 못하거나 망설이는 선생님들을 위해 효과적인 거꾸로교실 수업을 위한 구체적인 가이드라인을 정리하였다. 그러나 이는 기초적이고 경험적인 원리에 불과하다는 것을 밝혀야 할 것 같다. 즉 반드시 지켜야 하는 고정된 기준이나 원칙이 아니라 국내외의 많은 선생님들이 경험적으로 함께 그린 일종의 지도와 같은 것이다.

모든 수업이 그러하듯이 거꾸로교실 수업 역시 교과목에 따라, 단원혹은 학습 목표에 따라 다양한 변주가 가능하다. 수업이 이루어지는 교실은 다양한 변수가 끊임없이 개입하는 역동적 공간이다. 따라서 현장의 역동성에 바탕을 두고 거꾸로교실을 다양한 방식으로 변주하는 것은 오히려 당연하고 자연스럽다. 나중에 기술하겠지만 거꾸로교실은 교사에 따라, 학습 목표에 따라, 교과에 따라 매우 다양하게 담을 수 있는 열린 텍스트다. 따라서 여기에서 기술하는 몇 가지 원칙들은 절대적인 기준이 아니라 얼마든지 변형이나 재구조화가 가능하다.

여기 실린 내용은 그동안 필자가 거꾸로교실 교사 연수와 워크숍을 통해 파악한 교사들이 가장 궁금해하는 실천적인 내용을 중심으로 거칠게 기술한 것이다. 따라서 처음으로 거꾸로교실을 자신들의 수업에 도입하거나 현재 거꾸로교실을 진행하면서 어려움을 겪는 교사들에게 실질적인 도움이 될 수 있도록 정리하였다. 교사 개인의 특성, 학교와 수업 환경, 교과목의 성격 등을 염두에 두고 참고하면 좋을 것이다.

1. 강의 동영상

가. 강의 동영상은 꼭 만들어야 하나?

현장 교사들이 거꾸로교실 수업과 관련해 가장 부담스러워하는 것은 강의 동영상 제작이다. 수업을 바꾸고 싶다는 열망이 강했던 교사들 가운데 강의 동영상 제작이라는 부담감에 막혀 거꾸로교실을 실행할 엄두를 내지 못하는 교사들이 의외로 많았다.

이는 앞서 언급한 대로 거꾸로교실을 강의 동영상을 만드는 수업으로 오해한 것에서 비롯된다. 거꾸로교실은 이전의 강의식 수업에서는 없었던 동영상 제작이라는 새로운 무언가를 해야 하기 때문에 엄두가 나지 않는다고 한다. 학생 지도와 행정 업무만으로도 힘든데 이전에 없던 새로운 것을 추가로 시도하기가 쉽지 않다는 것이다.

다음으로, 동영상 만들기 자체를 기술적으로 어려워하는 경우다. 특히 기술적인 부분에 익숙하지 않은 교사들은 이런 부담감을 더 크게 느꼈다. 이는 동영상 만들기가 기술적으로 높은 수준을 요하는 작업이라는 편견 때문인 경우가 많았다.

마지막으로, 디딤 동영상이 교실 수업과는 달리 교사의 강의가 온라인에 공개되는 것이기 때문에 꺼리는 교사들도 있었다. 학생들이나 학부모들이 교사들의 강의를 비교하는 것에 대한 부담을 토로하기도 하였다.

이처럼 동영상 제작과 관련한 부담감은 거꾸로교실의 핵심이 동영상 만들기라는 공식에 바탕을 두고 있었다. 그동안 새로운 수업 방식을 끊임없이 시도하며 매우 열정적으로 스스로 수업 혁신을 해온 선생님들도 사전 동영상 제작이라는 요소를 매우 커다란 장애로 느끼는 경우가 많았던 것이다.

앞서 정리한 것처럼 거꾸로교실의 주요한 구성 요소는 동영상과 학생 활동 중심 교육이다. 그러나 만약 부담이 크다면 동영상을 만들지 않고도 거꾸로교실 수업 원리를 실천할 수 있다. 거꾸로교실에서 동영상은 교실 수업을 바꾸어내기 위한 도구적 수단에 불과한 말 그대로 디딤 영상이다. 따라서 동영상 대신 다른 방식으로 사전 학습을 해도 된다. 실제로 동영상 제작 대신 학습 자료 문서로 사전 동영상을 대신하여 수업을 진행하는 교사들도 많다.

매우 거칠게 이야기하자면 어떤 수단을 이용하건 거꾸로교실은 "강의를 교실 밖으로, 과제를 교실 안으로"만 실천하면 된다. 예를 들면, 동영상 대신 강의 내용을 정리한 페이퍼를 나누어주거나 교과서 내용을 지정해서 미리 학습하고 오게 하는 것도 한 방법이다. 교실 수업에서는 학생들이 미리 해온 내용 학습을 기반으로 이해와 관련 활동에 초점을 맞추는 학생 중심 활동으로 구성하면 된다.

거꾸로교실에서 동영상을 주요한 요소로 내세우는 이유는 동영상이 강의를 교실 밖으로 옮겨 학습 효과를 최대화하기 위한 효과적인 기술적 수단이기 때문이다. 동영상 시청보다 읽기 자료는 학생들의 자기 주도적이고 적극적인 학습 동기가 더 필요한 영역이라는 점에서 접근성과 효과성에서 차별을 보인다. 따라서 가능하다면 동영상을 만드는 것을 권하고 있다. 그러나 읽기 자료라도 활용하는 것이 동영상 제작이 힘들거나 어렵다는 이유로 교실 수업을 학습자 중심 교육으로 진행하는 것을 포기하는 것보다 훨씬 낫다는 것을 이야기하고 싶다.

▶디딤 영상을 직접 만들지 않고 기존의 콘텐츠 이용하기

디딤 영상 대신 읽기 학습 자료 등 페이퍼로 대신해도 되지만 이미 만들어진 강의 콘텐츠를 이용하는 것도 디딤 영상 제작 부담을 덜 수 있는 방법이다.

a. 다른 교사들의 강의 동영상 공유하기
2014년 방송 이후 거꾸로교실이 화제가 되면서 유튜브(Youtube)나 교사들의 네트워크 사이트인 '미찾샘' 등에 공개적으로 올린 동영상 강의 자료들이 많이 있다. 이를 적극 활용하면 시간적 부담도 덜고, 다른 선생님들의 수업 방식도 벤치마킹할 수 있다.

b. EBS 방송 이용하기
EBS 등 기존의 강의 콘텐츠를 지정해주고 학생들에게 보고 오도록 격려하는 방법도 가능하다. 물론 EBS 방송은 동영상 강의 시간이 길다는 단점이 있다. 그러나 수능 시험 출제 비율이 높은 EBS 강의를 고등학교 교실에서 활용한다면 일석이조의 효과를 높일 수 있다.

강의 동영상 제작이 어려워 거꾸로교실을 실천하기가 어렵다면 이러한 대안적 방법으로 수업 개선을 시도해보는 것도 좋은 방법이 될 수 있다. 어떤 방식이건 기존의 교육과정과 지식의 이해에 바탕을 두고 학생 중심으로 수업을 바꿀 수 있으면 되기 때문이다. 거꾸로교실은 동영상을 만드는 수업이 아니라 교실 수업을 바꾸어내는 판을 제공하는 디딤돌에 불과하다. 따라서 되도록 빨리 동영상 제작이라는 부담감을 덜어야 새로운 도전이 쉬워진다.

나. 강의 동영상을 교사가 직접 만들면 어떤 효과를 기대할 수 있나?

강의 동영상을 교사가 직접 제작하는 것이 거꾸로교실을 실천하기 위한 전제 조건이거나 필수적인 사항은 아니지만 강의 내용을 교사가 직접 동영상으로 제작하여 학생들과 공유함으로써 얻을 수 있는 장점은 매우 많다. 무엇보다 교사가 직접 사전 동영상을 만드는 과정 자체가 교사가 자신의 교실 수업과 연관하여 교육과정을 재구성하는 기회가 된다.

한편, 거꾸로교실을 진행하고 있는 수많은 학교 현장의 사례들을 살펴보면 학생들이 온라인에서 선생님의 목소리를 듣거나 강의를 시청하는 것에 매우 호의적인 반응을 보내는 경우가 많았다. 동영상 화면 속에서 교실 수업과는 다른 때론 어색하고 낯선(?!) 선생님의 목소리나 모습을 접하는 것은 학생들에게는 새로운 이벤트의 성격을 지니기도 한다. 무엇보다 오프라인 공간인 교실에서의 만남과는 달리 동영상 속 선생님의 강의는 학생들에게 일대일 가정교사 같은 개별적인 접촉의 느낌을 준다는 것이 학생들의 반응이었다. 따라서 되도록 직접 동영상을 만드는 용기를 내볼 것을 권한다.

교사가 직접 만드는 동영상 제작과 활용이 가져다주는 장점을 정리하면 아래와 같다.

첫째, 교사가 자신의 수업 시간과 연계하여 직접 동영상을 제작하면 수업이 훨씬 구조화된다. 교사의 개별적인 수업 계획에 따라 교과 내용을 보다 체계적으로 준비·조직할 수 있는 장점이 있기 때문이다. 교실 수업 디자인을 염두에 두고 동영상을 만든다는 점에서 상호 연계의 효율성도 높고, 미리 만들어놓으면 1학기, 혹은 1년 동안 학생들에게 가르쳐야 할 핵심 지식 내용이 매우 체계적으로 정리가 된다는 점에서 나만의 강의 포트폴리오가 만들어진다.

둘째, 강의 동영상은 밀레니엄 세대인 학생들과 소통을 위한 도구가 될 수 있다. 이것은 거꾸로교실을 실행할 때 전혀 기대하지 않았던 뜻밖의 효과였다. 무엇보다 아이들은 종이보다는 영상에 익숙한 세대이고, 인터넷을 통한 소통 방식은 밀레니엄 세대Milenium Generation인 학생들에게는 직접적인 소통보다 자연스러운 소통 방식이기도 하다. 동영상을 올리고 밴드나 단체 카톡방 등을 활용한 교사와 학생, 학생들 간의 의사소통은 그 자체로 학생들을 학습의 과정으로 초대하는 의외의 기능을 하였다.

강의 동영상에서 만나는 선생님은 교실 안에서 만나는 선생님과 다른 방식으로 아이들과 소통할 수 있는 기회를 준다. 동영상 속 선생님의 다양한 제스처와 목소리는 오프라인 공간에서 만나왔던 선생님과 다른 신선하고 새로운 소통의 가능성을 제공해줄 가능성이 크기 때문이다. 학생들은 동영상을 본 소감도 올리고, 평소 교실 수업에서는 하지 않았던 질문 대공세가 펼쳐지기도 한다. 이와 같은 학생들의 뜻밖의 반응에 감동하는 교사들이 많았다. 그동안 무기력하기만 했던 아이들의 다른 면을 확인할 수 있어서 감동스러웠다는 것이다. 동영상을 만들고 공유하는 과정 자체가 만들어내는 풍경이 학생들과의 소통을 위한 교사의 노력이자 학생과의 효율적인 의사소통 수단이 될 수 있다는 것을 증명한 셈이다.

마지막으로, 동일 교과를 반별로 서로 다른 선생님들이 들어가는 경우 디딤 영상 공유로 인해 교사 간 차이를 줄일 수도 있다. 그동안 어떤 교사를 만나느냐에 따라 교과목에 대한 학생들의 흥미도와 학습 방법에 미치는 영향이 컸다고 할 수 있다. 디딤 영상 공유를 통해 이런 차이를 줄일 수 있고, 다양한 교사들의 강의를 들을 수 있는 기회도 얻게 된다. 또한 교사들의 입장에서도 교사 간 강의 내용을 조절하고 협업할 수 있는 가능성을 열어준다.

교사들의 업무 경감은 덤이다. 제작 기술에 익숙하지 않은 경우, 처음 동영상을 제작하는 데 시간이 꽤 소요될 수도 있다. 그러나 동일한 내용을 매년 그리고 3~4개 반에 걸쳐 반복적으로 강의하지 않고 디딤 영상으로 대체할 수 있어 장기적으로 교사들의 업무 경감에도 도움이 될 수 있다.

다. 동영상 제작에는 특별한 기술이 필요한가?

강의 동영상 제작은 특별한 기술이 없어도 매우 쉽고 간편하게 만들 수 있다. 따라서 교사들이 걱정하는 것보다 시간 소요나 많은 업무 부담 없이 동영상을 쉽게 제작할 수 있다. 제작 방법은 스마트폰 동영상 촬영 같은 간단한 방법에서부터 세부적인 기능이 있는 앱을 사용하는 것까지 아주 다양하다. 그러므로 각자의 취향 혹은 능력에 따라 가능한 방식으로 제작하면 된다.

▶ 초간단 디딤 영상 제작 방법

동영상 제작 원리는 이 글의 목적이 아니므로 제작 매뉴얼을 상세하게 기술하기는 어렵다. 다양한 방법으로 만들 수 있는 동영상 제작에 관한 기술적인 부분은 관련 매뉴얼을 참고하면 된다.[1] 아래는 처음 거꾸로교실을 시작하려는 교사들에게 가장 간단하면서도 대표적인 디딤 영상 제작 방법 몇 가지만 개략적으로 소개하고자 한다.

(1) 스마트폰 동영상 촬영으로 만들기

디딤 영상을 만드는 가장 간단한 방법은 스마트폰을 사용한 동영상 촬영으로 제작하는 방식이다. 동영상을 만드는 기술 자체에 어려움을 느끼는 분들에게 이 방법을 적극 추천하고 싶다. 스마트폰을 이용해 동영상 촬영을 못하는 사람은 거의 없기 때문에 누구나 가능하다는 것이 최대의 장점이다. 실제로 현장의 많은 선생님들이 이 방법으로 초간단 디딤 영상을 만들고 있다. 스마트폰 동영상 촬영의 몇 가지 사례를 기술하면 다음과 같다.

먼저, 교사에게 익숙한 칠판을 이용하여 마치 교실에서 강의하듯이 진행하고, 적절한 위치에 스마트폰을 고정해놓고 동영상 촬영으로 디딤 영상을 만들면 된다. 따라서 강의 방식은 고전적인 교실 수업에서 했던 칠판 강의와 동일하게 진행하면 된다.

다음으로, PPT 등 학습 자료를 미리 띄워놓고 교사가 그 앞에 서서 내레이션이나 설명을 넣어 스마트폰 동영상 촬영을 하는 매우 간단한 제작 방법도 가능하다. 자료를 많이 보여주는 수업이나 기존에 활용해왔던 PPT 자료가 있으면 이 방식이 더 편리할 수 있다.

마지막으로 칠판이나 프로젝터 등의 도구가 없는 경우다. 종종 디딤 영상 준비를 집에서 하거나 칠판을 사용하지 못하는 환경에서 하게 될 때는 자료만 책상 위에 펼쳐놓거나 자신이 직접 종이 등에 써가면서 폰으로 촬영하면 된다. 이 경우에는 형편상 교사의 목소리만 넣어 제작하면 된다. 디딤 영상에 인강이나 EBS 강의처럼 교사의 얼굴이 반드시 나와야 할 필요는 없다. 예를 들어 수학 교사들의 경우 노트나 종이를 펼쳐놓고 수학 공식의 원리를 설명하거나 관련 문제 풀이를 하는 방식으로 활용하는 경우가 많다.

스마트폰 동영상 촬영 방식에 의한 디딤 영상 제작 방식은 기기 사용이 익숙하지 않거나 부담을 느끼는 교사들이 아주 간편하고 쉽게 사용할 수 있다는 점에서 장점이 많다. 선생님들이 강의 동영상 제작은 시설이 갖추어진 스튜디오에서 정식으로 촬영해야 하는 것으로 오해하는 경우가 많은데 전혀 그렇지 않다. 제대로 된 시설이 갖추어진 촬영 공간 없이 집이나 학교 교실, 교무실 등 자신이 작업하기 가장 편안한 곳에서 제작할 수 있다. 동영상의 질도 나쁘지 않아 디딤 영상으로 활용하기에 충분하다.

(2) 모비즌 앱으로 만들기

모비즌 앱은 스마트폰에서 무료로 다운받을 수 있는 앱이다. 이 앱은 다양한 기능을 가지고 있는데 스마트폰에서 다운을 받아 설치만 하면 된다.

이 앱은 동영상 강의를 제작할 때 해당 디바이스에 저장된 다양한 학습 자료를 불러와서 강의를 진행할 수 있는 장점이 있다. 미리 만들어놓은 PPT나 한글 파일뿐만 아니라 사진이나 그림 등 다양한 자료를 불러와서 여기에 교사의 설명만 동시에 녹음하면 동영상 제작이 되는 간단하고 쉬운 제작 방법이다. 스마트폰으로 동영상을 촬영하는 것보다 활용도가 더 높고 화질도 더 깔끔한 장점이 있다.

(3) 'explain everything'으로 만들기

이 방법은 위의 두 가지 방법보다 더 세련되게 강의 동영상을 제작할 수 있는 방식이다. 'explain everything'이라는 앱을 다운받아 제작하는데, 매뉴얼대로 한 번 해보면 누구나 쉽게 따라 할 수 있다. 그림이나 학습 자료 등 다양한 기능을 활용하여 칠판 강의보다 시각적 효과가 뛰어나게 제작할 수 있는 장점이 있다. 처음에는 자신에게 가장 쉬운 방식으로 만들다가 더 욕심이 나면 이 방법을 활용해보는 것도 좋은 단계적 방식이 된다.

위의 세 가지는 가장 대표적이면서도 쉬운 방식이다. 디딤 영상은 그 자체로 완성되거나 세련된 방식이 아니어도 되므로, 동영상 만들기에 대한 부담 없이 일단 시작해보기를 권한다.

라. 동영상을 만드는 특정한 원칙이나 규칙이 있나?

앞서 강조한 것처럼, 거꾸로교실의 핵심은 강의 동영상 제작에 있지 않다. 동영상을 만드는 시간과 에너지를 쓰는 대신 교실 수업 전략을 고민하는 것이 수업을 보다 성공적으로 만들 수 있는 방법이다. 따라서 동영상은 되도록 자신이 가장 쉽게 할 수 있는 방식이 최선이다. 많은 시간을 들여 깔끔하고 세련된 방식의 동영상을 만들 필요도 없다. 가장 쉬운 방식으로 최대한 에너지와 시간을 아껴 만들기를 권한다.

그럼에도 불구하고 거꾸로교실을 보다 효과적으로 만들기 위한 디딤 영상 제작에 관한 가이드라인을 정리하면 다음과 같다.

1. 동영상은 7분 내외로 최대한 짧게 만들어라.
2. 동영상 내용은 단원의 핵심적인 교과 지식을 모두 포함하라.
3. 보충적 지식이나 심화 내용은 수업 시간에 학생 활동 학습으로 돌려라.

그렇지만 이는 경험적으로 그렇다는 것이지 고정된 불변의 원칙은 아니다. 학교급과 교과목에 따라 유연하게 활용하면 된다. 거꾸로교실에서 동영상의 기능과 역할을 고려하여 디딤 영상 제작 원칙을 자세하게 기술하면 다음과 같다.

첫째, 동영상은 7분 내외가 가장 적당하다. 길어도 10분을 넘지 않는 것이 좋다. 거꾸로교실 수업에서 사전 동영상은 소위 말하는 '짤강'을 권한다. 학생들의 집중력을 고려하여 가장 최적의 시간이기 때문이다.

또한 학생들이 집에서 동영상을 미리 시청하는 것에 너무 많은 시간적 부담을 주지 않기 위해서기도 하다. 동영상이 너무 길면 학생들이 보고 오지 않을 가능성이 크고 집중력 있게 시청할 확률도 낮기 때문이다. 7분 내외의 시간은 학생들이 많은 시간을 소요하지 않고 집중력 있게 강의를 들을 수 있는 최적의 시간이라는 점을 고려한 것이다.

교사들을 대상으로 연수나 워크숍을 할 때 가끔 7분 내외의 시간은 너무 짧아 교과 내용을 다 담아내지 못할 것이라고 우려하는 경우가 있다. 기존 40~45분 수업 시간에 익숙하던 교사들은 45분을 7분으로 축약한다는 것은 무리라고 생각하기 때문이다.

그러나 교실에서의 강의 시간과 디딤 영상에서 핵심적인 내용 전달을 하는 시간 개념은 매우 다르다. 교실 수업은 현장성을 기반으로 하기 때문에 내용 대비 시간 소요가 크지만, 동영상은 핵심 내용을 아무런 현장성이나 상호작용 없이 전달하기 때문에 시간 소요가 생각보다 짧다.

또한 동영상 강의 내용에 일반적인 강의식 수업 시간에 전달했던 모든 교과적 지식이나 이론을 다 넣을 이유가 없다. 아주 기초적이고 핵심적인 내용을 중심으로 넣고, 나머지는 학생들이 활동으로 교실에서 해결할 수 있도록 하면 된다. 실제로 거꾸로교실을 실행하고 있는 교사들의 경험에 의하면, 7분이라는 시간은 해당 수업 시간에 다룰 핵심적인 내용을 전달하는 데 큰 무리가 없다고 한다.

고등학교 교사들의 경험담은 좀 다른 경우도 있었다. 고등학교 교육과정을 담아내기에 10분은 너무 짧다고 이야기하는 교사들도 적지 않았다. 고등학교 교육과정은 초·중학교와 달리 내용이 많아 10분을 초과하지 않을 수 없다는 것이다. 따라서 때론 15분을 넘어갈 때도 있는데 괜찮은가라는 질문이 많았다. 앞서 언급했듯이 동영상 강의 시간은 효과적인 동영상 활용을 위한 경험적 법칙이다. 따라서 교사의 강의 특성에 따라, 교과목·학교급에 따라 몇 분 정도의 유연성을 두는 것은 크게 문제될 것이 없다. 그리고 고등학생의 경우는 초·중등생보다 집중도가 더 길기 때문에 몇 분 초과는 별 상관이 없다.

다만 학생들의 시간 소요를 고려하여 최대한 짧게 만들려는 노력은 필요하다. 짧게 만들어진 동영상은 학생들의 학습 부담을 덜고 핵심적인 지식을 효과적으로 전달할 수 있기 때문이다. 디딤 영상 제작 경험이 쌓일수록 점점 더 짧게 만드는 나름의 방법이 터득되더라는 현장 교사들의 전언도 있다. 처음 동영상을 만들 때는 되도록 많은 것을 설명하고 싶은 욕심에 시간을 줄이기가 쉽지 않았는데, 수업 시간에 학생들의 반응과 학습 활동을 경험하면서 점점 더 동영상 내용이 핵심적인 내용을 중심으로 짧아지더라는 것이다.

강의 동영상을 짧게 만들어야 하는 이유 가운데 하나는 학습 속도가 느리거나 학습 습관이 되어 있지 않은 학생들을 위한 배려의 의미도 있다. 일반적으로 공부를 잘하는 학생들은 수많은 지식과 정보의 바다에서 가장 핵심적인 내용을 파악하고 이해하는 능력이 뛰어난 경우가 많다. 그러나 학습 방법을 잘 모르거나 공부하는 것이 몸에 배지 않은 학생들은 주어진 정보와 지식을 제대로 이해하고 핵심을 파악하기가 쉽지 않다. 이 점에서 7분 내외의 짧은 동영상은 학생들에게 익혀야 할 학습 내용을 핵심적이고 기초적인 내용으로 요약하여 효율적으로 습득하게 해주는 기회가 된다. 그러므로 짧은 동영상 강의는 학습 습관이 되어 있지 않은 학생들에게도 접근성을 높이고 효과도 낼 수 있는 수업 방식이 될 것이다. 동영상 강의를 최대한 짧게 제작해야 하는 중요한 이유다.

둘째, 동영상 내용은 교사가 전체 학생들을 대상으로 강의를 해야 하는 만큼 단원의 핵심 교과 지식을 모두 포함해야 한다. 이는 교사가 수업 시간에 전체 학생들을 대상으로 강의를 하지 않기 위한 포석이다. 간혹 교과 내용이 많은 경우, 교사들이 동영상 강의를 7분 내외로 맞추고 나머지 내용을 수업 시간에 전통적인 강의 중심으로 보충하는 경우가 있다.

거꾸로교실은 수업에서 교사의 강의로 인한 학생들의 집중력, 학생들의 학업 편차, 학생들이 스스로 하는 학습 활동의 효과성 등을 제고하기 위한 수업 방식이다. 따라서 전체 학생들을 대상으로 교과 내용의 일부를 수업 시간에 다시 강의하는 것은 이런 효과를 반감시키는 결과를 가져올 수 있다. 실제로 거꾸로교실을 실행하는 교사들의 수업을 관찰해보면 전체 학생들을 대상으로 교사의 강의가 시작되는 순간 학생들의 반응은 예전으로 돌아간다. 단, 학생들의 자기 주도적인 학습 활동 시간이 지난 다음에 학생들의 질문이나 어려움을 겪는 부분에 대한 교사의 도움 주기 방식의 강의는 나쁘지 않았다. 이 경우에는 교사의 강의를 듣는 태도가 이전의 강의 때와는 많이 다르다. 이때 교사의 강의는 일방적인 전달이 아니라 이미 자신들이 생각해보았던 의문들에 대한 교사의 답변 성격이 강하기 때문이다.

전체 학생들을 위한 교사의 강의 부분을 남겨놓고, 동영상 제작을 위한 시간 분량을 단순하게 지키는 것은 별 의미가 없다. 따라서 핵심적인 내용을 선별해서 동영상에 넣도록 하는 교사의 노력이 필요하다.

마지막으로 강의 동영상에 다 담아내지 못한 보충 지식이나 심화 내용이 더 필요한 경우는 수업 시간에 학생 활동 학습으로 돌리면 된다. 디딤 영상을 통해 핵심적인 지식을 학습하게 되면 교실 수업에서 개별적으로, 혹은 팀별로 부가적이거나 심화 내용을 학습하는 데 별 어려움이 없다. 오히려 교사가 모든 것을 다 알려주지 않고 학생들이 스스로, 그리고 때로는 교사나 또래의 도움을 받아 해결하도록 하는 것이 학습 효과성을 더 높이는 방법이 될 것이다. 비고츠키가 이야기한 대로 잠재적 발달 수준을 끌어올리도록 걱정하고 부분적인 도움을 주는 것이 더 의미 있는 교수법일 수 있다.

마. 학생들이 사전 동영상을 보고 오게 하려면 어떻게 해야 하나?

요즘 청소년들의 특성을 읽는 열쇳말 가운데 하나가 무기력이다. 그러니 모든 학생들이 처음부터 스스로 수업 동영상을 모두 보고 올 것이라고 기대하기는 현실적으로 어렵다. 특히 새로운 수업 방식에 익숙하지 않거나 자기 주도적 학습 습관이 되어 있지 않은 학생들은 집에서 디딤 영상을 보고 오지 않는 경우가 많다. 실제로 많은 교사들이 거꾸로교실을 실행하면서 가장 난감해하는 부분이기도 하다.

앞서 언급한 것처럼 교사가 동영상을 보고 오도록 학생들을 독려하는 다양한 전략이 실질적으로 효과를 많이 발휘한다. 밴드와 단체 카톡방 등을 이용하여 동영상 시청 격려 메시지를 보내는 것은 거꾸로교실을 실행하고 있는 많은 교사들이 공통적으로 이야기하는 효과적인 방법들이다. 수업 시간에 학생들에게 당부하는 것으로 끝나지 않고, SNS를 통해 다시 상기시키는 과정을 거치면 학생들이 더 주의를 하게 되는 효과가 있기 때문이다.

SNS를 통한 소통 방식이 뜻밖의 효과를 낸 것은 학생들에게 친숙한 방법이라는 사실 외에 메시지의 성격이 매우 다르다는 데에 기인한다. 교실에서 전체적으로 전달되는 교사의 메시지는 자신과 특별한 상관이 없는 단순히 교사의 전체 공지 가운데 하나로 받아들일 가능성이 높다. 그러나 SNS를 통한 교사의 메시지에서 학생들은 훨씬 개별적인 메시지를 받는 듯한 느낌이 든다고 말한다. 선생님의 문자를 따로 받으면 디딤 영상을 봐야 할 것 같은 부담감이 더 생긴다는 것이다.

한편, 동영상을 보고 오게 하려는 목적으로 시작한 학생들과의 SNS 소통 방식은 뜻밖의 효과를 나타내는 경우도 많다. 교사들은 무엇보다 학생들과의 상호작용의 양과 질이 강의식 수업을 할 때와는 비교가 되지 않을 만큼 향상되었다고 한다. 교실이라는 오프라인 공간에서는 무기력하고 별다른 반응도 없던 아이들이 문자나 톡에는 질문을 남기고 자기 생각도 표현한다는 것이다. 많은 교사들이 수업 시간에는 무기력하게 앉아 있던 아이들이 SNS를 통해 처음으로 교사에게 몇 마디 반응이라도 보이는 모습에 무척 감격스러웠다고 한다.

물론 교사의 입장에서 이런 부수적 활동이 귀찮을 수도 있지만, 이것을 감수하고도 남을 만큼의 보상이라는 것이 경험자인 교사들의 공통된 이야기다. 또한 이 과정을 통해 학생들에게 미치는 교사의 영향력을 실감하게 된다고 한다. 이전에는 자신들의 강의가 학생들에게 어떻게 전달되는지, 학생들이 교사를 어떻게 바라보는지 알 수 있는 기회가 거의 없다가 거꾸로교실을 실행하면서 이를 확인하게 되었다는 것이다. 따라서 '선생'으로서의 역할이나 영향을 다시 한 번 생각하게 되었다는 교사들이 많다. 이러한 변화들은 세계 꼴찌였던 한국 교사들의 낮은 효능감을 어떻게 극복할 수 있는가에 대한 하나의 답을 알려주는 대목으로 읽을 수 있다.

한편, 학생들이 사전에 강의 동영상을 보도록 자극하는 방법으로 수행평가와 연계시키거나 학생들이 팀별로 자율적으로 룰을 만들게 하여 스스로 구속력을 갖게 하는 것도 고려해볼 수 있다. 팀별 상벌 규칙이나 또래 평가를 실시하여 동영상 시청을 자극하는 방법도 좋은 방안일 것이다. 자율적으로 학생들이 보고 오게 하는 방법이 가장 이상적이지만 새로운 수업 방식의 틀이 잡힐 때까지 다양한 수단을 활용하는 것도 현실적인 전략이다. 이러한 과정이 자리 잡게 되면 학생들이 자기 주도적인 학습을 자연스럽게 이끌어낼 수 있게 된다.

▶동영상 제작과 활용으로 인한 학습 효과

앞서 언급한 것처럼 거꾸로교실을 실행하는 데 있어 동영상 제작은 그 핵심이 아니다. 그렇지만 동영상 제작과 활용은 다양한 부수적 의미와 효과를 지니고 있다. 이를 정리하면 아래와 같다.

a. 친숙한 방식으로 디지털 세대인 아이들을 배움으로 초대할 수 있다.
동영상 학습은 학생들의 학습 친화도를 향상시킨다. 교과서 같은 책을 읽는 것보다 동영상 보기는 인터넷과 영상에 익숙한 세대인 학생들이 보다 쉽게 학습에 다가가기 위한 수단 역할을 할 가능성이 높기 때문이다. 실제로 거꾸로교실을 실행해보면 이런 효과가 많이 나타난다. 학생들은 교과서나 참고 도서 자료보다 동영상으로 강의 듣는 것이 훨씬 좋고 편하다는 이야기를 많이 한다. 물론 글을 읽고 이해하는 능력 역시 고전적이지만 생명력 있고 여전히 유효한 역량이다. 그럼에도 불구하고 동영상 강의는 인터넷과 영상에 익숙한 세대인 학생들에게 익숙한 방식으로 배움의 길로 초대하는 방법이 될 수 있음을 상기할 필요가 있다.

b. 학생들의 학습 능력이나 속도에 따른 조절이 가능해진다.

학습 속도가 빠른 아이들은 한 번의 시청으로, 그렇지 않은 아이들은 천천히 반복하면서 시청할 수 있기 때문에 자신의 학습 속도와 상황에 따라 적절하게 조정하면서 학습할 수 있다. 교실에서 이루어지는 교사의 강의는 일회성으로 끝나지만 동영상 강의는 언제든지 반복하여 재생할 수 있는 장점이 있어 학습 속도가 상대적으로 느린 학생들이 학습을 따라갈 수 있도록 배려해주는 기능을 하기 때문이다.

실제로 거꾸로교실 실험 현장에서 동영상의 이러한 특성이 학생들의 성적 향상에 많은 영향을 미쳤다는 것을 확인할 수 있다. 상대적으로 학업 성적이 낮은 중하위권 학생들이 동영상을 통해 자신의 학습 속도에 따라 반복 학습을 할 수 있는 것이 매우 주효했다.

c. 학생들의 학습 부담을 덜어준다.

거꾸로교실의 디딤 영상은 소위 말하는 7분 내외의 짧강(짧은 강의)이다. 따라서 학습에 익숙하지 않거나 학습 방법을 모르는 학생들이 짧은 동영상 강의 시청만으로 핵심적인 내용을 쉽게 파악할 수 있게 해준다.

일반적으로 학습 능력과 방법은 오랜 시간 학습의 경험이 축적되면서 생기는 경우가 많다. 그런데 학습 훈련이 되지 않은 학생들은 이러한 과정을 스스로 기획하면서 통과하기가 쉽지 않다. 또한 교육과정이 많아서 시도 자체가 엄두가 안 나는 학생들에게 학습 기회를 단계적으로 제공해줄 수 있는 장점이 있다.

d. 학습 자료 보관과 활용을 용이하게 한다.

종이와 달리 사이버 공간에 저장되어 있는 강의 동영상은 영구적으로 학습 자료로 이용할 수 있고, 스마트폰 등 기기만 있으면 언제 어디서나 자신이 원할 때 볼 수 있는 장점도 있다.

학습 자료 정리와 보관은 학생들의 학습과정에서 필수적이다. 그런데 학습 자료 정리와 보관을 잘 하지 못하는 학생들이 의외로 많다. 특히 남학생은 여학생에 비해 덜 꼼꼼해 학습 자료 정리나 준비가 부족한 경우가 많다. 그런데 사이버 공간에 탑재되어 있는 학습 자료인 동영상은 이런 습관이 안 돼 있는 학생들에게 매우 유용한 방식이었다. 이러한 동영상의 기능은 학생들이 스스로 학습을 정리하는 시험 전에도 매우 큰 효과를 발휘한다는 것이 거꾸로교실 실험 결과로 입증되기도 하였다. 이는 모든 학생들이 자기의 학습 리듬에 따라 언제 어디서든 시청할 수 있는 유비쿼터스 학습을 가능하게 한다는 점에서 시사하는 바가 적지 않다.

e. 교사와 학생들 간, 학생들끼리의 온-오프라인 소통의 기회를 확장해준다.

온라인상에서 교사와 학생 간의 상호작용을 통해 교실 밖으로 관계 확장의 가능성을 제공함으로써 교사와 학생의 상호작용의 밀도가 이전에 비해 매우 커지는 효과가 나타난다.

한국 학생들은 교실 공간이라는 공식적 공간에서 질문하는 습관이 되어 있지 않은 경우가 많다. 여기에는 정답을 말해야 한다는 한국 교육 문화도 작동하고 있다. 학교 현장에서 만났던 많은 학생들은 교실에서 질문을 잘 하지 않는 이유로 "나만 모를까 봐", "내 질문이 질문의 가치가 있는지를 알 수 없어서", "내성적이고 부끄러워서", "질문을 많이 하면 수업 시간에 너무 튀거나, 잘난 척하는 것으로 비칠까 봐" 등을 들었다. 그런데 온라인을 통해서는 교사에게 1:1로 질문할 수 있는 용기가 생긴다는 것이다. 학급 전체가 함께하는 온라인 소통에서도 교실에서 질문하는 것보다 훨씬 더 편하다는 것도 학생들이 가장 많이 이야기하는 부분이었다.

f. 공평한 교실을 만들어준다.

강의 동영상인 디딤 영상 자체는 강의 시간이 절약되는 효과를 발휘한다. 따라서 교사는 그 시간을 학생들의 개별 지도와 팀별 학습 활동을 촉진하고 돕는 데 사용할 수 있다. 사전 강의 동영상이 학업이 부진하거나 속도가 느린 학생들에게 교사의 관심이 옮겨지는 디딤돌 역할을 하게 되는 것이다. 다시 말하면 교실에서 보다 다양한 학생들을 배려하는 공평한 학생 지도가 가능해질 수밖에 없는 구조다.

2. 동영상과 연계한 교실 수업 기획과 실행

가. 강의 동영상과 연계하여 교실 수업을 어떻게 기획해야 하나?

거꾸로교실 수업을 어떻게 기획하느냐는 교과별 혹은 단원의 특성에 따라 매우 다를 수밖에 없으므로, 정답이 있다고 할 수 없다. 원론적으로 이야기하자면, 동영상과 연계하여 어떻게 교실 수업을 구성할지에 대해서는 학교급과 학년급의 특성, 학습 목표에 따라 자율적으로 기획·실행하면 된다. 교실 수업 기획은 전적으로 교사의 자율적 역량이라는 말이다.

그럼에도 불구하고 처음 새로운 수업을 시작할 때 교사들이 느끼는 어려움이나 불안이 없을 수 없다. 무엇인가 눈에 보이는 특정한 수업 모형에 대한 교사들의 욕구도 이 때문이다. 앞서 이야기한 대로 거꾸로교실은 열린 텍스트이기 때문에 교사가 자율성을 가지고 자유롭게 기획하면 된다.

그럼에도 보다 효율적인 경험적 원칙은 존재한다. 거꾸로교실을 처음 시작하려는 교사들에게 도움을 줄 수 있는 동영상과 연계한 교실 수업에 대한 단계별 준비 과정을 거칠게 정리하면 다음과 같다.

거꾸로교실을 실행하기 위한 일반적인 단계는 a. 동영상 제작과 배포, b. 동영상 시청 공지와 격려, c. 개별 혹은 팀별 활동 결정으로 나눌 수 있다. 이를 자세히 기술하면 다음과 같다.

a. 동영상 제작과 배포: 학습 체크리스트와 함께 디딤 영상을 배포하라

강의 동영상을 제작하여 유튜브나 블로그, 카페 등 다양한 사이버 공간에 올리는 단계이다. 이때 학습 체크리스트를 같이 배포하면 디딤 영상을 보다 효율적으로 시청할 수 있게 해준다. 이는 학생들이 디딤 영상 시청을 더욱 적극적인 태도로 할 수 있도록 해준다. 다시 말하면 단순히 일회성의 시청으로 끝나지 않고, 시청 후 간단한 문제 해결하기를 통해 강의를 제대로 이해했는지 스스로 체크할 수 있는 기회를 갖게 된다. 만약 문제를 풀 수 없다면 학생들은 동영상 다시보기를 통해 자신의 학습을 다시 확인하고 점검하는 기회로 활용할 수 있다.

b. 동영상 시청 공지: 시청을 격려하는 메시지를 자주 보내라

디딤 영상을 배포한다는 사실을 알리고 시청을 격려하는 메시지를 자주 보낼수록 좋다. 거꾸로교실을 실행하는 초기에는 학생들이 새로운 수업 방식에 익숙지 않아 준비를 제대로 하지 않을 수 있다. 따라서 디딤 영상 보기를 독려하는 알림과 격려 메시지를 반복적으로 설정해서 학생들에게 보냄으로써 학생들이 새로운 학습 패턴에 익숙해지도록 도와주면 좋다. 앞서 기술한 것처럼, 이 방식은 학생들을 독려하고 학습 과정에 참여시키는 데 뜻밖의 놀라운 효과를 발휘한다.

c. 교실 수업 시작과 전개: 강의 동영상 내용을 기반으로 수업을 시작하라

동영상과 연계한 교실 활동을 계획할 때 가장 기초적인 방식은 동영상 배포와 함께 배부한 학습 체크 문제를 해결하는 것에서부터 시작하는 것이다. 이는 동영상으로 시작하는 수업을 자연스럽게 진행할 수 있도록 해준다. 동영상에 대한 이해는 교실에서 응용문제를 풀거나 심화 활동을 할 때 기초적인 토대이다. 따라서 동영상 강의 내용에 대한 확인과 점검 활동은 응용 활동이나 심화 학습으로 연결시키면서 교실 수업을 원활하게 만들 수 있는 매우 중요한 단계가 된다. 이 과정에서 동영상 내용 중에서 이해가 부족한 부분이 무엇인지 교사가 점검하고, 동영상 강의 내용을 어려워하는 학생들이 있을 경우 교사가 팀별, 개인별 도움을 주는 식으로 수업의 도입 부분을 진행하면 된다.

나. 학생들이 집에서 동영상을 안 보고 오면 어떻게 하나?

학생들이 동영상을 집에서 미리 보고 오지 않을 것이라는 점은 거꾸로교실을 시행하려는 교사들이 가장 많이 했던 우려 가운데 하나다. 요즘 학생들은 사교육으로 너무 바쁘거나, 그렇지 않으면 학습 의욕이나 동기가 없는 무기력한 학생들이 대부분이라는 것이다.

거꾸로교실 운영에서 강의 동영상 시청은 교실 수업을 원활하게 진행하기 위한 준비 단계다. 학생들이 강의 동영상을 보고 오지 않으면 교실 수업 진행이 당연히 어려워진다. 따라서 가장 최선의 방법은 학생들이 동영상을 보고 올 수 있도록 교사가 다양한 전략을 구사하는 것이다.

교사들의 다양한 노력에도 불구하고 여전히 동영상 강의를 미리 보지 않고 수업에 들어오는 학생들이 당연히 존재한다. 이유는 다양하다. 무엇보다 학생들이 일상적으로 무기력하여 학습 자체에 관심이 없거나 학습 습관이 되어 있지 않은 경우가 많다. 어떤 방법으로도 바꾸기 어려운 아이들이 있는 것도 사실이다. 또한 요즘 학생들은 다양한 사교육으로 시간이 없기 때문에 부가적인 과제를 귀찮아하거나 부담스러워할 수도 있다. 실제로 학원 숙제하느라 바빠서 학교에서 내주는 숙제를 해 오지 않는 학생들이 많아 숙제를 잘 내주지 않는 것이 학교의 암묵적인 관행이라는 이야기도 있다. 그러니 디딤 영상 시청도 마찬가지 결과를 가져올 것이란 걱정이 많았다.

모두 타당성 있고 현실적으로 충분히 나타날 수 있는 예측들이다. 실제로 거꾸로교실 실험이 처음 시작되었을 때 교사들의 많은 노력에도 3분의 2 이상의 학생들이 강의 동영상을 보지 않았던 것도 이런 우려가 현실로 드러난 것이다. 물론 학생들의 학습 습관은 매우 오래전부터 몸에 붙은 관성이기 때문에 쉽게 바뀌기 어렵다. 그럼에도 시간이 지나면 이러한 흐름에 변화가 생기기 시작한다. 학생들이 점점 학습에 흥미가 생기면 디딤 영상을 보고 오는 경우가 늘어난다.

거꾸로교실에서 교실 수업은 기본적으로 학생들이 동영상 강의를 보고 왔다는 것을 전제로 기획되기 때문에 교사들이 가장 우려할 수밖에 없다. 그러나 학생들이 동영상을 모두 보고 오지 않았다고 거꾸로교실 수업을 진행하는 것이 불가능해지는 않다. 다양한 상황에 따라 디딤 영상 시청과 관련한 문제 해결을 위한 몇 가지 전략을 정리하면 다음과 같다.

a. 학급의 절반 이하가 안 보고 온 경우

이 경우에는 특별한 조치 없이 미리 기획한 학생 중심 활동으로 진행해도 무방하다. 이때 팀별 학습 구조를 만들어 본격적인 교실 수업을 진행하기 전에 미리 동영상을 보고 온 학생들이 그렇지 않은 학생들에게 동영상 내용에 대해 간단한 요약을 하도록 지도하면 된다. 대개는 7~10분 정도의 시간을 주면 동영상 강의 내용의 기초적인 핵심 내용을 정리하는 데 충분하다.

이렇게 진행하면 미리 보고 온 학생들이 시간을 손해 보는 것 아니냐는 이야기도 있다. 피상적으로 보면 동영상을 보고 온 학생이 그렇지 않은 학생들 탓에 희생이나 헌신을 한 것처럼 보이지만 실상은 매우 다르다. 이미 동영상을 보고 온 학생들은 자신이 이해한 것을 친구들에게 설명해봄으로써 자신이 공부한 것을 객관적으로 명료화하는 과정이 된다. 그리고 자기가 알고 있는 것을 재정리할 수 있는 시간이다.

가르쳐보기가 오래 기억되는 최고의 학습법임을 상기한다면, 또래 학습은 가르치는 학생에게 훨씬 더 막강한 방법이다. 최근 새로운 교실 수업 방식으로 회자되고 있는 하부르타에는 이 학습 원리가 녹아 있다. 공부한 것을 동료들에게 설명하면서 자신의 앎을 명확하게 하는 동시에 서로 확인하면서 공부하는 것이 그 원리다. 따라서 이 과정은 가르치고 배우는 학생 모두에게 의미 있는 시간임을 주지할 필요가 있다.

b. 절반 이상이 안 보고 온 경우

교실에 인터넷 환경이 갖추어져 있고, 디바이스를 쓸 수 있는 환경이라면 스마트폰이나 관련 디바이스를 이용해 디딤 영상을 안 보고 온 학생들이 교실 활동 전에 시청할 수 있도록 지도하면 된다.

이 경우 모든 학생들이 디바이스를 지니고 있을 필요가 없다. 안 보고 온 학생들을 모아 교실 한쪽에서 함께 시청하도록 지도하면 된다. 이때 4명당 1개 정도로 스마트폰이나 태블릿 PC 등을 이용해서 영상을 함께 보도록 지도하면 효율적이다. 오히려 학생 1인당 한 개의 디바이스를 사용하는 것은 역효과를 낼 수 있다. 학생들이 학습 대신 디바이스를 이용해 딴짓을 할 가능성이 크기 때문이다.

하지만 2~4명이 짝을 지어 1개의 디바이스를 이용해 함께 시청할 경우 이러한 위험성이 거의 없다. 디딤 영상을 보고 오지 않은 학생들이 이렇게 동영상 시청을 할 동안 미리 보고 온 학생들은 팀별 학습 활동을 시작하도록 하고, 시청을 마친 후 팀별 활동에 합류하게 하면 된다.

이렇게 상황에 따라 유연하게 진행이 가능한 이유는 거꾸로교실에서 동영상이 소위 말하는 '짤강'이라는 점이다. 7분 내외의 동영상 시청은 많은 시간을 소요하지 않고 교실 활동 수업 전에 바로 준비할 수 있게 해준다. 동영상 시청을 마친 학생들이 팀별 활동에 합류하여 수업을 진행하는 데 큰 무리가 없는 시간 차이이기 때문이다.

c. 절반 이상이 안 보고 오고 인터넷 환경이 전혀 갖추어지지 않은 경우

학교 현장에서 만난 교사들이 많이 난감해하는 경우다. 실제로 가장 문제적인 상황임에는 틀림없다.

그러나 이 경우에도 돌파구는 있다. 거꾸로교실을 실행하는 교실

현장에서는 학생들이 자신들의 개인 데이터를 수업 시간에 서로 나누어 가면서 강의 동영상을 보는 장면이 연출되었고, 교사가 데이터 공유기를 이용해서 동영상 강의를 시청하도록 하는 방법을 사용하기도 하였다.

문제는 학교 교실 안에 컴퓨터나 태블릿 pc, 스마트폰 등 디바이스가 전혀 없거나, 학교 규칙에 의해 스마트폰을 수업 시간에 전면적으로 사용 금지하는 환경에서 거꾸로교실을 진행할 때다. 이 경우에는 교실에서 동영상 강의 보기가 완전히 차단된다는 점에서 특별한 해결책이 불가능하다. 따라서 집에서 디딤 영상을 보고 오도록 독려하는 것이 최선의 해결책일 것이다.

특히 요즘에는 스마트폰이 수업 집중을 방해하는 것으로 인식되면서 전면적으로 스마트폰 사용을 금지하는 학교가 많아 학교에서 보는 것 자체가 원천적으로 불가능하다고 호소하는 교사들도 있다. 이 경우 학교장의 결단과 학부모들의 동의를 구해 새로운 수업의 공감대를 형성하는 방법밖에는 없다.

스마트폰은 게임 중독 등으로 집중력을 흐리는 등 여러 가지 폐해가 많은 것이 사실이다. 그러나 우리의 일상생활 속으로 깊숙이 들어온 생활기기를 단순히 금지와 단속으로만 해결하는 것이 바람직한지에 대해서는 개인적으로 의문이 든다. 설사 이 방법이 바람직하다고 하더라도 실제로 학교 안에서만 이루어지는 단속과 금지가 학생들에게 얼마나 의미가 있을지 모르겠다. 오히려 익숙한 기기를 학습의 도구로 전환시키는 경험을 해본 학생들이 더 현명하게 디바이스를 받아들일 수 있으리라고 생각한다.

몇몇 학교에서는 거꾸로교실 수업 실행을 위해 일종의 타협안을 만들어서 스마트폰을 허용하는 사례도 있다. 점심시간이나 자습시간에 사전 동영상 강의 시청이 필요한 학생들에게 담당 교사의 지도 아래 임시로 사용하는 것이다.

중요한 것은 이런 다양한 조치는 당장 동영상을 안 보고 온 학생들이 너무 많을 때 교실 안에서 임시적으로 해결하고자 하는 노력이라는 점을 분명히 해야 한다. 집에서 미리 보고 수업을 준비한 것과 그렇지 않은 것은 당연히 차이가 날 수밖에 없다. 따라서 학생들이 동영상을 집에서 미리 보고 오게 하려는 다양한 노력들을 끊임없이 해야 한다. 실제로 동영상을 안 보고 와서 생기는 불편함 등이 쌓이면 학생들이 보고 오는 횟수가 늘어난다는 게 거꾸로교실을 실행하는 대부분의 교사들이 전하는 경험담이다.

물론 교사들의 다양한 노력과 전략에도 불구하고 강의 동영상을 보고 오지 않은 학생들은 늘 존재하기 마련이다. 그렇다고 해서 거꾸로교실을 하지 않고 강의식 수업을 하는 것이 학생들에게 더 좋은 교육을 제공한다고 단언하기는 어렵다. 다양하고 개별적인 전략에도 동영상을 보고 오지 않을 만큼 학습 동기가 촉진되지 않는 학생들이 교사의 일방적인 강의식 수업에 집중하여 학습을 할 수 있으리라는 기대를 하기는 어렵기 때문이다.

동영상 강의 제작과 배포, 학생들의 시청에 이르기까지 여러 가지 현실적 난관이 따르겠지만, 이 모든 것들은 학생의 배움과 성장을 촉진하는 살아 있는 교실을 만들어가기 위한 준비과정에서 극복해야 하는 단계다. 이에 대한 공감대가 이루어지면 현실적인 장애들을 어떻게 넘어

가야 할 것인가, 어떻게 수업을 진행해야 할 것인가에 대한 자기만의 답이 그려질 수 있을 것이다.

▶디딤 영상 보기와 관련된 몇 가지 질문

1. 디딤 영상을 교실 수업 전에 전체 학생들에게 보여주면 되지 않을까요?

교사들은 학생들이 동영상을 집에서 미리 안 보고 오는 경우가 많으면 교실 수업을 시작하기 전에 전체 학생들에게 동영상을 틀어주면 되지 않을까라는 이야기를 종종 한다. 그러나 교사가 수업 시간에 동영상을 틀어주면 학생들은 집에서 미리 보고 오지 않아도 된다는 생각을 하게 되고, 이는 동영상 시청 습관을 들이는 데 좋지 않은 영향을 미칠 수 있다. 비록 짧은 시간만 사용하더라도 전체 강의 시간 할애로 인해 학생 활동 수업 시간을 감소시킬 수 있다는 점에서도 궁극적으로 바람직하지 않다. 또한 수업 전에 집에서 미리 학습을 할 수 있는 시간적 여유를 주는 것은 교실 수업을 더욱 활발하게 할 수 있는 장점이라는 점에서 되도록 집에서 미리 보고 오도록 하는 전략을 구사할 것을 권한다.

2. 학원이나 과외 등 사교육을 받는 아이들이 교사가 만든 동영상을 안 보고 오면 어떻게 하나요?

이런 경우는 전혀 문제가 되지 않는다. 만약 관련 내용에 대한 학습이 사교육을 통해 이미 수행되었다고 스스로 판단해서 보고 오지 않는다면 그건 학생의 몫으로 남겨놓는 수밖에 없다. 교실 수업 과정을 통해서 강의 동영상 시청의 필요성을 스스로 느낀다면 이는 자연스럽게 해결될 것이다. 오히려 사교육에서 선행 학습을 한 학생들을 대상으로 교실 수업에서 동일한 강의를 교사가 하는 경우 학교 수업의 의미가 더 퇴색된다고 할 수 있다.

3. 교실에서는 뭐 하지?: 효과적인 교실 수업 디자인

거꾸로교실을 수업에 적용하면, 강의 중심으로 이루어졌던 교실에서의 수업을 어떻게 진행할 것인가를 기획해야 하는 과제가 교사에게 주어진다. 대부분의 교사들은 처음에는 주로 디딤 영상 제작에 신경을 많이 쓰다가 거꾸로교실을 진행하는 횟수가 늘어나면서부터는 교실 전략에 대한 고민을 더 많이 하게 된다.

강의 동영상 배포로 교사의 강의가 사라진 교실을 새롭게 구성할 학생 중심 활동은 거꾸로교실의 성패를 좌우하는 핵심이다. 그러므로 교사들이 교실 수업 전략을 고민하게 되는 것은 매우 자연스럽고 바람직한 모습이기도 하다.

학습자 중심 교육이라는 교육 원리를 전제로 하는 거꾸로교실은 학생들이 주도하고 문제를 해결하게 하는 것이 전체 학생들을 대상으로 강의하는 것보다 훨씬 효과적일 수 있다는 믿음에 기초하고 있다. 따라서 어떠한 경우이건 거꾸로교실은 개별적이고 학생 주도적인 학생 활동 중심 교실 수업을 만드는 것이 중요하다. "문제 풀이보다 강의를 놓치는 것이 더 낫다"라는 살만 칸[2]의 이야기를 되새겨보아야 하는 이유다. 강의는 양념 효과에 불과하기 때문에 강의를 놓치는 것이 문제 풀이를 놓치는 것보다 낫다고 보기 때문이다.

우리가 무언가 배우는 이유는 문제를 풀기 위한 것이다. 문제를 풀지 않고 지식만을 축적한다는 것은 의미도 없고, 혹은 나중에 사용할 수 있다는 가능성을 열어두더라도 그 지식은 오래가지 않는다. 주어진 문제 해결을 스스로 해본 경우에 기억도 더 오래간다는 것은 이미 그 효과가 검증된 배움의 방식이다.

적극적인 학습자 참여 중심 교육의 효과성은 비단 기억력에만 한정되지 않는다. 학습자의 적극적인 참여로 이루어지는 또래 학습은 언어 구조나 사고의 범위에서 교사보다 동질적인 관계를 통해 배울 수 있기 때문에 교사의 가르침보다 그 효과가 클 수 있다. 또한 다른 친구들을 가르치는 또래 학습은 자신의 표현력과 전달력을 높이는 기회가 되고 자연스럽게 리더십을 키우는 경험이 될 수도 있다.

이러한 다양한 교육 효과를 염두에 두고 거꾸로교실 수업에서 학생 활동 중심의 교실 수업을 보다 효과적으로 진행하기 위한 구체적인 전략을 거칠게 정리하면 다음과 같다.

가. 개별 학습

개별 학습은 학급당 학생 수가 적고 학생들의 학습 편차가 크거나, 팀별 논의나 상호작용이 특별히 필요하지 않은 학습 목표나 교과목 혹은 단원의 특성에 효과적인 교실 전략이 될 수 있다. 사례별로 활용 가능한 경우를 기술하면 다음과 같다.

a. 학생 수가 적은 농산어촌의 학교

농산어촌의 작은 학교의 경우 대부분 학생 수가 적고, 학년이 다른 아이들이 섞여 있는 형태로 통합적인 교실 수업이 진행되곤 한다. 대부분 교사 1명이 학년이 다른 아이들을 한 학급에 모아 수업을 진행한다. 이 경우 공동의 학습 목표를 설정하기 어렵고 한 교사가 다양한 교육 과정에 따라 수업을 진행해야 하는 어려움이 따를 수밖에 없다. 따라서 교사는 개별적인 수업을 진행해야 한다.

거꾸로교실은 한 개의 교실에서 다양한 학년이 통합되어 있는 수업을 진행할 경우 개별 학습을 할 수 있는 좋은 방법이 된다. 디딤 영상으로 학생들이 기본적인 지식을 학습해오면 교사는 학생들의 학습 수준에 따라 필요한 도움을 주면 되기 때문에 최소한의 시간으로 많은 학생들을 지도할 수 있다.

b. 다양한 배경을 지닌 학생들로 구성된 특별반

최근 세계화, 국제화 시대의 진전과 다문화 사회의 전개와 더불어 한국 사회에 중도 입국 학생들을 위한 특별반이 운영되는 학교가 늘어나고 있다. 현재 각 지역마다 중도 입국 학생들을 위한 거점 학교를 지정하여 특별반을 구성해 수업을 하고 있다. 이 경우 대부분 한국어 능력이나 개별적인 문화적 배경이 매우 다른 학생들이 섞여서 수업을 하게 된다. 물론 다양한 배경을 지닌 아이들이 섞여 있으면 또래 학습으로 인한 효과도 많지만, 나이와 학습 이력 등의 스펙트럼이 매우 넓어서 또래 학습 자체를 진행하기에 무리가 있는 경우가 많다. 이때 개별 학습을 할 수 있도록 교실 수업을 구성하면 보다 높은 학습 효과를 기대할 수 있다.

c. 개별 지도가 필요한 학생들이 포함된 통합반

다양한 수준의 학생들이 모인 통합반의 경우, 학습 기초가 안 되어 있어서 교사의 특별한 지도가 필요하거나 혹은 반대로 일반 아이들과는 학업이나 요구 수준이 달라서 특별한 개별 지도가 필요할 때가 있다. 이때도 교실 수업은 기본적으로 팀별 학습으로 조직하면서 상황에 맞게 교사의 도움이 필요한 몇몇 아이들을 개별적으로 지도하는 방법으로 수업을 운영할 수도 있다.

최근 일부 고등학교 학생들 가운데는 팀별 학습 자체를 시간 낭비로 보고 수업의 변화를 거부하기도 해서 교사들이 거꾸로교실 수업을 진행하기가 매우 난감하다는 이야기를 하곤 한다. 학교에서 기존의 입시 전사로 자신의 정체성과 태도를 형성한 경우 팀별 학습에 거부감을 느끼기 때문이다. 이런 학생들은 성적이 우수한 학생들이 많아 입시가 중요한 고등학교에서 이들의 의사를 무시하고 수업을 진행하기가 쉽지 않다. 이 학생들은 교사가 이들을 위한 학습 문제를 따로 준비해서 개별적인 학습을 하도록 하는 것도 교실 수업을 운영하는 한 방법이 될 수 있다.

일반적인 수업 세팅에서 개별 학습은 기본적으로 교사가 학생들을 일일이 개별적으로 지도해야 하기 때문에 절대적인 시간 소요가 많다. 아주 적은 학생 수가 아니라면 불가능한 수업 방식이다.

그런데 거꾸로교실은 개별 학습을 가능하게 하는 기본적인 판을 깔아준다. 일반 학급에서와 마찬가지로 교사의 기본적인 설명이 필요한 부분을 모두 디딤 영상에 담아 집에서 미리 보고 오면, 교실 수업에서는 학생들의 개별적인 이해에 따라 각각 도움이 필요한 부분을 중점적으로 지도할 수 있기 때문이다.

실제로 농어촌 교실 수업을 운영하거나 특별반을 운영하는 학교의 학급 운영에 대한 컨설팅을 다니다 보면 교사 한 명이 아주 다른 배경과 학습 능력 혹은 언어 능력을 가진 학생들을 지도하기에 시간 소요가 만만치 않다는 이야기를 많이 듣는다. 거꾸로교실은 디딤 영상으로 인해 교사가 물리적 시간을 절약하면서 이전보다 학생들의 개별적인 수준과 요구에 맞추어 보다 효율적으로 수업을 할 수 있는 길을 열어준다는 점에서 하나의 해결책이 될 것이다.

나. 팀별 학습

거꾸로교실은 학습자 중심 교육이면서 학생들의 개별성과 다양성을 고려하는 수업 방식이다. 그러나 물리적으로 30명 내외의 학생들과 함께 개별적인 수업을 진행하기는 어렵다. 따라서 학생들끼리 학습이 일어나도록 팀을 꾸려서 수업을 진행하는 방식은 거꾸로교실을 운영하는 데 매우 기본적인 교실 수업 세팅이다.

또한 또래 학습으로 이루어지는 팀별 학습 방법은 다양한 부수적 효과를 동반한다는 점에서 교육적으로 매우 의미 있는 교실 수업 활동이 된다. 팀별 활동은 또래 티칭에 의한 학습 자체 효과뿐만 아니라 팀별 활동 과정에서 의사소통 능력, 협업 능력 등 21세기 핵심 역량을 기를 수 있는 최고의 학습법 가운데 하나다.

무엇보다 한국의 초·중등학교 교실은 평균 20~30명의 학생들로 구성되어 개별적인 학습보다는 팀별 학습을 하는 것이 현실적인 방법이기도 하다. 많은 학생들을 대상으로 개별적인 맞춤형 수업이 불가능하기 때문에 먼저 학생들끼리 스스로 문제를 해결하도록 하고 필요한 경우에만 교사가 도움을 주는 방식으로 진행하면 교사가 시간을 더 효율적으로 활용할 수 있다.

한편, 거꾸로교실 수업 운영을 위한 핵심이 될 수 있는 팀별 학습의 효과성을 극대화하려면 어떻게 팀을 구성해야 보다 효과적인 거꾸로교실 수업을 운영할 수 있는지를 고민해야 한다. 팀별 학습 방법은 교과목이나 단원의 성격이나 학습 목표 등에 따라 다양한 구성이 가능하다. 아래는 보다 효과적인 팀별 학습을 위한 매우 일반적이고 구체적인 몇 가지 참고 사항을 정리한 것이다.

a. 팀 구성은 누가 하는 것이 좋을까?: 교사 vs 학생

일반적으로 교실 수업에서 팀(모둠)을 결정하는 방식은 교사가 정해 주는 방식과 학생들이 자율적으로 구성하는 방식으로 나눌 수 있다. 물론 각각의 장단점이 존재한다. 그러나 학습 효과를 극대화하기 위해서 학생들이 자율적으로 구성하는 것보다 교사가 팀을 의도적으로 만들어주는 것이 더 바람직하다. 그 이유는 다음과 같다.

첫째, 팀 구성은 동질적인 집단보다는 이질적인 집단 구성이 학습에 더 효과적이다. 무엇보다 서로 다른 학습 능력과 속도를 지닌 학생들을 함께 팀에 골고루 배치하여야 또래 학습이 가능하기 때문이다. 서로 도와서 학생들이 스스로 문제 해결을 할 수 있도록 하려면 학업 속도와 능력을 고려하여 골고루 구성하는 것이 좋다.

또한 학생들의 개인적 성향도 고려하여 다양한 성격과 특성을 지닌 아이들이 섞이도록 배려해주면 서로 도와 공동의 작업을 할 수 있는 최적의 팀이 구성된다. 외향적이고 내성적인 학생들이 골고루 섞이면 팀 구성원의 다양한 역할로 서로 보조적인 기능을 담당할 수 있기 때문이다.

그러나 담임을 맡고 있는 반 학생들을 제외하면 현실적으로 교사가 자신이 가르치는 모든 학생들의 개인적 성향까지 고려하여 팀을 만드는 것은 현실적인 어려움이 따른다. 따라서 거꾸로교실을 실행하고 있는 교사들은 학생들의 성적만을 고려하여 팀을 구성해주는 경우가 일반적이다. 이 정도만으로도 거꾸로교실을 수행하는 데 별 어려움이 없다.

둘째, 학생들끼리 자율적으로 팀을 구성하게 하면 팀의 응집력은 좋겠지만 팀 구성에서 소외되는 학생들이 있을 수 있다. 특히 경쟁적인 교육 문화가 팽배한 한국 교육 환경에서 왕따 등의 학교 현실을 고려하면 매우 위험성이 크다. 또한 교사들이 팀을 만들어주면 학생들에게 새로운 친구 관계를 형성할 수 있는 기회를 임의적으로 부여한다는 점에서도 의미가 있다.

거꾸로교실 실험 과정이나 현재 거꾸로교실을 실행하고 있는 학교 현장에서 늘 친구가 없어 외로워하던 학생들이 팀별 학습으로 새로운 친구가 생기는 경우가 실제로 많이 나타나고 있다. 일상적으로 무기력하고 소외되었던 학생들이 팀별 학습을 통해 새로운 친구를 만나고 무언가를 의미 있게 성취해낸 경험은 그 자체로 학생들에게 매우 강력한 자기 권능empowerment의 기회를 부여한다.

마지막으로 성향과 학업 능력, 개인적 배경이 서로 다른 학생들이 함께하는 활동을 통해 서로의 다양성을 이해하는 기회를 제공함으로써 협업 능력을 기를 수 있는 기회를 제공한다. 누구에게나 자신과 친하고 맞는 사람들과의 협력적 작업은 그리 어렵지 않은 일이지만, 협업 능력은 때로는 낯설고 비호의적인 관계에서도 필요한 능력이다. 이런 훈련을 많이 경험할수록 아이들은 다양한 사람들과 관계 맺는 법을 자연스럽게 배우게 된다.

물론 때로는 이질적인 학생들 간의 갈등으로 인해 팀별 학습이 원활하게 진행되지 않는 경우도 발생할 수 있다. 실제로 팀별 학습을 하게 하니까 서로 성향이 다른 아이들끼리 갈등도 일어나더라는 현장 교사들의 이야기도 들린다. 나의 대학 강의에서도 가끔 이런 경험을 하곤 한다. 학생들 간의 경쟁의식도 이러한 팀별 응집력을 깨트리는 원인이 된다. 그러나 이러한 갈등 상황은 아이들이 교육과정을 통과한 후 마주하며 살아야 하는 진짜 세상Real world이기도 하다. 덴마크에서 창의적인 사회적 기업가를 길러내는 학교인 카오스필로츠Kaospilots는 학교의 교육 목표 가운데 하나가 진짜 세상을 아이들에게 가르치는 것이다.

다양한 갈등 상황과 관계에서의 해결 과정이 바로 서로의 차이를 인정하면서 함께 문제를 해결해나가는 과정이며, 이는 그 자체로 아이들이 자신들의 삶의 역량을 배워가는 매우 중요한 교육 경험이 된다. 그러므로 이를 두려워하거나 외면하지 않고 교실 공간 안으로 들여 아이들이 삶을 살아가는 데 필요한 역량을 키워주어야 한다. 새로운 수업의 시도가 때로는 '용기'를 필요로 하는 일이 될 수도 있다.

b. 팀 구성 인원은 몇 명이 좋을까?

교사들과의 연수나 워크숍 때 나는 교실 활동 수업에서 가장 적절한 팀 구성 인원은 몇 명이냐고 묻곤 한다. 그러면 내 경험상 99%의 교사들은 4명이라고 답을 한다. 팀 작업을 할 때 경험적으로 가장 많이 해 본 숫자이기 때문일 것이다. 실제로 비단 학습 활동뿐만 아니라 인간관계론적 관점에서 함께 무언가를 하기 좋은 가장 이상적인 구성 인원은 4명이라고 한다. 그래서 여행을 가거나 다른 활동을 함께 하는 경우에도 4명이 팀을 꾸리면 큰 갈등 없이 활동을 진행할 수 있다고 한다.

하지만 거꾸로교실에서 교실 활동을 기획할 때 팀 구성 인원이 반드시 4명이어야 할 필요는 없다. 교과목, 단원, 학습 목표에 따라 모둠을 구성하는 학생 수와 학습 방법이 모두 다르기 때문이다. 또한 학급당 인원수에 따라서 유연하게 구성해도 된다. 개별적으로 2명이 짝을 짓는 최소 규모 활동부터 보통 4~6명 정도로 팀을 구성하는 등 다양한 방식으로 조직할 수도 있다.

간단한 지식 확인이나 이해의 점검은 2명이 짝을 지어 하는 활동만으로도 충분하다. 논의가 필요한 학습 활동은 4~6명 정도 짝을 지어 서로 머리를 맞대고 문제를 해결하는 것이 더 효율적일 수 있다. 학습 목표나 교과목에 따라 팀별 학습 인원을 구성하는 몇 가지 예를 구체적으로 제시하면 다음과 같다.

(1) 2명 정도로 짝을 지어 팀을 구성하는 최소 규모 활동

간단한 개념 이해나 지식을 확인하고 학생들의 기초적인 이해를 점검하기 위한 가장 효율적인 방법이다. 미리 보고 온 동영상 내용을 옆에 앉아 있는 학생들끼리 짝을 짓게 하여 서로 질문을 하여 개념을 확인하거나 문제를 함께 해결하게 하는 방식으로 진행하면 된다. 이때 짝지은 학생들이 서로가 공부한 내용을 확인하거나 필요한 경우 잠깐 논의할 수 있도록 어느 정도 시간을 부여한 후 이를 전체적으로 최종 확인하는 방식이 가장 일반적인 방법이다.

예를 들면, 수학 수업의 경우 개념 설명을 다 익히고 온 학생들이 풀어온 문제를 2명이 짝을 지어서 답을 확인하고 서로 설명해서 기초적인 수학 기초 원리를 이해했는지를 확인하는 방법으로 활용 가능하다. 영어의 경우는 해당 단원의 필수 어휘의 암기·기본 문법의 이해, 국어의 경우는 기본 개념과 원리의 이해, 문제 풀이 등도 모르는 것을 확인하게 하는 방법으로 2명이 짝을 지어 10분쯤 매우 짧게 진행하는 방법으로 적용할 수 있다.

(2) 4~6명으로 구성되는 팀별 활동

이 경우는 디딤 영상에서 학습한 내용을 기반으로 조별로 창의적 사고 활동이나 응용적 활동을 할 때 유용한 방법이다. 학습 목표와 팀별 학습 방법에 대한 기초적인 가이드라인을 교사가 개략적으로 소개한 후 학생들이 서로 도와가면서 문제를 해결할 수 있도록 하면 된다.

예를 들어 국어의 경우, 미리 보고 온 동영상 내용과 관련한 연관 학습일 때 응용이 가능하다. 시의 주제와 내용을 스토리텔링으로 풀거나 고전문학 작품을 현대적 표현으로 함께 옮기기는 국어 교사들이 주로 많이 하는 교실 활동 수업 사례다. 이때 4명 정도 팀을 구성해야 서로 다양하고 창의적인 생각이나 의견을 모아 공동의 학습 목적에 도달하는 데 보다 효과적일 수 있다. 수학 과목의 경우 동영상 외의 응용·심화 문제 풀어보기 등이 대표적인 사례이다. 수학적 사고력을 높이기 위한 다양한 수리나 논리 문제 풀기에도 4~6명 정도로 구성된 팀별 학습이 유용한 방법이 된다.

문제 중심 학습Problem based Learning이나 프로젝트 학습Project-based learning[3]도 4~6명이 팀을 이루어 하면 효과적이다. 거꾸로교실 수업은 교육과정 내용인 핵심적인 지식을 놓치지 않고 좀 더 창의적인 문제 해결을 위한 시간을 확보할 수 있다는 점에서도 의의를 지닌다. 다시 말하면, 창의력과 협업 능력, 비판적 사고력, 의사소통 능력을 키우기 위한 토대를 제공함으로써 그동안 이상적인 수업이지만 현실적인 어려움과 비판에 의해서 활성화되지 못했던 다양한 수업 방식을 교실 수업에 도입할 수 있는 길을 열어주었다는 것이다. 예를 들면 수학이나 국어, 영어 수업을 진행할 때 핵심적인 내용을 동영상 과제로 집에서 미리 학습을 하고 이에 따라 새롭고 도전적인 창의적 문제를 팀별 과제로 주고 4~6명이 팀을 이루어 함께하면 된다.

이 외에도 교과목이나 단원 혹은 학생들의 특성에 따라 교사가 다양한 팀별 학습 활동을 실행할 수 있다. 최근 회자되고 있는 STEAM 교수법, 문제 해결 수업, 액션러닝, 배움의 공동체나 협력 학습도 거꾸로교실 수업에서 다양하게 응용할 수 있는 교실 수업 전략일 것이다. 따라서 활동의 종류에 따라 적절하게 팀 구성 인원을 결정하면 된다.

c. 팀 구성원의 역할은 어떻게 정하지?

효과적인 팀별 학습이 이루어지려면 팀 구성원의 역할이 무엇보다도 중요하다. 학습자 중심 수업이 제대로 이루어지기 위해서는 학습자의 참여 방법과 정도가 핵심이기 때문이다. 팀별 학습이 원활하게 이루어지기 위한 팀 구성원 역할 부여와 관련하여 참고할 만한 것을 정리하면 다음과 같다.

먼저, 팀에서 학생들이 담당해야 하는 역할은 고정하지 않는 것이 좋다. 다양한 역할 경험은 그 자체로 중요한 학습과정이 되기 때문이다. 어떤 교과 내용을 배우든지, 팀별 학습과정을 통해 학생들이 다양한 경험을 하도록 하는 것은 그 자체로 매우 중요한 잠재적 교육과정이 된다.

다음으로, 팀원 간 원활한 의사소통과 협업을 가능하게 하고, 무임승차를 막기 위해서 팀별로 자율적 룰을 만들어 스스로 지키도록 하면 매우 효과적이다. 자율적 룰은 팀원 간 스스로 동의하에 만들어진 것이기에 통제 효과가 더 좋을 수 있다. 팀별 규칙을 지키지 않았을 경우에 받게 되는 벌칙이나 불이익도 팀별로 자율적으로 정해서 또래 통제 효과를 적극 활용할 필요가 있다. 이때 활용할 수 있는 방법이 소위 말하는 NGT(Nominal group Technique)를 활용한 그라운드 룰Ground rule 정하기다.

▶NGT(Nominal Group Technique)[4]와 그라운드 룰(Ground rule)

우리말로 명목집단법으로 불리는 NGT 기법은 명목상으로는 집단 활동을 하는 것이지만 실제는 개인 활동이기 때문에 붙여진 이름이다. 이 방법은 소규모 팀별 활동 시 최종 의견을 모으거나 공감대를 형성하기 위한 것으로 상호 간의 의견 교환이나 토론 과정 없이 개인의 의견을 각각 적어 수합하여 최종 의사를 결정할 때 주로 사용된다.

팀 활동을 하는 동안 학생들의 효율적인 팀별 학습을 위해서는 팀원 모두가 동의하는 규칙을 만들어야 민주적이고 공평한 의사결정이라고 할 수 있다. 그러나 대체로 팀 내 토의나 토론을 하면 특정한 사람이 리드하거나 의사표현이 명확한 구성원에 따라 의견이 결정되는 경우가 흔히 발견된다. NGT 기법은 이러한 불균등한 의사결정 구조를 지양하기 위한 가장 적당한 방법으로 알려져 있다.

예를 들어 팀 내 그라운드 룰을 정할 때 팀원들이 상호 의사교환 과정 없이 각자가 생각하는 중요한 규칙을 포스트잇(혹은 백지)에 각각 적고 이를 최종적으로 수합하여 나열함으로써 순위를 결정하여 가장 많은 구성원들이 원하는 규칙을 정하면 된다.

또한 NGT 방식은 타인의 영향력을 받지 않고 팀원 모두가 자신의 목소리를 낼 수 있다는 장점도 존재한다. 따라서 공평한 의사결정을 하거나 새로운 문제를 발견해내는 아이디어를 수집하고 결정하는 데도 유용하다. 수합된 아이디어는 후에 그에 대한 의견을 상세하게 돌아가면서 들은 후 다시 각자 투표에 의해 최종 결정하는 방법도 있다.

마지막으로, 팀별 활동을 한 후 이를 최종 확인하는 작업을 할 때 팀원들의 역할이다. 대부분은 팀별 활동 후 그 결과를 전체 학생들을 대상으로 발표하거나 문제를 푸는 방식으로 진행한다. 이때 발표하거나 팀원 대표로 나가 문제 푸는 사람을 정하는 것이 매우 중요하다. 결론적으로 말하자면, 발표자를 팀 내에서 자율적으로 정하지 않고, 교사가 임의로 지정하는 방식으로 진행하면 서로가 서로를 도와주면서 학습을 해나가는 또래 학습을 촉진시킬 수 있다.

팀별 학습은 다양한 교육적 효과가 있지만 가장 큰 맹점은 무임승차다. 만약 팀 내에서 학습 결과를 발표하거나 팀을 대표해서 문제를 푸는 사람을 학생들이 자율적으로 결정하게 되면 학습 능력이 있거나 학습 속도가 빠른 학생들이 기회를 독점할 가능성이 크다. 이렇게 되면 다양한 기회 부여 차원에서도 문제가 되지만 보다 중요한 것은 발표자 혹은 대표자로 예정된 사람만 학습을 하고 나머지 학생들은 방관하는 태도를 취하게 될 위험성이 존재한다.

따라서 팀별 연대감을 높일 수 있도록 의도적으로 학생들이 예측하지 못하게 교사가 발표자를 임의적으로 지정하는 방식을 택하면 좋다. 이렇게 되면 팀원 모두가 학습 목표에 도달하기 위해 서로를 책임져주는 자연스러운 협업 시스템이 가능해지기 때문이다.

실제로 교사들이 팀별 발표자를 정할 때 가장 많이 쓰는 방식은 제비뽑기 등 무작위 추첨 방식이다. 또한 학생들의 팀별 활동을 유심히 관찰한 후 학습에 소극적이었던 학생을 임의로 지정하는 방식을 취하기도 한다. 이런 과정을 도입하면 무기력한 학생들을 좀 더 적극적인 학습자로 만드는 효과도 있고, 서로가 서로에게 피해를 주지 않고 협력적인 태도를 배우도록 하는 훈련 과정이 될 수 있다는 점에서도 활용할 만하다.

d. 또래 학습이 불가능한 교실은 어떻게 하나?

또래 학습은 팀별 학습과정의 꽃이다. 교사의 직접적인 도움 없이 팀 내에서 또래끼리 서로를 가르치면서 스스로 학습할 수 있게 한다는 점에서 다양한 효과를 발휘한다. 따라서 팀별 활동을 통해 또래 티칭과 학습이 효율적으로 일어날 수 있도록 팀별 학습을 촉진하는 일은 매우 중요하다.

그런데 또래 학습을 위한 교실 세팅이 여의치 않을 때도 있다. 특히 고등학교는 학교선택제이기 때문에 상대적으로 성적이 저조한 학생들이 모여 있는 학교의 교사들이 가장 난감해하는 문제이기도 하다.

이 경우는 학생 보조 교사Student teacher를 활용하는 방법을 권한다. 일반적으로 학생 보조 교사는 교사가 개별적으로 전체 학생들을 모두 다 지도하기 어려운 경우 학생들이 교사를 도와 팀별 학습이 가능하도록 하는 방법이다. 하위 90% 학생이 입학한다는 한 고등학교 수학 교사 사례는 학생 보조 교사를 활용한 모범적인 방법을 제시하고 있다. 학생들이 교사의 강의를 거의 이해하지 못하고 학습 동기도 낮아 대부분 잠을 자서 수업 자체가 불가능했다고 한다. 모든 교육과정을 다 마치는 것은 어느 정도 포기하고 최소한의 기초적인 학습을 해보려고 팀별 학습에 기초한 학습자 중심 교육을 시도해보았지만 이도 여의치 않았다고 한다. 학생들 수준이 대부분 낮아서 또래 티칭이 불가능했기 때문이다. 학생 수도 너무 많아서 교사가 개별적으로 학생들의 학습을 모두 도와주는 것도 어려웠다고 한다.

이런 난감한 상황에서 시도했던 방법이 학생 보조 교사 양성 교육이다. 학습 능력이 상대적으로 조금 낮다고 판단되는 5~6명의 학생들을 학급별로 선발하여 일정 기간 교사가 따로 미리 학습을 시키거나 대학생 멘토링 프로그램을 활용하여 보조 학습을 하도록 함으로써 소수의 학생들을 일정 수준으로 끌어올리는 방식이다. 이 학생들을 팀별로 1명씩 배치하여 팀별 학습을 도와주는 학생 보조 교사로 활용하는 방법을 사용했더니 팀별 학습 진행이 가능해졌다고 한다.

한편, 앞서 기술한 것처럼 또래 학습을 촉진하려면 이질적인 학생들로 구성하면 더 효과적이다. 그러나 능력별 반 편성이나 학교의 특성상 상황이 여의치 않다면 동질 집단으로 구성하면 된다. 학습 능력이 뛰어난 친구들은 서로 상승작용을 하면서 학습 효과를 더 잘 낼 수도 있다.

문제는 학습 능력이 떨어지거나 학습 속도가 느린 학생들로 구성된 반편성일 경우다.

흥미로운 것은 학습 능력이 전반적으로 좋지 않은 학생들끼리 팀을 만들어놓아도 스스로 머리를 맞대고 나름 문제를 잘 해결해내기도 한다는 것이다. 비슷한 수준의 아이들이 자신들끼리 노력하면서 문제를 해결하려는 과정 자체도 충분히 의미 있음을 발견해내는 사례들이 꽤 많은 것도 이 때문이다.

일반적으로 성적이나 역량에서 차이가 나는 또래가 있을 경우에는 상대적으로 학습 속도가 느린 아이들은 팀별 활동에서 역할이 미미하거나 소외될 수도 있다. 그런데 학습 능력이 낮거나 속도가 느린 아이들이 함께 팀을 구성하게 되면 학습 문제를 해결하는 속도는 늦어지더라도 특정한 학생들이 소외되지 않을 수 있는 장점이 있다. 즉, 문제 해결 능력이나 속도 등 학습 자체의 효율성은 떨어지더라도 자신의 역할 행동에 따른 자존감은 상대적으로 높아질 수도 있다. 다만 학생들의 무기력이 무언가를 시도하려는 노력에 장애가 되지 않도록 하는 교사의 독려는 매우 중요하다.

▶팀 구성의 원칙과 활용

효과적인 팀 구성의 원칙과 활용에 대한 핵심적인 내용을 간략하게 정리하면 다음과 같다.

1. 팀 구성원은 학생들의 학습 능력과 속도, 성향을 고려하여 이질적으로 구성 하라.
2. 팀 구성 인원은 학습 목표에 따라 유연하게 구성하라.
3. 팀 구성원의 역할을 고정시키지 않고 다양한 역할을 할 수 있게 하라.
4. 팀 규칙을 학생들 스스로 만들게 하여 자율적인 통제 시스템 구조를 만들 어라.
5. 학생 보조 교사를 적극 활용하라.

Part V

거꾸로교실을 보다
효과적으로 만드는 법

거꾸로교실의 수업 원리를 충실히 익히고 다양한 수업 전략을 기획했다고 하더라도 수업이 예측대로만 흘러가는 것은 아니다. 또한 전혀 예기치 않았던 돌발 상황이 끊임없이 연출되기도 한다. 이상과 현실 사이의 격차는 거꾸로교실 수업이라고 해도 예외는 아니다. 학생들의 학습과정뿐만 아니라 수업 방식에 대한 이해도 교사마다 개별적으로 다르게 구성되면서 실제 수업 상황에서 상상했던 수업이 이루어지지 않아 당황하는 경우도 종종 발생한다.

이런 현상은 거꾸로교실 수업 자체의 문제라기보다 실현 과정에서 교사 개인의 차, 학생들의 반응과 태도, 학교 문화 등 다양한 변수들이 있기 때문에 매우 자연스러운 과정이기도 하다. 이 장은 거꾸로교실을 처음 시도하려는 교사들에게 이상과 현실의 간극을 줄이면서 보다 효과적인 수업을 만들어가기 위한 경험적 조언들이다.

1. 거꾸로교실을 위한 수업 진행 팁

가. 아이들을 믿고 가라

그리스 로마 신화 속 피그말리온 이야기는 자기 충족 예언 효과로 잘 알려져 있다. 상아로 만든 여인 조각상을 사랑한 피그말리온이 이 차가운 조각상에게 사랑하는 연인을 대하듯 마음과 정성을 쏟자 정말로 따듯한 피가 도는 인간으로 변했다는 '신화'다. 이 이야기는 교실사회학에서 '피그말리온 효과'로 회자되며 교사의 기대와 관심이 학생에게 미치는 영향력을 의미하는 상징이 되어왔다.

학생에 대한 교사의 기대 혹은 편견이 학생들의 학업성취나 학교 적응에 미치는 영향력이 적지 않다는 연구 결과들은 교육에서의 피그말리온 효과를 지속적으로 증명하고 있다. 한 연구 결과에 의하면 아무런 기준 없이 반을 나눈 후 교사들에게는 각 학급에 대한 다른 정보를 제공하였다. 한 반은 학생들의 지능과 잠재적 학습 능력이 뛰어난 반이고, 또 다른 반은 지능과 학습 능력이 뒤처진다는 정보를 교사에게 주었다. 이후 수업을 진행한 결과 학생들에 대한 긍정적 정보를 제공한 반 학생들의 학업성취가 그렇지 않은 반보다 훨씬 높았다.[1] 이 결과는 학생에 대한 기대와 신뢰 자체가 교사의 역할을 결정할 가능성이 높고, 교사의 시선과 기대가 학습자의 학습 동기나 자기 효능감에 영향을 미칠 수 있음을 증명한다.

거꾸로교실은 학생들이 배움의 중심이 되는 수업 방식을 위해 동영상 제작과 배포를 활용한 혁신적인 수업 방식이다. 따라서 학생들의 자기 주도적인 학습은 거꾸로교실 수업의 핵심이기도 하다. 학생들의 자율성과 잠재적 가능성에 대한 교사의 신뢰를 전제로 한다는 점에서 교사가 학생들을 어떻게 바라보는지가 매우 중요하다.

주로 강의 중심 수업을 해왔던 교사들이 처음 거꾸로교실 수업을 진행할 때는 학생들의 잠재적 능력에 회의적인 눈초리를 보내는 경우가 많다. 특히 학습 주도권을 학생에게 넘기게 될 경우 교사가 강의를 모두 해주어도 제대로 따라 하지 못했던 아이들이 스스로 문제를 해결할 수 있을지를 걱정하는 목소리가 높았다. 거꾸로교실에 대한 시행착오를 겪는 교사들 가운데는 자신이 모든 것을 알려주면 더 이해가 빠를 텐데 아이들이 스스로 하는 것을 지켜보는 것이 답답했다는 고백을 하기도 한다.

하지만 거꾸로교실 수업을 실행하고 있는 많은 교사들은 이런 우려가 단순히 기우杞憂였음을 털어놓는다. 자신들이 기대한 것보다 학생들의 잠재적 능력이 더 크다는 사실에 놀랐다는 것이다. 그동안 학생들을 너무 무시한 것 같아 미안하더라고 하는 교사들도 많다. 또한 강의식 수업에서 미처 발견하지 못했던 다양한 학생들의 능력을 발견하게 된다는 교사들도 많았다. 거꾸로교실을 하면서 아이들에 대한 신뢰가 더 높아졌다는 이야기는 교사들이 공통적으로 전하는 경험담이다.

동서양을 막론하고 교육의 어원에는 인간의 잠재적인 능력을 이끌어 낸다는 의미가 담겨 있다. 교육의 의미를 둘러싼 다양한 담론들도 인간의 잠재적 능력에 대한 신뢰를 기반으로 한다. 가르치는 일은 학생들이 잠재적 능력을 꽃피우도록 격려하고 자극하는 일일 것이다. "아이들은 믿는 만큼 자란다"라는 모토는 거꾸로교실을 운영하는 데 있어서도 잊지 말아야 할 진리다.

나. 교실이 시끄럽고 산만하더라도
이를 자연스러운 배움의 과정으로 받아들여라

공부란 조용한 곳에서 홀로 집중하는 행위라는 우리의 고정관념 혹은 문화적 관념은 꽤 깊고 강고하다. 물론 조용하게 집중하면서 학습하는 시간이 필요할 때도 있다. 혼자서 깊게 사색하는 시간 역시 매우 필요하거나 의미 있는 과정임은 두말할 필요가 없다. 그러나 교사의 목소리만 존재하는 조용한 교실 수업 풍경의 경우는 이야기가 달라진다. 수업은 혼자의 공간이 아니라 교사와 학생, 학생들 간의 상호작용의 시공간이기 때문이다.

적당히 통제적인 분위기에서 교사의 강의 중심으로 이루어지는 조용한 수업은 매우 질서 있게 효율적으로 학습이 진행되고 있는 것처럼 보인다. 그러나 실상은 교사의 가르침은 있을 수 있어도 학생들의 배움은 없는 공간이다. 잠을 자거나 멍을 때리는 학생들이 대부분인 침묵의 공간은 배움에 대한 어떤 동기도 열정도 없는 죽은 공간이기 때문이다.

거꾸로교실은 우리에게 매우 익숙한 조용한 교실 풍경을 뒤집어 소란스러운 시공간으로 바꾸어놓는 수업이다. 교사의 강의가 사라진 교실에서 학생들이 서로 질문하면서 답을 찾아가고, 때로는 의견을 모으고, 토론을 하는 학생 활동 중심 수업으로 바뀌면 교실은 매우 왁자지껄한 공간으로 바뀐다. 때로는 매우 무질서한 모습으로 학습과정이 진행될 때도 있다.

마치 시장 한복판인 것처럼 시끄럽고 정신없는 교실 풍경은 조용하게 앉아 있는 학생들을 앞에 두고 강의를 하는 수업에 익숙한 교사들에게도 매우 낯설고 당혹스러울 수도 있다. 실제로 거꾸로교실 수업을 처음 시도해본 선생님들은 왁자지껄한 교실 풍경에 적응이 쉽지 않다는 이야기를 하곤 했다. 물론 끊임없는 질문과 대답이 오가는 살아 있는 교실 수업이 된 것 같아 가슴이 뛰었다는 교사도 있었지만, 통제된 분위기에서 획일적으로 운영되던 기존의 교실 풍경에 익숙한 교사들에게는 낯선 경험이었을 것이다.

배움이란 질문과 대답이 오가는 과정에서 이루어진다는 점을 상기하면 배움이 촉발되는 수업은 자연스럽게 소란스러움을 동반한다. 이것은 학생들이 끊임없이 수업에 참여하고 있다는 증거이기도 하다. 잠을 자거나 무기력하게 앉아 있는 모습이 지배적인 요즈음 교실 풍경에 비한다면 소란스러움은 오히려 배움이 일어나고 있다는 증거라는 점에서 매우 환영할 만한 일이다.

비단 배움뿐이겠는가?『질문의 7가지 힘』이라는 책에서 저자는 세상은 질문하는 자의 것이라고 단언한다.[2] 질문을 통해 우리는 이끌려가는 삶이 아니라 당연하다고 간주되거나 익숙한 것들에 의문을 제기하면서 주체적으로 자신의 삶을 살아갈 수 있다는 것이다.

프레이리Freire의 말대로 "침묵의 문화가 지배하는 교실"은 죽어 있는 공간이다. 그 안에서는 어떤 바람직한 문제 제기도 없고, 비판적 사고력도 생기지 않으며 상상력도 발현되지 않는다. 이런 침묵의 교실에서는 어떤 창의적 사고력도 생겨나기 어렵다. 21세기 핵심 역량으로 불리는 의사소통 능력이나 협업 능력도 활발한 상호작용을 기반으로 한다는 사실을 상기할 필요가 있다.

교사들과 이야기를 나누다 보면, 소란스러운 교실에서 학생들이 학습에 제대로 집중할 수 있을까 우려하는 경우도 많았다. 그러나 학생들은 일단 학습에 몰입하게 되면 주위가 아무리 시끄러워도 전혀 방해를 받지 않는다. 놀이에 열중하면 주위의 소란스러움에 거의 신경이 쓰이지 않는 이유도 이 몰입 효과 때문이다. 스스로 주도해나가는 학습과정은 학생들에게 놀이에 참여하는 몰입과 같은 효과를 내는 것이다.

학생들을 대상으로 거꾸로교실 수업을 하면서 어떤 게 가장 좋았냐는 질문을 하면, 공부가 재미있어졌고 수업 시간에 집중도 이전보다 잘된다는 이야기를 많이 한다. "선생님의 수업을 들을 때는 졸리는 것을 참기가 어렵고 어느 순간 딴생각을 하게 되는 경우가 많은데, 스스로 학습에 참여하다 보니 딴생각이 없어지고 집중하게 되었다"라는 것이다. 공부에 대한 집중이 주위가 조용할 때가 아니라 내가 즐겁게 몰입할 수 있을 때 촉발된다는 것을 암시하는 대목이다.

돌이켜 보면, 교육의 역사가 알려주는 배움의 현장은 늘 소란스러웠다. 고대 아크로폴리스 광장에서 시끄럽게 떠들고 질문하고 논쟁하면서 인류의 지혜가 성장해온 것을 상상해보라. 그 유명한 소크라테스의 문답법도 소란스러운 배움의 과정 안에서 이루어질 수 있는 것들이다. 소란스럽고 왁자지껄한 교실 풍경은 불편한 그 무엇이 아니라 교실이 배움의 공간으로 복원되는 징후로 적극적으로 환영할 만한 변화다.

다. 지지적·촉진적 환경을 조성하라

인지과학자들의 이야기에 의하면 배움의 뇌는 심리적으로 불안할 때는 잘 작동하지 않는다고 한다. 성적이 좋지 않은 학생들의 경우 평소에는 공부를 잘하다가도 시험을 치를 때 느끼는 긴장과 '불안'이 배움의 뇌 활동을 방해하기 때문이라는 것이다.

위협적 상황 역시 학생들의 배움의 동기를 활성화하지 못한다고 한다. 교사가 매우 엄격하게 통제하면 일시적으로 학생들을 순응시킬 수는 있어도 배움의 뇌 활동에는 부정적인 영향을 미친다는 것이다. 따라서 학생들의 배움이 활발하게 일어날 수 있도록 하려면 되도록 교사가 편안한 환경을 만들어주는 것이 보다 효과적이라고 한다.

거꾸로교실에서 학생들의 자율적인 학습 활동은 학생들이 모르는 것을 자유롭게 질문하고 자신의 생각과 의견을 거리낌 없이 소통할 수 있는 분위기에서 더욱 효과적일 수밖에 없다. 따라서 학생들의 학습 활동이 보다 효과적으로 이루어지려면 그들 스스로 잠재적 역량을 충분히 발휘할 수 있도록 지지적·촉진적 환경을 조성해야 한다. 학습에 관한 어떤 질문이나 의견도 용인되는 분위기가 조성되어야 학생들은 모르는 것을 그냥 지나치지 않고 적극적으로 질문하거나 자신의 생각을 자유롭게 표현할 수 있다.

내 경험에 비추어보면 한국 학생들이 수업 시간에 질문을 잘 하지 않는 이유는 크게 두 가지로 압축된다. 하나는 자신의 질문이 '질문답지 않을 것' 같다는 두려움이고, 다른 하나는 다른 사람들은 다 아는 것 같은데 나만 모르는 것 같아서다. 따라서 시시한 질문으로 다른 사람들을 방해하지 않을까라는 주저와 혼자 바보가 되면 어떡하나 하는 두려움에 질문할 용기를 내지 못하고 궁금하거나 이해가 되지 않는 부분도 그냥 넘어가는 경우가 많다.[3]

이럴 경우 다양한 사고와 상상력이 촉발되는 효과적인 수업을 기대하기는 어렵다. 학생들의 자유로운 질문과 의사 표현이 가능한 교실 분위기가 조성되어야 학습이 제대로 이루어지고 새로운 사고와 담론으로 연결될 수 있다. 실수를 해도 용인이 되고 어떤 질문을 해도 존중받을 수 있는, 교사의 지지와 격려가 일상적인 교실 분위기는, 신나는 배움의 과정으로 학생들을 초대하는 데 필수적인 환경이다.

라. 학습 촉진자 혹은 학습 조력자로서의 교사의 역할을 분명하게 하라

거꾸로교실은 전통적인 교실에서 지식 전달자 역할을 했던 교사를 학습 조력자 혹은 학습 촉진자로 바꾸어놓는다. 따라서 교사는 학생들의 배움을 촉발할 다양한 질문과 학습 방법을 기획하거나 학생들의 학습 상황을 확인하고, 필요할 경우에는 도움을 주는 역할을 수행해야 한다.

강의식 수업에 익숙해 있던 교사들은 거꾸로교실에서 달라진 역할을 어떻게 수행해야 하는지 난감해하는 경우가 많다. 그래서인지 무늬만 학생 중심 팀별 학습을 진행하고 실질적으로는 교사 주도의 통제적인 상호작용 중심으로 수업을 진행하는 경우도 있다. 때로는 학생들에게 모두 맡기고 교실에서 어떤 역할도 하지 않는 경우도 있다. 전자의 경우는 학생 중심 수업을 기계적으로 이해한 경우이고, 후자의 경우는 교사 역할에 대한 자리 잡기가 제대로 안 된 경우이다. 실제로 이러한 어려움은 거꾸로교실 실행 초기에 많은 교사들이 자주 겪는 시행착오이기도 하다.

　　거꾸로교실에서 수업의 주도권이 교사에게서 학생에게로 넘어간다고 해서 교사의 역할이 줄어들거나 수동적인 역할을 해야 한다는 의미는 아니다. 또한 교사의 코치나 피드백 없이 학생들에게 모든 학습 책임을 전가하는 것은 거꾸로교실의 본질을 호도하는 것이다. 거꾸로교실은 역할의 방기가 아닌 '역할의 전이'를 추구한다. 따라서 강의식 수업보다 더 적극적인 교실 수업 매니지먼트가 필요하다. 팀별 학습 진행 상황을 꼼꼼하게 체크하고, 때로는 팀별로 혹은 개별적으로 학습과정에 교사가 관여하여 직접적·간접적 도움을 주어야 한다.

　　학생들도 늘 수동적인 학습자로 교사의 강의를 듣기만 하다가 스스로 문제를 해결해나가야 하는 새로운 역할과 행동 방식이 낯설게 느껴질 수 있다. 그러므로 교사는 학습 시간과 방법 등 교실 수업 구조를 체계적으로 가이드하고 학생들의 참여를 잘 이끌어낼 수 있도록 좀 더 적극적인 역할을 담당할 필요가 있다.

　　또한 거꾸로교실에서는 다양한 학생들의 개별적인 학습 속도를 고려한 교사들의 도움이 매우 중요한 역할을 한다. 전체 학생들을 대상으로 강의를 할 때는 불가능했던 개별적인 특성을 고려한 학생 지도가 가능한 것이 거꾸로교실의 가장 중요한 특징이기도 하다. 특히 학습 속도가 느리거나 학습에 어려움을 겪는 학생들을 세심하게 배려해야 한다.

마. 팀별 학습 목표를 명확하게 하라

학습자 중심 활동으로 운영되는 거꾸로교실 수업은 팀별 학습을 기반으로 진행되는데, 이때 명확한 학습 목표는 팀별 학습과정을 촉진하는 시작이 된다. 학습 목표를 제시하고 이의 달성 여부로 평가하는 목표 중심적인 수업은 효율성을 중시하는 산업화 시대의 패러다임에 입각한 낙후된 모델이라는 비판을 받아왔다.[4] 목표 중심 수업은 자극-반응 모델 중심의 행동주의적 수업 전략을 기반으로 하는 경우가 많은데, 이는 구성주의 교육철학을 전제로 하는 거꾸로교실 수업 방식과 모순된 것처럼 보이기도 한다.

그럼에도 불구하고 현재의 교육과정에서 학습 목표를 설정하지 않고 수업을 진행하기에는 교사로서 여러 가지 부담이 따르게 된다. 현재 교육과정에서 제시하는 단원별 학습 목표를 무시하기는 어렵기 때문이다. 또한 팀별 학습의 경우는 명확한 목표를 제시해주어야 학생들이 혼란스러워하지 않는다. 명확한 팀별 학습 목표와 진행 방법을 교사가 구체적으로 제시해주지 않으면 팀별 학습 진행이 제대로 되지 않아 난항을 겪을 수도 있다.

한편, 학습 목표를 정하고 진행하는 팀별 활동을 한다고 해서 모든 학습이 한 가지 정답만을 찾아가는 과정이라고 단정할 필요도 없다. 팀별 학습 목표는 학습을 촉진시키기 위해 교사가 제시하는 일종의 방향이다. 현재 교육과정 안에서 거꾸로교실을 진행할 때는 구조화된 학습 진행으로 교실 수업을 조직하는 것이 위험성이 적고 현실적으로 더 효과적일 경우가 많다.

물론 단원이나 교과의 특성에 따라 비구조화된 수업이 더 효과적일 수도 있지만, 비구조화된 문제 기반 학습을 진행할 경우에도 어느 정도 구조화된 방식으로 팀별 학습 방법을 훈련하고 그다음 단계로 옮겨 가는 것이 효과적이다. 처음부터 팀별 학습 목표와 방법을 명확하게 하지 않고 학생들의 활동 흐름에만 맡길 경우 기대했던 학습 효과를 내기가 쉽지 않다.

따라서 학생들에게 팀별 학습 목표와 방법을 정확하게 제시해주고 주어진 시간 안에 학습 활동 과제를 해결할 수 있도록 교사가 도움을 주는 방식으로 진행하면 수업 진행에 훨씬 효과적인 촉진제가 될 것이다.

마찬가지로, 팀별 학습 활동의 결과물을 가시적이고 체계적으로 정리하도록 하는 것은 학생들이 자신들의 학습과정과 결과를 점검하거나 확인하는 데 큰 도움이 된다. 예를 들어 조별로 핵심 개념, 토론이나 토의, 문제 풀이 결과를 서면으로 정리하거나 그 근거들을 서술하게 하고, 이를 교사가 피드백을 통해서 확인해주는 작업을 하면 매우 효과적이다.

교사가 따로 시간을 내서 학생들의 학습 활동을 모두 점검하기 어려운 경우는 교실에서 팀별로 결과를 발표하게 하고, 이에 대해 현장에서 코멘트(혹은 또래 코멘트도 이용)를 해주는 것도 한 방법이다. 팀별 혹은 개별 학습 결과를 전체적으로 공유하는 다양한 방법을 구안하는 것도 학생들의 학습과정을 효과적으로 점검하는 방법이 될 수 있다.

바. 수업 시간을 구조화하라

시간에 의해 세부적으로 구획된 수업은 근대적 학교교육의 특성을 전형적으로 드러내준다. 푸코Foucault[5] 식으로 표현하면 규율과 통제 체제를 기반으로 한 작동 방식이라고 할 수 있다. 앞서 기술한 것처럼 시간이나 학습 목표에 따라 단계별로 쪼개지는 수업 시간은 행동주의적 교육관이 녹아 있는 수업 방식이다. 이런 구획적이고 행동주의적 교육 이론은 학습 주체에 의해 자율적으로 만들어가는 배움의 과정과 학생들의 다양성을 고려하지 못한다는 점에서 비판을 받아왔다.

그럼에도 불구하고 현실 타협적일 수 있지만 교실 수업을 구조화하는 것은 거꾸로교실을 처음 시작하는 교사들과 학생들이 현 교육과정에서 보다 효율적으로 수업을 진행할 수 있는 전략이다. 처음에 새로운 수업을 시도할 때는 기존의 방식을 전면 부정하는 것보다 단계적 수순을 밟게 되면 변화로 인한 부담이나 부작용이 최소화될 수 있다. 따라서 처음에는 기존의 교육과정과 방법에서 무리하게 벗어나는 것보다 가장 핵심적인 변화를 먼저 적용해보고, 전개과정에 따라 자연스럽게 필요하다고 판단될 경우에 변화를 주는 것도 한 방법일 것이다.

학생 중심 교실 수업을 진행하다 보면 강의식 수업에 비해 교실 수업이 구조화되지 않고 활동만 하다 끝나는 것 같아 뭔가 정리되지 않은 수업이 되었다는 경험담을 이야기하는 교사들이 많다. 이 자체로도 의미가 없다고는 할 수 없지만 현실적인 교육과정에서 이런 방식으로만 진행하기에는 여러 가지 어려움과 부담이 있을 수 있다.

또한 기존의 강의식 수업에 익숙한 학생들은 문제 풀이나 지식 전달 수업이 아닌 새로운 수업 형태를 불안해하는 경우도 있다. 모든 수업이 반드시 특정한 룰과 방식에 의해 구조화될 필요는 없지만 학생들과 소통하면서 주어진 교육과정을 무시하지 않고 학습을 진행하려면 수업을 구조화하려는 노력이 필요하다.

한편, 학생들은 교사가 강의를 하지 않음으로써 자신들의 학습에 직접적인 관여를 하지 않는다는 느낌이 들면 불안해하는 경향이 있다. 교사에게 제대로 학습 도움을 받지 못한다는 느낌을 호소하는 학생들도 간혹 있다. 또한 암기식·강의식 교육에만 익숙한 문화적 환경에서는 수업의 변화 자체가 학생들에게 낯설게 느껴지고 저항감을 가질 수도 있다. 이러한 우려들은 실제 거꾸로교실을 실행하는 교사들과 학생들이 초기에 가장 많이 경험하는 것들이다.

새로운 수업 방식에 익숙해지면 차츰 자연스럽게 새로운 학습 리듬을 몸에 익히게 되지만 단계적으로 학생들을 배려하는 전략은 필요하다. 학습 목표에 시간을 나누어 단계적으로 학습을 진행하게 함으로써 수업을 구조화하는 것은 이러한 전략의 하나다. 예를 들어 팀별 학습 시간, 전체 공유 시간, 평가, 교사의 최종 정리 시간 등으로 나누는 것은 가장 간단하면서도 효과적으로 수업을 구조화하는 방식이다. 또한 수시로 적절한 평가 방식을 도입하여 배움을 확인하게 하는 것도 수업을 구조화하는 방법이 된다.

2. 거꾸로교실을 위한 효과적인 평가 방법

교육과정에서 평가란 학습자들의 배움의 정도를 확인하고 이를 바탕으로 새로운 교수-학습 전략을 검토하는 수단인 동시에 학생들의 새로운 앎을 촉발하는 과정이다. 하지만 한국 교육 문화에서 평가란 배움을 진작하기 위한 과정이 아니라 학습 결과에 따라 학생들의 등급을 매기기 위한 수단적 기능을 하는 듯하다. 학생들의 등급을 나누기 위해 학교교육과정 수준을 넘어서는 난이도 높은 문제를 내야 하는 현상이 벌어지기도 한다. 이런 교육 문화에서 학생들이 서로 생각을 교환하며 함께 문제를 해결하고 또래 학습으로 서로를 가르치면서 공동의 목표에 다다르게 하는 것 자체가 비현실적일 것이다.

따라서 평가 혁신 없이 수업 혁신을 이야기하는 것은 성적 위주의 평가 중심 체제가 강력하게 작동하는 한국 교육 문화에서 공허하게 들릴 수도 있다. 긴밀하게 연결될 수밖에 없는 두 개의 고리를 고려하지 않고 수업의 변화를 외치는 것은 학교교육 현장을 제대로 반영하지 못하는 이야기가 될 수 있기 때문이다.

실제로 거꾸로교실에 대한 우려 가운데는 학생들의 활동으로 이루어지는 방식으로 수업을 진행하게 되면 평가가 용이하지 않다는 현실적 불가론을 이야기하는 경우도 있다. 거꾸로교실은 교사의 개별적인 도움과 또래 학습을 통해 되도록 모든 학생들의 학업성취를 이끌어내는 것을 지향하는데, 상대주의 평가를 기반으로 한 한국 교육 시스템에서는 힘들다고 보기 때문이다. 거꾸로교실이 디딤 영상과 다양한 학습자를 배려할 수 있는 가능성으로 인해 모든 아이들의 배움을 촉진한다는 점에서 이상적이긴 하지만, 결국 상대평가와 입시 교육 체제인 한국 사회에서는 한계가 있을 수밖에 없다는 것이다.

궁극적으로 수업 혁신은 평가 체제나 교육과정의 혁신과 함께 가야하는 것은 자명한 일이다. 그러나 평가 체제는 제도적인 변화를 수반하는 일이기에 쉽게 바꾸기도 어렵고, 무엇보다 학교교육의 구조나 운영 원리와 연결되기에 교사가 자율적으로 해결할 수 없는 영역이기도하다.

그렇지만 교사의 자율적 영역을 포기하지만 않는다면, 주어진 평가 체제에서 수업 혁신을 위한 전략을 구사할 수는 있다. 한계가 있긴 하지만 불가능하지는 않다는 것이다. 팀별 학습을 보다 원활하게 진행하고 거꾸로교실의 효과성을 높이기 위한 평가 방법을 팀별 공동 평가와 개별 평가로 나누어 정리하면 다음과 같다.

가. 팀별 공동 평가는 어떻게 하는 것이 좋을까?:
공동의 학습 목표 달성에 따른 평가

팀별 공동 평가는 팀원들 간의 협업 능력을 향상시키고 적극적인 참여를 유도하며 팀원 모두의 성장에 기여하기 위한 평가 방법 가운데 하나다. 또한 팀원 간 유대감을 높여 학생들 간에 고른 성취를 이끌어내기 위한 효과적인 평가 방법이다. 따라서 팀별 학습 결과에 대한 평가는 개별적인 점수를 부여하는 방식보다 팀별 학습 성과를 기반으로 공동의 점수를 부여해 팀원 간의 유대감을 높이는 방법으로 진행하면 협력 학습의 효과를 더 높일 수 있다.

예를 들어 팀별 학습 목표를 제시할 때, 팀원 모두가 학습 목표에 도달하는 것을 전제로 과제를 제시하고 이를 바탕으로 공동의 점수를 부여하는 것이다. 팀원 모두가 문제를 해결했을 때만 팀별 점수를 부여하면 팀원 모두가 학습 목표에 도달하도록 서로 도울 수 있는 동기를 제공하는 효과가 있다. 또한 팀별 학습이 끝난 후에 팀별로 학습 목표에 도달했는지 확인하는 평가 시험을 보는 방법으로 공동의 점수를 부여할 수 있다.

이 방법은 팀의 성적이 공동으로 부여되기 때문에 팀원들이 서로 도와주도록 동기를 유발할 수 있다. 또한 자신이 팀원에게 누가 되지 않으려고 더 열심히 팀별 활동에 참여하는 자극이 될 수 있다.

위와 같은 평가 방식은 직접적인 학습 효과뿐만 아니라 학생들 간 협업 능력을 향상시킨다는 점에서 의의가 있다. 자연스럽게 다양한 재능과 배경, 경험을 지닌 학생들이 서로의 학습을 진작하는 계기가 되고, 더불어 성장하는 유용한 교육 경험이 되기 때문이다. 수업을 시작할 때 팀별 공동 평가에 대한 원칙과 방법 등을 공지하여 학생들의 사전 동의를 얻고 공감하는 시간을 갖는 것도 보다 원활하게 팀별 협력 학습과 이에 기반한 공동 평가를 할 수 있는 방법이다.

나. 개별적인 평가는 어떻게 하나?: 자율적 상대평가

앞서 기술한 대로, 거꾸로교실에서 팀별 학습 활동의 다양한 효과성을 높일 수 있는 방법은 공동 평가다. 그럼에도 불구하고 팀별 공동 평가만 할 경우 무임승차 등 다양한 변수들이 발생한다. 따라서 팀별 공동 평가만을 적용할 경우에 학생들이 공평성 등의 문제 제기를 하는 경우가 종종 있다. 학업 성적이 우수하거나 성실한 학생들이 그렇지 않은 학생들로 인해 손해를 보고 있다고 항의하는 경우도 있어 팀 기반 학습이 힘들다고 토로하는 교사들도 많다.

입시를 앞둔 고등학교 교실에서는 학생들이 성적에 매우 민감하기 때문에 자주 일어나는 사례. 이런 행동 방식은 경쟁주의적 교육 문화에 길들여진 학생들의 태도라는 점에서 지양하면 좋은 일이긴 하다. 그러나 이러한 태도는 쉽게 바꾸기 어렵고 교사가 일방적으로 학생들에게 룰을 강요하는 것은 바람직하지도 않고 교사에게도 부담스러운 상황이 될 것이다. 이러한 문제를 돌파하기 위해 개별 평가 방식으로 상대평가를 부분적으로 도입하면 좋다. 이때 평가의 주체는 교사가 아니라 학생들이다. 팀별로 자체적으로 학습 기여도를 고려해 서로를 평가하게 하면 된다.

이 과정에서도 몇 가지 세심한 배려와 장치가 필요하다. 팀원끼리 서로 상대평가를 할 때 나타나는 문제점 가운데 하나는 학생들이 평가에 대한 타당한 기준 없이 개인적인 호불호 등 주관적이거나 편파적으로 평가할 가능성이 있다는 것이다. 이는 상대평가의 취지에도 맞지 않고 오히려 학생들 간의 갈등을 일으킬 수도 있다. 그러므로 학생들이 근거를 가지고 합리적으로 평가할 수 있는 방식을 구사해야 한다.

예를 들면, 학생들이 서로를 평가하기 위한 근거를 팀별 활동 전에 팀원들이 스스로 만들어서 미리 합의하는 과정을 거치는 방법을 사용할 수 있다. 앞서 기술한 NGT 방식에 의해 그라운드 룰을 만들어 상대평가를 할 때 준거로 삼게 하면 보다 공정한 평가가 가능해진다. 이 방법은 교사가 점수를 부여하는 것보다 학생들이 자율적으로 만든 룰에 근거해 평가하기 때문에 팀별 활동을 하는 동안 자율적인 또래 통제 효과도 있다.

개인적으로 이러한 상대평가를 선호하지는 않는다. 내가 가르치는 대학생들도 팀별 공동 평가를 불편하게 받아들이는 학생들이 있다. 그러나 대학에서의 평가 권한은 좀 더 자율적이고, 학생들이 성인이기 때문에 강의 시작 오리엔테이션을 할 때 평가 원칙과 의미를 설명하면 대부분 수긍하곤 한다. 따라서 팀별 평가는 원칙적으로 공동으로만 진행하고 있다.

초·중·고는 현실적으로 교사 개인이 독자적으로 평가 원칙을 고수하기가 쉽지 않기 때문에 학생들의 정서와 학교 문화 등을 고려해서 상대평가를 유연하게 활용하면 큰 무리 없이 수업을 진행할 수 있을 것이다. 그렇지만 상대평가를 전면적으로 도입하면 학생 간 협업의 의미를 깨트릴 수 있는 위험성도 있기 때문에 주의해야 한다. 팀 내에서의 기여도를 높이고 무임승차를 방지하기 위한 방법으로 보조적으로 활용하기를 권한다.

Part VI

거꾸로교실에 대한
오해와 진실

거꾸로교실이 방송 전파를 탄 후 거꾸로교실 수업에 대한 관심이 폭증하면서 전국 시도 교육청과 단위 학교의 교사 연수를 위한 강의 요청이 많았다. 그 덕분에 전국에 있는 선생님들을 만나고 학교 현장을 방문해 교육 문제를 생생하게 접할 수 있었다. 이미 거꾸로교실을 도입해서 수업을 진행하고 있는 선생님들의 경험적 사례도 다양하게 들을 수도 있었고, 거꾸로교실이 현장에서 어떻게 닻을 내렸는지 관찰해볼 수 있는 기회가 되기도 하였다.

개인적인 수고로움을 기꺼이 감수하면서 아이들을 위한 좋은 수업을 고민하고 실천하는 교사들을 만나는 일은 교육학자로서 매우 즐거운 경험이었다. 더불어 거꾸로교실에 대한 이해가 교사들마다 매우 다양하다는 생각을 하게 된 계기가 되었다. 학생들이 교사가 가르치는 그대로 받아들이는 것이 아니라 자신들의 배경지식, 경험과 동기에 의해 재구성하듯 거꾸로교실에 대한 개념이나 이해도 교사들에 따라 매우 다양하게 구성되고 있음을 확인하는 시간들이기도 하였다.

거꾸로교실이 특정한 프레임 혹은 모형을 갖거나 폐쇄적인 교실 수업 방식이 아니라는 점에서 이러한 다양한 개념 정의나 이해 자체가 문제적이라고 할 수는 없다. 오히려 교사가 자신들의 수업 방식, 상황에 적절하게 맞춰서 자신만의 수업 방식을 만들어갈 수 있는 열린 텍스트라는 점에서 자연스럽고 환영할 만한 일이기도 하다. 또한 교사가 역동적인 교실 수업 과정에서 자신들의 환경에 맞게 새롭게 만들어가는 게 오히려 바람직한 거꾸로교실 활용 방식일 것이다.

미국의 거꾸로교실 수업 방식이 우리 교육 현장에 그대로 적용될 이유도 없고 바람직하지도 않다. 마찬가지로 특정한 누군가의 수업 모델을 그대로 따라가야만 하는 것도 아니다.

거꾸로교실은 어떤 수업 방식인가라는 질문은 매우 모호하다. 그러므로 강의와 숙제의 공간을 바꾸는 거꾸로교실의 기본적인 원리만 적용한다면 어떤 종류의 구체적인 교실 수업 방식도 거꾸로교실에 담을 수 있다. 동영상 강의로 인해 교사의 강의가 사라진 교실 공간을 창의적이고 다양한 학습 활동으로 채울 수 있는 시간이 가능해지기 때문이다.

이 점에서 거꾸로교실 수업은 교사의 창발적 아이디어에 의해 그 어떤 것도 담아낼 가능성의 공간이 될 수 있다. 교실 수업 주체들의 능동성에 의해 끊임없이 재구성되고 변형이 가능한 열린 텍스트라는 것은 거꾸로교실의 가장 큰 장점이다.

그럼에도 불구하고 거꾸로교실에 대한 몇 가지 오해는 수업을 의도치 않은 방향으로 이끌어 거꾸로교실이 의도한 수업의 핵심적인 부분을 놓칠 위험성도 있다는 생각을 많이 하게 되었다. '창조적 오독'은 의미 있고 때로는 필요한 덕목이지만 본래 취지를 훼손할 수 있는 '오개념' 혹은 오해는 문제적일 수 있다. 따라서 거꾸로교실이란 어떤 수업인가라는 것을 조금 더 정확히 정리할 필요가 있다는 생각을 하게 되었다.

이 장은 이러한 고민에서 시작되었다. 다양한 교육 현장의 많은 교사들과 만나면서 접했던 거꾸로교실에 대한 오해와 교사들이 가장 궁금해했던 몇 가지 질문들을 거꾸로교실의 오해와 진실이라는 키워드로 정리하였다.

1. 거꾸로교실을 둘러싼 몇 가지 오해

가. 거꾸로교실은 교육 테크놀러지(동영상) 중심 수업이다?

거꾸로교실에 대한 가장 빈번하고 일반적인 오해 가운데 하나는 거꾸로교실을 동영상 제작과 활용 수업 방식이라고 보거나 수업 시간에 스마트 기기를 활용하는 디바이스 중심 수업으로 정의하는 것이다. 교사들과 이야기를 나누다 보면 거꾸로교실에 대한 이런 편견이 뜻밖에 강고해서 놀라곤 한다. 단적으로 말하자면 거꾸로교실은 동영상 활용 중심 수업 방식도, 스마트 기기를 활용하는 교육도 아니다.

그동안 교육의 장에서 기술은 교수 매체로서 다양한 역할을 해왔다. 교실 수업에서 디바이스를 사용하여 학생들이 직접 자료를 검색하거나 전자칠판이나 디지털 교과서, e-북 등 배움의 과정에 기술을 적극적으로 도입하는 것은 그 대표적인 예이다. 1990년대 후반부터 교단 선진화에 의해 교실 공간에 인터넷 기기를 도입한 것은 최근 스마트 교육이라는 이름으로 최첨단 교실을 만드는 작업과 연결되어 있다.

이러한 교단의 첨단 기기화가 긍정적인 역할만 해온 것은 아니다. 오히려 교사들의 역할을 약화시켰다는 비판이 있었다. 이미 만들어진 강의 콘텐츠를 학생들에게 틀어주는 것으로 수업을 대신하는 경우 등 부작용도 있었기 때문이다. 이러한 예기치 않았던 결과적 현상은 교실 공간에 첨단 기술의 도입을 매우 신중하게 고려해야 할 필요성을 시사해 준다. 의도와 달리 그 역효과도 만만치 않기 때문이다.

앞서 기술한 것처럼 동영상 제작과 배포로 대변되는 교육 테크놀러지는 거꾸로교실을 구성하는 주요한 요소다. 그럼에도 불구하고 거꾸로교실이 동영상 강의를 제작하고 시청하는 수업이라고 단순화시키는 것은 거꾸로교실의 본질을 훼손할 위험성이 매우 크다. 거꾸로교실은 기술을 적극적으로 이용하여 교실 수업을 바꾼 수업 방식이지만 교육 테크놀로지는 수단적 의미를 지닐 뿐이기 때문이다. 무엇보다 교육 테크놀러지를 이용한 동영상 제작은 그 자체로 독립적이지 않다.

또한 거꾸로교실은 단순히 스마트폰이나 아이패드 등 디바이스를 학습에 적용하는 교육 방식이 아니라는 것을 분명히 해야 한다. 오히려 디바이스를 수단으로 하여 수업 방식을 교사 중심의 강의식 수업에서 학생 중심의 참여 학습으로 바꿈으로써 교실 수업의 혁신을 도모하는 것이 그 핵심이다. 도리어 무분별한 기술의 도입으로 인해 수업의 본질을 호도하는 것을 경계한다. 기술은 단지 가능성만을 던져줄 뿐이다. 기술은 인간이 어떻게 사용하는가에 따라 독이 될 수도, 약이 될 수도 있다. 교육에서의 기술과 공학의 발전은 새로운 교수 방법에 대한 가능성을 열어줄 뿐 이를 어떻게 활용하는가는 순전히 이를 사용하는 행위자들의 몫이다.

최근 교육 현장에서 테크놀러지를 교실 수업의 중심으로 가져오는 현상을 들여다보면 거꾸로교실과는 많은 차이가 있어 보인다. 교사가 강의 중심으로 수업을 진행하면서 태블릿 pc나 스마트폰, 전자출석부 등을 이용하여 교사의 업무를 보조해주는 방식으로 진행되는 경우가 많다.

그렇지만 거꾸로교실 수업에서 테크놀러지의 역할은 수업 내용을 학생들이 미리 볼 수 있는 수단 이상의 의미를 지니지 않는다.

오히려 교실 수업 시간은 교사의 창의적인 수업 방식의 기획과 학생들의 활동에 의해 구성된다. 물론 교과목이나 단원의 특성에 따라 자료 찾기와 검색 등 교육 테크놀러지를 수업 시간에 적용할 수도 있지만, 이는 거꾸로교실의 본질이 아니라는 점을 주의해야 한다. 수업 시간에는 디바이스 등 기술의 도입 없이 학생들의 상호작용과 토론, 교사와의 질의응답 등으로 이루어지는 아날로그적 수업 성격이 강하다.

교사들이 거꾸로교실을 동영상 제작 수업으로 오해하면서 그것을 가장 커다란 진입 장벽 중 하나로 느끼는 듯하다. 거꾸로교실에 관심을 보이는 많은 교사들이 동영상 제작이라는 부담으로 인해 수업 시도 자체를 하지 않는 사례가 가장 많았던 것도 이 때문이다.

앞서 기술한 것처럼 거꾸로교실 동영상은 매우 짧은 강의이며 특별한 기술이 필요하지 않고 매우 간단하게 만들 수 있다. 또한 수업 시간에 디딤 영상을 보지 않고 오는 학생들로 인한 특별히 예외적인 상황이 아니라면 디바이스를 전혀 사용할 필요가 없다. 오히려 거꾸로교실을 성공적으로 운영하기 위해서는 교실 수업 시간에 디바이스를 사용하지 않을 것을 권한다.

거꾸로교실은 디바이스 등 교육 테크놀러지를 이용하여 오히려 교실에서의 상호작용과 또래 티칭, 협력 학습을 통해 교실 공간을 좀 더 인간화된 공간으로 만들 수 있다는 데 그 의미가 있다. 차가운 디지털 기술을 이용하여 교실을 따듯한 아날로그 공간으로 만드는 역설이 거꾸로교실에는 녹아 있다. 살만 칸Salman Khan의 말대로 거꾸로교실은 어떻게 기술Technololgy이 우리의 교육 공간을 보다 인간적인 것으로 바꾸어 낼 수 있는가를 보여주고 있기 때문이다.[1]

나. 거꾸로교실은 인강(인터넷 강의) 선행 학습이다?

거꾸로교실을 일종의 선행 학습으로 보거나 인터넷 강의(인강) 예습으로 보는 견해도 거꾸로교실에 대한 많은 오해 가운데 하나다. 이 역시 거꾸로교실을 동영상 강의 만들기 수업으로 오인한 것과 연관이 깊다.

거꾸로교실을 인강 선행 학습으로 정의하면서 교사들이 지니고 있는 일반적인 우려는 크게 두 가지였다. 하나는 모든 교사들의 수업이 인강처럼 획일화됨으로써 개별적인 교실 공간에서 이루어지는 교사의 상대적 자율성과 창의성이 훼손되는 게 아닌가라는 우려다. 다른 하나는 강의를 잘하는 교사와 그렇지 않은 교사들이 동영상 강의 공개로 비교당하면서 교사들을 줄 세우기 할 거라는 우려다.

단적으로 말하자면, 거꾸로교실은 인터넷 강의에 의한 선행 학습이 아니다. 학생들이 수업 시간에 배울 내용을 교사가 제작한 동영상을 통해 미리 학습한다는 것은, 전통적인 수업 방식인 강의를 교실 수업에서 하지 않고 학생 중심 수업을 하기 위한 준비로서만 의미를 지닐 뿐이다. 선행 학습이 학교 교실 수업과 상관없이 혹은 공교육의 장에서 우위를 점하기 위해 미리 앞서 나가는 학습을 의미한다면, 거꾸로교실은 교실 수업을 위한 일종의 기초 준비 과정에 가깝다. 따라서 거꾸로교실의 동영상 강의는 교실 수업과 밀접한 연계 속에서 이루어지는 토대적인 전 단계 학습일 뿐이다.

또한 7분 내외의 짧은 디딤 영상은 교실 수업을 온전히 대체하는 성격을 지니고 있다고 보기 어렵다. 말 그대로 교실 수업을 위한 '디딤 영상'일 뿐이다. 이 짧은 동영상으로 인해 교사들의 강의를 어떻게 평가하고 비교할 수 있는지는 의문이 든다. 혹여 비교가 되더라도 별 의미를 지니지 않는다. 수업의 핵심은 교실 수업이고, 교사 강의의 단점과 한계를 사전 강의 동영상 제작과 배포로 보완하고자 하는 것이 거꾸로교실의 기본 취지다.

요약하면, 거꾸로교실에서의 동영상은 교실 수업에서 자기 주도권을 가지고 학습을 주체적으로 이끌어갈 수 있는 준비 단계에서 도구적 수단으로서 의미를 지닌다. 거꾸로교실에서는 동영상 강의 내용을 교사가 반복적으로 다시 강의하는 것이 아니라, 동영상을 통해 미리 보고 온 내용과 개념에 대한 확인 학습이나 심화·적용 학습으로 교실 수업이 다르게 재편되기 때문이다.

무엇보다 학생들의 학습 속도를 고려하여 학업을 따라가지 못하는 학생들을 교사가 개별적으로 도와줄 수 있게 된다. 그러므로 학교 수업 내용이 어려워 수업을 따라가지 못하는 학생들이 사교육의 도움을 받지 않고도 학교 교실 수업에서 교사의 도움에 의해 학습을 따라갈 수 있는 가능성을 제공해준다. 또한 선행 학습은 학원이나 과외를 통한 타율적 학습으로 학생들의 자기 주도적인 학습 능력을 저해하는 요소로 지적되어왔다. 그러나 거꾸로교실은 혼자서 동영상을 시청한 후 교실 수업에서 확인 혹은 심화 학습이 이루어짐으로써 자신의 학습 속도에 맞춰 자기 주도적인 학습을 촉발할 가능성이 높다.

인강 선행 학습은 취지 혹은 결과 모두에서 거꾸로교실의 동영상 강의와 관계없거나 그 대척점에 있는 것들이기도 하다. 오히려 거꾸로교실에서의 동영상 강의로 인해 교실 수업 디자인이 바뀜으로써 다양한 아이들의 학습 속도를 배려하지 못했던 기존의 전통적인 교실과 달리 모든 학생들을 배려하는 보다 공평한 교실 수업을 만들 수 있는 가능성이 열리는 것이다. 따라서 거꾸로교실은 사교육을 통해 선행 학습이 이루어짐으로써 '공부는 학원에서 하고 학교에서는 잠을 자는' 한국 교육 현실을 가로지르는 방법이 될 수 있다.

한편, 거꾸로교실을 단순히 예습으로만 정의하는 것도 거꾸로교실에 대한 정확한 이해라고 보기 어렵다. 예습의 효과성에 대한 연구는 매우 효과적일 수 있음을 보고하고 있다.[2] 학생들이 미리 수업 내용을 공부해옴으로써 수업 내용에 대한 이해도가 커질 가능성이 높기 때문이다.

그런데 예습은 수업 시간에 배울 내용을 단순히 미리 학습한다는 의미를 지닐 뿐 교실 수업이 학습자들이 미리 공부한 동일한 내용의 교사 강의로 이루어진다는 점에서 거꾸로교실과는 구별된다. 거꾸로교실 수업은 동영상 강의 내용을 단순 반복하는 방식으로만 이루어지지 않는다. 물론 단원과 교과목 혹은 교사의 의도에 따라 동영상 강의 내용에 대한 학생들의 이해를 교실 수업으로 디자인할 수도 있다.

따라서 예습이 수업 내용을 쉽게 이해하기 위한 준비라고 한다면 거꾸로교실은 디딤 영상을 활용하여 수업을 더욱 창의적이고 다양하게 운영할 수 있는 길을 열어준다는 점에서 교실 수업 혁신을 지향한다.

다. 거꾸로교실 수업은 지식 습득이 중요하지 않은 수업이다?

효율적인 배움을 위한 한 연구[3]에 의하면 학생들이 잘 배우기 위해서는 첫째, 사실적 지식에 대한 탄탄한 기초, 둘째, 개념적 프레임의 맥락에서 사실과 생각의 이해, 셋째, 정보 검색과 적용을 용이하게 할 수 있는 방식으로 지식을 조직할 수 있어야 한다고 한다.

위의 세 가지 효율적인 배움의 방식은 다음과 같은 사실을 확인시켜 준다. 첫째, 사실적 지식은 매우 중요하다는 것이다. 21세기 스킬을 이야기할 때나 문제 해결 능력, 지식 활용 능력 등을 강조할 때 우리가 오해하는 것 가운데 하나는 지식이란 의미 없다는 것이다. 지식 활용 능력이나 창의력 등을 강조하는 이유는 지식이 쓸모없어서가 아니라 지식 자체를 맥락 없이 단순하게 전달하거나 암기하는 것이 의미 없다는 것이다. 따라서 교육의 장에서 지식 자체를 전달하는 것의 무의미성을 경계한 것이다.

우리가 무언가를 생각하거나 판단하는 근거는 앎이자 지식이다. 그러므로 지식은 새로운 앎을 촉발시키는 데 중요한 역할을 한다.

둘째, 특정한 지식을 지식 자체의 원리를 넘어 맥락적으로 이해할 필요성을 시사한다. 이러한 지식 습득 과정은 다양한 환경과 조건에서 새롭게 기존 지식을 이해하고 적용할 수 있는 능력을 길러준다.

마지막으로 지식이 다양한 방식으로 확장과 심화, 혹은 응용될 수 있어야 한다는 것을 시사한다. 이는 앞서 이야기한 사실적 지식에 대한 올바른 이해, 맥락적인 사유가 이루어지면 자연스럽게 촉발될 수 있는 것들이기도 하다.

이 세 가지 원리는 서로 분리되기보다 매우 긴밀한 상호작용 속에서 서로 영향을 미치며 작동된다. 이는 지식의 배경과 원리를 제대로 이해하면 맥락화가 가능해지고, 이는 다시 새로운 지식의 확산과 적용으로 확장된다는 것을 의미한다.

이러한 지식 습득은 거꾸로교실 수업에서도 당연히 중요하다. 무엇보다 거꾸로교실 학습 목표 가운데 하나인 미래 핵심 역량으로 일컬어지는 비판적 사고력이나 창의성을 신장시키기 위한 프로젝트 학습이나 문제 기반 학습 등 다양한 응용 활동은 기초적이고 토대적인 지식이 없으면 불가능하다. 새롭고 창의적인 사고는 기존의 지식을 제대로 이해해야 생겨날 수 있기 때문이다. 즉 이전의 지식 생산의 성과들에 기대거나 그것을 토대로 또 다른 사고 혹은 실천을 촉발할 수 있다.

주목할 것은 학습자들의 실천적 활동을 강조하며 아동 중심 교육을 주창했던 듀이Dewey도 지식의 중요성을 간과하지 않았다는 사실이다. 듀이는 학습자를 기존 교과의 순응적 답습자로 보는 입장뿐만 아니라 아동을 학습 활동의 출발점, 중심 내지는 종점으로 보는 입장에 대해서도 반대하였다.[4] 오히려 교과 지식은 인류가 세대를 두고 축적해온 경험의 소산으로 존중되어야 함을 강조하였다. 따라서 아동을 유동적이고 주체적인 존재로 보고 교육과정은 아동의 현재의 경험과 보다 풍성한 성숙을 돕는 데 기여할 수 있어야 한다고 주장했다.[5]

다시 말하면, 아동 중심 교육은 어떻게 아이들이 지식에 접근해야 하는지가 중요하다는 것을 강조한 것이지, 지식 습득 활동을 간과한 것이 아니다. 무미건조한 지식만을 단순히 주입함으로써 풍부한 교육 경험을 제공하지 못했다는 위험성을 경계했던 그의 말을 지식의 무시나 경시로 오해해서는 안 된다.

사실적 지식이 없는 학습자들에게 통합적·비판적 사고력을 길러주는 것은 불가능하다. 학생들이 풍부한 사실적 지식을 갖추고 있으면 통합적·비판적 사고력을 기를 수 있는 방법으로 학습 안내가 가능하지만 그렇지 않은 경우는 한계를 지닐 수밖에 없다. 무엇보다 배경지식이 없으면 논리적이고 비판적인 사고 자체가 어렵다. 한 연구에 의하면,[6] 일반적으로 우리가 논리적으로 생각하고 있는 동안에 주로 하는 일은 지식을 검색하는 일이라고 한다. 문제가 나오면 먼저 기억을 검색해서 답을 찾아보고 그것이 나오면 적절하게 이용하여 문제를 해결한다는 것이다. 의사를 결정하고 창의력을 이끌어내려면 지식이 무엇보다 필요하다는 것을 강조하는 것은 이 때문이다. "상상력이 지식보다 중요하다"라는 아인슈타인의 말은 틀렸다고 단언하면서 사고력과 판단력을 중요시하는 기조가 지식을 무시하는 방향으로 흘러가서는 안 된다고 주장한다.

상상력을 강조한 아인슈타인은 지식을 무시했다기보다 상상력을 촉발하지 못하는 죽은 지식 습득 위주의 교육 현실을 경계하는 의미일 가능성이 크다. 그럼에도 아인슈타인의 말에 대한 맥락적 이해와는 별도로 지식 경시를 우려한 저자의 이야기에는 공감되는 부분이 있다. 인과관계나 배경을 기반으로 한 이해가 없는 지식의 단순 주입 혹은 저장이 문제이지 지식을 제대로 이해하는 것은 새로운 사고를 촉발하는 필수적인 요건이기 때문이다.

거꾸로교실에서의 학습자 활동 중심 수업이란 지식을 무시하거나 경시하는 수업이 아니다. 사실적 지식은 새로운 생각과 판단, 문제 해결 방법을 이끌어내는 핵심적인 토대 역할을 한다. 지식 구조를 이해하게 되면 다른 지식 영역이나 활용 역량이 높아져 창의적 사고로 연결될 수 있다. 그러므로 지식을 단순히 암기하는 것이 아니라 제대로 이해하고 재구조화하며, 적용하는 것이 필요하다. '무엇'을 '얼마나' 배웠는지가 아니라 '어떻게 배웠는지'로 그 방향이 바뀔 뿐이다.

거꾸로교실은 동영상 강의로 핵심적인 지식을 이해하고 이를 구조화하거나 적용하는 다양한 학습 활동을 가능하게 한다. 거꾸로교실에서 교실 활동은 지식을 제대로 습득하는 활동이며, 이를 기반으로 한 확산적 활동임을 인지할 필요가 있다.

라. 거꾸로교실은 우리의 입시 교육 현실과는 맞지 않는다?

입시는 우리 사회의 국가적 이벤트다. 수능 100일 전부터 모든 종교계는 수능 기원 기도나 불공에 들어가고 수능 입시날은 출근과 등교 시간이 10시 이후로 미뤄진다. 이런 교육 환경에서 입시를 빼놓고 교육 혁신을 이야기하기는 힘들다.

그동안 '입시 교육'은 한국 교육혁신을 가로막는 가장 커다란 장애물이었다. '모든 교육 문제는 입시로 통한다'는 우스갯소리가 회자될 만큼 대학 입시는 한국 교육 문제를 거론할 때마다 단골 메뉴로 등장한다. 거꾸로교실이 입시 교육 위주의 한국 교육 현실에 적합하겠냐는 우려

역시 이러한 현실론에 바탕을 두는 경우가 많았다.

이 역시 거꾸로교실에 대한 몇 가지 오해에서 비롯된다. 거꾸로교실은 학생들의 흥미 위주의 활동으로 교실 수업이 채워지기 때문에 시간이 많이 소요되고, 창의적 활동처럼 정답이 없는 열린 수업 방식이어서 한국 입시 교육 현실에서 적용이 불가하다는 것이 대표적인 회의론이다.

거꾸로교실이 교육적 의미는 있을 수 있지만 입시 과정을 통과해야하는 한국 교육 현실에서는 그런 수업을 할 수도 없고, 하게 된다면 학생들이나 학부모들로부터도 많은 반발을 살 거라는 말이다. 이러한 입시 교육과의 부적합성에 대한 언급은 특히 입시와 가까운 시기에 있는 고등학교 선생님들에게서 가장 많이 듣는 말이기도 하다.

입시 준비에는 수많은 지식의 획득이라는 학습 시간이 필요하고, 시험 문제의 유형을 연습하고 주어진 답을 찾아가는 훈련을 해야 하는데, 과연 거꾸로교실로 가능하겠냐는 것이다. 특히 EBS 수능 문제에서 상당한 부분이 출제되기 때문에 수업 시간에는 수능 대비 문제 풀이를 하기도 벅차다고 한다. 요약하자면, 한국 교육 현실에서 당장 좋은 대학에 들어가는 것이 중요하지 먼 미래를 보고 교육적 이상을 내세우는 것은 현실적으로 전혀 반응을 얻을 수 없다는 것이 그 요지다. 이러한 우려들은 학생들의 자유로운 활동을 중심으로 하는 거꾸로교실 수업이 수능이라는 규범적인 형식의 시험 준비 방식에 맞지 않다는 확고한 신념을 전제로 한다.

이러한 오해는 거꾸로교실에서 이루어지는 교실 수업 활동에 특정한 틀이 있다고 보는 협소한 이해에서 비롯된다. 정답을 찾아가는 문제 풀이식 수업이 바람직한 교육 방식인지, 그러한 방식이 수능 시험 준비에 효과적인지에 대해서는 논외로 치더라도 거꾸로교실 수업이 규범적인 형식의 시험 준비에 맞지 않을 이유도 없다. 수차례 강조한 것처럼 거꾸로교실은 어떤 수업의 형식도 디자인이 가능한 열린 텍스트다.

단적으로 말하자면, 수능 준비와 같은 규범적인 시험 준비로 수업을 구성하기를 원한다면 그 방식으로 거꾸로교실 수업을 디자인하면 된다. 예를 들면 문제 풀이를 위해 공유할 필요가 있는 기본적인 지식이나 개념, 방법 혹은 관련 예제 문제 풀이 정도를 동영상으로 미리 학습하게 하고, 수업 시간에는 다양한 응용 문제를 개별적으로 혹은 팀별로 해결하게 하거나 학생들이 어려워하는 부분을 교사가 도와주면서 수업을 진행하면 된다. 교사의 일방적인 문제 풀이보다 학생들이 먼저 풀고, 생각해보는 과정에서 문제 풀이의 학습 방법도 익히게 되고 정답을 제대로 찾아가는 훈련도 할 수 있다. 이 과정은 앞서 학습자의 참여가 영향을 미치는 인지과학적 배경에서 기술한 것처럼 오래 기억되는 학습법과도 연관이 된다.

따라서 그동안 진행해왔던 입시 준비 수업 모델을 전면적으로 바꾸기 어렵다면 이에 적절한 방법으로 거꾸로교실 수업 모델을 만들어서 운영하면 된다. 문제 풀이를 교사가 하는 것이 아니라 학생들이 하게 하고 교사가 필요한 부분을 도와주는 방식으로 진행할 수 있다. 예를 들어 수능형 문제 유형과 이러한 문제를 접근하기 위한 기본적인 방법론, 기초적 개념 등 구조화된 지식을 동영상으로 만들어 올리고 수업 시간에는 이러한 바탕적 지식이나 방법론에 근거하여 학생들이 직접 문제 풀이 학습으로 수업을 진행할 수도 있다. 개별적으로 문제를 풀고 서로 답안을 비교해가며 서로가 함께 의논하면서 문제를 풀어가게 하는 방식으로 진행하면 되기 때문이다. 교사는 학생들이 문제 풀이를 확인하고 팀에서 문제 해결이 어려운 문항의 경우 학습 조력자로서 문제를 풀어주면 된다.

어떤 수업을 하더라도 교사가 일방적으로 강의 형식으로 문제를 푸는 것이 아니라 학생들이 직접 문제를 풀게 하고 교사가 도와주는 방식을 취하면, 학생들의 이해도와 학습 정도를 확인하면서 교사가 적절한 도움을 줄 수 있기에 학습 효과가 더 뛰어날 수 있다.

이처럼 거꾸로교실은 모든 형태의 수업을 실행할 수 있는 가능성을 열어두는 시스템이다. 그러므로 학교급별 교육 목표, 교과목의 특성, 단원의 목표에 따라 유연하게 적용이 가능하다. 교사의 강의를 동영상으로 대체하고, 교실 수업은 교사의 강의 없이 학생 활동 중심으로 이루어지는 '거꾸로'만 실천하면 되는 매우 간단한 방식이 거꾸로교실이다.

더욱더 중요한 것은 거꾸로교실은 수능 외의 대학 입시를 위한 준비 작업에 도움을 줄 수 있다. 수시의 교과 전형이나 학생부 종합 전형은 학생들의 학습 능력을 다각도로 체크하는 방식이다. 이 과정에서 자기소개서와 의미 있는 활동 구성은 앞으로도 대학 입시에서 핵심이 될 가능성이 높다. 수시는 논술이나 면접과 같은 비교과 지식이나 활동이 매우 중요해진다. 따라서 거꾸로교실 수업을 통한 다양한 활동과 말하기, 쓰기, 의사소통하기 등의 능력 향상은 직간접적으로 입시에 미치는 정도가 클 수밖에 없다. 앞으로 대학 입시의 이러한 경향은 더욱 공고해질 것이다. 아래는 대학 입시 요건에 따른 범주에 따라 거꾸로교실 수업의 의미를 정리한 것이다.

▶거꾸로교실과 대학 입시

아래는 거꾸로교실이 어떻게 대학 입시에 기여하는가를 입시 범주별로 정리한 것이다. 현장 교사들의 입시 교육에 대한 강고한 오해와 교육 문화 관습을 기반으로 한 거꾸로교실의 몇 가지 특성을 기술하였다.

a. 수능 시험 준비
학력고사를 폐지하고 수학능력 평가 제도를 도입한 이유는 단순 지식 암기 위주의 주입식 교육을 탈피하여 통합적 사고 능력을 측정한다는 목적을 지니고 있었다. 단순한 지식 암기 측정이 아니라 통합적 사고 능력 함양의 필요성이 교육의 방향성이 되어야 한다는 시대적 요구와 사회적 공감대가 있었기 때문이다. 입시제도를 수학능력을 측정하는 방식으로 바뀌게 되면 입시 위주의 주입식 교육이 아니라 사고력과 창의력, 문제 해결 능력 함양을 위한 교육으로 수업 풍경이 바뀔 수 있을 것이란 기대가 있었다. 물론 족집게식 사교육도 완화하고 공교육을 정상화할 수 있을 것이란 기대도 있었다. 그러나 수능으로 입시제도가 개편된 이후에도 여전히 교실 수업은 지식 전달 위주의 주입식 수업에서 크게 벗어나 있지 않은 것이 냉정한 현실이다. 그만큼 우리 입시 교육에 대한 문화적 관습이 강고함을 드러내준다.
단적으로 이야기하자면 수학능력시험은 지식 암기 여부를 측정하는 시험이 아니다. 고등교육 기관에서 수학할 능력이 되는지를 판단하기 위해 사고력과 문제 해결 능력 등을 측정하는 시험이 수능이다. 따라서 단순한 지식 암기로 풀 수 있는 문제가 아니다. 다시 말해서 수능을 위한 효율적인 준비 방식은 사고력과 논리적인 문제 해결 능력을 기르는 일이다.
주목할 것은 수능으로 대학 입학시험이 바뀌면서 가정적 배경에 따른 성적 격차가 더 커졌다는 사실이다. 긴 지문과 텍스트를 빠른 시간 안에 읽고 내용 간 연관성과 차이점을 간파하고 핵심 내용을 파악하는 능력은 많이 읽고, 생각하고, 토론을 해본 훈련이 되어 있는 학생들에게 유리하다. 따라서 교과 지식 위주의 학교교육이 별 도움이 안 된다.
독서와 글쓰기, 사고 능력의 함양은 가정 내에서 자연스럽게 습득되는 문화자본의 역할이 크다. 또한 가정적 지원에 의해 어렸을 때부터 이런 훈련과 경험이 많은 학생들이 상대적으로 유리할 수밖에 없다. 따라서 지식 습득 위주인 지금의 수업 방식이 입시 준비에 효율적이라는 생각은 오래된 관습일 뿐이지 실제 그 효과성과는 상관성이 일치하지 않을 가능성이 크다.

b. 수시 준비

수시 준비에서 매우 중요한 것은 학생부와 교사의 추천서, 학생의 자기소개서다. 그런데 대부분 교사들은 학생들의 특성을 파악해서 추천서를 의미 있게 구성하는 것을 어려워한다. 담임을 맡은 학생들이라 할지라도 학생들의 특성을 파악하여 추천서를 써주기가 쉽지 않기 때문이다.

거꾸로교실 수업은 학생과 교사의 상호작용이 비약적으로 증가한다. 따라서 수업 시간을 통해 학생들을 이해하고 적절한 입시 준비를 도와줄 수 있는 기회를 더 많이 제공할 가능성이 크다. 학생들의 장단점이나 역량도 파악하여 효율적인 입시 지도에도 큰 도움이 된다.

또한 수시에서 매우 중요한 비중을 차지하는 자기소개서를 쓰는 데도 많은 도움이 된다. 자기소개서는 자기의 이야기를 풀어쓰는 글이라는 점에서도 자신에 대한 성찰, 자기를 표현하는 훈련 과정이 매우 중요하다. 그러나 이러한 훈련이 되어 있지 않은 학생들이 자기를 소개하는 글을 쓰는 것은 대략 난감하다. 실제로 많은 자기소개서가 다른 사람이 쓴 모범적인 샘플을 그대로 베끼거나 사교육 기관의 도움을 받은 것으로 알려지고 있다. 평소 자기를 표현하는 글쓰기 훈련이 되어 있지 않은 학생들로서는 당황스러울 수밖에 없다.

최근 교육부는 일주일에 한 시간 글쓰기 과정을 포함시키는 것을 고려하고 있다고 한다. 그동안 새로운 교육적 요구가 있을 때마다 특별 시간을 새로 추가하는 방식의 관행이라고 할 수 있다. 물론 본격적으로 글쓰기 훈련 시간을 할애하는 것은 그렇지 않을 때보다 도움이 될 것이다. 그렇지만 자기표현이나 글쓰기를 일상적인 모든 교과 수업 과정을 통해 익히게 된다면 그 효과가 더욱 극대화될 것이다.

무엇보다 교실 수업에서 학생들의 다양한 학습자 중심 활동은 그 자체로 의미 있는 학교교육 활동으로 기록할 수 있다는 것도 의미가 있다.

c. 논술 준비

논술 시험 준비는 논리력과 비판적 사고력이 매우 필요한 영역이다. 또한 글쓰기라는 특성상 단시간에 능력을 키우기 어렵다. 따라서 오랜 기간 훈련이 필요하다. 실제로 학교 현장에서 교사들이 학생들의 논술 준비를 도와주는 것을 매우 어려워한다. 대부분의 학생들은 주로 사교육에 의존하여 준비를 한다.

그런데 수업을 학생들의 질문과 답, 생각해보기와 토론하기 등으로 이루어지는 교실 수업으로 바꾸게 되면 학생들의 사고력과 논리력이 성장할 가능성이 크다. 서로 질문하고 답을 찾아가는 과정 속에서 자연스럽게 생각하기 능력이 향상되기 때문이다.

d. 면접 준비

글쓰기와 마찬가지로 면접에서도 사고력과 논리적인 말하기 훈련이 매우 필요하다. 수시 면접을 하다 보면 학생들의 지식 이해도 못지않게 말하기 훈련의 필요성을 절감하게 된다. 수시 면접은 정답을 요구하는 시험이 아니다. 오히려 내용이 아니라 학생들이 어떻게 말하는지가 중요하다. 수시 면접의 평가 항목은 논리력, 창의적 문제 해결력, 비판적 사고력 등이다. 그런데 이 역량은 학생들의 성적과 관계없이 편차가 매우 크다. 학교교육과정에서 이런 경험적 훈련이 되어 있지 않은 경우가 많기 때문이다.

수업 시간에 또래끼리 팀별 학습을 통해 익힌 자기표현 및 의사소통은 능력은 후에 대학 입시 면접 과정에 매우 도움이 될 가능성이 크다. 또한 학습 결과를 발표하고 의견을 개진하는 과정에서도 학생들의 말하기 능력이 비약적으로 발전할 수 있다. 이러한 경험적 과정이 쌓이다 보면 새로운 문제에 직면해서도 자기만의 생각을 논리적으로 이야기할 수 있게 된다.

2. 거꾸로교실 Q & A

가. 거꾸로교실은 배움의 공동체나 협력 학습,

하부르타 등 다른 학습자 중심 교육 방식과는 어떻게 다른가요?

배움의 공동체나 협력 학습, EBS를 통해 소개되면서 최근 활발하게 회자되는 하부르타는 거꾸로교실과 공유하는 지점이 꽤 많다. 학생 활동 중심 수업 혹은 배움을 강조한다는 것, 구성주의적 시각에 입각한 교육을 강조한다는 것, 학생들의 협업 능력이나 자기 주도성을 강조한다는 것 등등.

그런데 거꾸로교실을 특정한 학습 방식과 비교하는 것은 적절하지 않다. 거꾸로교실은 교사의 강의가 사라진 교실 공간에 이 모든 것을 교실 수업 방법으로 들여올 수 있는 열린 텍스트다. 따라서 거꾸로교실 수업에서 시도할 수 있는 수많은 교실 수업 방법 중의 하나로 보는 것이 보다 정확하다.

거꾸로교실은 전체 학생들을 대상으로 하는 강의를 교실 밖으로 이동하고 교실 수업을 학생들의 배움 중심으로 바꾸는 것이기 때문에 어떤 수업 방식도 학습자 중심 교육이라면 거꾸로교실에 담을 수 있다.

나. 거꾸로교실을 실행하기 위한 특정한 수업 모형이 있나요?

거꾸로교실 연수를 할 때마다 교사들이 궁금해하는 것 가운데 하나는 구체적인 거꾸로교실 모형이었다. 새로운 수업 방식이라는 사실이 매우 큰 부담으로 다가오기 때문에 특정한 모형이 있다면 이를 그대로 따라서 해보고 싶은 바람이 배어 있는 질문이다. 따라서 교과별로 정해진 모형을 배워서 수업할 수 있는 교수 방법론에 대한 갈증을 호소하는 경우가 많았다.

특정한 모형에 대한 교사들의 갈망을 이해하지만, 거꾸로교실은 정해진 수업 모형이 없다. 강의와 숙제의 공간을 바꾸는 기본적인 판의 변형만 있을 뿐이다. 처음 거꾸로교실 실험을 했을 때도 교사들에게 구체적인 수업 모형을 제시하고 시작한 건 아니다. 강의 동영상을 어떻게 만들 것인지, 교실 수업을 어떻게 디자인할 것인지는 철저하게 교사의 자율성에 달려 있다.

거꾸로교실은 획기적인 동시에 아주 오래된 교육 방식의 복원이라는 역설적 정체성을 지닌다. 이미 기술한 것처럼, 주어진 지식을 가르치는 것이 아니라 학생들의 질문과 필요에 의해 배움이 촉발되는 방식은 인류의 오래된 교육 방식이었다. 멀게는 고대 소크라테스의 교육법과도 연결되고, 가깝게는 아동 중심 교육으로 일컬어지는 진보주의 교육관과도 맞닿아 있다. 학습자가 스스로 자신들만의 배움의 길을 찾아 나설 수 있도록 획일적 지식 전달에 갇힌 교실을 열어 교사와 친구들이 동반자가 되어 떠나는 배움 여행길이 거꾸로교실이다. 거꾸로교실은 학생들의 배움 여행이 잘 진행될 수 있도록 판을 깔아주는 것 그 이상도 이하도 아니다. 교과 지식을 그대로 따라가는 수업을 할 수도 있고, 보다 창의적이고 획기적인 방식으로 수업을 재구성할 수도 있다. 교사의 상상력에 의해 무엇이든 담기는 수업이 거꾸로교실 수업 모형인 셈이다.

다. 학생들이 모든 과목의 동영상을 봐야 한다면 너무 부담스럽지 않을까요?

거꾸로교실은 학생들이 미리 집에서 동영상을 보고 온다는 것을 전제로 수업을 진행하기 때문에 이에 대한 질문이 많다. 거꾸로교실을 많은 교과목에서 실행한다면 준비 시간에 대한 부담이 너무 커서 오히려 학생들을 더 힘들게 하지 않을까라는 우려가 그것이다. 물론 미리 수업을 준비한다는 점에서 그렇지 않았을 때보다 당연히 학생들이 부담을 느낄 수 있다.

그런데 거꾸로교실 동영상은 7~10분 내외의 짧은 동영상이다. 예를 들어 하루에 8시간 수업 시간을 기준으로 하더라도 수업 준비를 위한 동영상 시청 시간은 80분 내외다. 그러니 디딤 영상 시청 자체는 학생들에게 큰 부담을 주는 방식이 아니다. 물론 동영상 시청과 더불어 확인 학습 문제 등을 감안하면 시간은 더 늘어난다. 그럼에도 불구하고 절대적인 시간 부족으로 수업 준비를 못하는 것보다 학생들의 학습 의욕이나 동기 부족이 더 문제이다. 무엇보다 사교육 과제는 이보다 훨씬 더 많은 분량일지라도 수행하면서 학교 수업을 위한 준비는 어려워한다는 것도 생각해볼 필요가 있다. 사교육 등으로 인한 한국 학생들의 하루 평균 학습 시간을 고려하면 학교교육 수업을 위한 준비로 이 시간을 투여하는 것이 부담이라고 보기는 어렵기 때문이다. 더구나 학생들의 사교육 스케줄을 고려해서 학교가 수업을 기획한다는 것은 학교 스스로 역할을 포기하는 일이다.

학생들의 사전 동영상 학습 여부는 학습 시간의 문제가 아니라 학생들의 학습 동기나 태도에 대한 문제라고 할 수 있다. 그러므로 동영상 보기 자체는 학생들의 학습 부담을 가중시키는 것이 아니라 보다 효과적이고 즐거운 학습을 할 수 있도록 배려하는 장치라고 할 수 있다. 학생들이 배우는 것에 흥미와 즐거움을 경험하게 되면 디딤 영상 시청은 부담이 아니라 즐길 수 있는 놀이가 될 것이다.

라. 매시간 디딤 영상을 만들면 교사 업무가 너무 많아지지 않을까요?

디딤 영상 시청에 대한 학생들의 부담과 더불어 교사들이 가장 걱정하는 부분이다. 물론 이전에 하지 않던 것을 해야 한다는 점에서 교사의 업무 부담이 없다고 할 수는 없다. 특히, 처음에는 교사의 시간과 노력이 들어간다. 그러나 시간이 갈수록 노하우가 생겨서 동영상 제작 시간도 줄어든다. 또한 수업 시간에 강의를 하지 않아 교사들의 심리적인 부담이 줄어드는 것을 경험하게 된다.

처음 거꾸로교실을 도입하려는 교사들이 느끼는 동영상 제작 부담을 덜어주기 위한 몇 가지 팁을 정리하면 다음과 같다.

하나는, 거꾸로교실 동영상을 매시간 혹은 모든 단원을 만들 필요는 없다. 단원의 목표에 따라 사전 동영상이 필요하지 않은 경우도 얼마든지 있다. 그러므로 사전 동영상은 교사가 전체 학생들을 대상으로 강의가 필요한 단원만 선별하여 만들면 된다.

다른 하나는, 처음 거꾸로교실을 도입하려고 하면 동영상 제작뿐 아니라 수업 방법과 효과 등에 대한 의문과 부담이 있을 수 있다. 따라서 처음에는 모든 수업 시간보다 교과의 일부만 시범적으로 거꾸로교실을 도입할 것을 권한다. 평소에 교사들이 강의식 수업을 진행할 때 가장 힘들었던 단원이나 내용이 어렵거나 생소해서 학생들이 가장 어려워하거나 힘들어하는 단원을 시범적으로 적용하면 그 효과를 체감할 수 있다.

이러한 경험이 쌓인 후에 거꾸로교실 수업을 순차적으로 늘리면 물리적·심리적 부담이 덜할 것이다. 이러한 접근은 새롭게 바뀐 수업 방식에 학생들이 익숙해지도록 배려해주는 방식도 될 수 있다.

특히, 처음 거꾸로교실을 시작할 때 전면적인 변화보다 단계적인 변화를 주고 학생들의 적응 속도와 반응을 확인해가면서 적용 범위를 늘리면 자연스럽게 수업이 변화할 수 있다. 학생들에게도 새로운 수업에 익숙해지는 시간을 주고, 조금 시간이 투여되더라도 수업 준비를 집에서 해오면 교실 수업을 훨씬 더 의미 있고 즐겁게 할 수 있는 경험을 하게 해주는 단계적 전략이 될 수도 있다. 획일적인 수업을 하지 않는 것의 미덕은 거꾸로교실이라고 예외는 아니다.

새로운 수업 방식을 위한 실험으로 거꾸로 교실을 진행하면서 가장 중요한 원칙 가운데 하나는 교사도 편하고 즐겁게 할 수 있는 수업 방식이었다. 실제로 거꾸로교실을 진행하면 생각보다 교사들의 업무가 증가하여 수업이 어려운 경우는 많지 않다. 앞서 동영상 관련 장에서도 기술한 것처럼, 다른 사람이 만든 동영상을 사용해도 되고, 교사들이 함께 일을 나누어서 만들어도 된다. 경험이 쌓이면 오히려 업무가 줄어들고 보다 여유로운 수업 시간이 만들어진다.

마. 동영상을 통해 핵심적인 내용을 미리 공부하는 것은 학생들이 스스로 핵심 개념을 찾아가게 하는 수업에는 오히려 방해가 되지 않을까요?

최근 다양한 학습 방법이 교육 현장에 도입되면서 교사가 일방적으로 핵심적인 내용을 주입하거나 전달하지 않고 학생들이 스스로 핵심 내용을 파악하게 하거나 주어진 내용을 창의적으로 해석하는 수업 방식을 적용하는 사례가 늘고 있다.

이러한 수업 방식을 실천해온 교사들의 경우 디딤 영상이 수업 전에 학생들에게 핵심적이고 기초적인 지식을 미리 학습하도록 하기 때문에 학습과정을 통해서 스스로 발견해내는 창의적 수업에는 오히려 방해가 되지 않을까라는 우려를 한다. 그러나 이러한 우려는 거꾸로교실을 단선적으로 이해한 것에서 비롯된다.

디딤 영상은 문제 해결을 하기 위한 기초적인 지식일 수도 있고, 수업 시간에 다룰 교과의 핵심적인 내용일 수도 있다. 또한 생각을 이끌어내기 위한 다양한 읽기 자료일 수도 있다. 교과목과 단원의 성격에 따라 혹은 교사의 학습 목표와 기획 의도에 따라 디딤 영상 내용이 각각 다르게 구성되기 때문이다.

만약 비구조화된 문제 해결이나 창의력 신장을 위한 수업이 목표고,

이를 위한 어떤 사전 개념이나 지식이 필요 없다고 판단되면 디딤 영상을 만들지 않아도 된다. 하지만 새로운 활동을 하려면 지식의 배경이나 맥락 등을 공유해야 할 때도 있고, 사고력이나 창의력을 자극하는 다양한 자료가 필요할 때도 있다. 이 경우에 핵심적인 지식이나 개념 혹은 원리가 아니라 생각을 자극할 수 있는 자료를 동영상으로 제작하여 배포하면 적절한 디딤 영상이 된다.

앞서 강조한 것처럼 반드시 모든 교실 수업에서 디딤 영상을 만들 필요도 이유도 없다. 다시 한 번 강조하자면 디딤 영상은 교실 수업을 학생 배움 중심을 효과적으로 실행하기 위한 수단에 불과하다. 교실 수업을 위해 필요하다면 제작하고, 그렇지 않다면 강의 동영상을 제작하지 않고 교실 수업을 진행해도 상관없다. 거꾸로교실이 모든 시간에, 모든 단원에, 모든 교과에 획일적으로 적용될 이유는 전혀 없기 때문이다.

바. 예체능 과목을 거꾸로교실 수업으로 진행할 수 있나요?

결론부터 이야기하자면 당연히 가능하다. 실제로 예체능 과목을 담당하는 많은 선생님들이 자신들의 수업을 거꾸로교실로 운영하고 있다. 한 고등학교 체육 선생님은 체육 시간에도 별 의욕 없는 학생들을 데리고 수업을 다양하게 진행하는 것에 늘 많은 어려움을 겪었다고 한다. 흔히 말하는 '아나공(체육 시간에 학생들에게 공을 던져주고 시합을 하거나 놀게 하는 체육 활동 수업 방식)' 수업만을 하는 것이 힘들었다고 한다. 학생들을 데리고 뭔가 새로운 신체 활동을 기획해도 공부에 지친 아이들은 여름이면 그늘만 찾을 뿐 몸을 움직이는 일에 인색하고 시큰둥하다는 것이다. 다양한 신체를 활용한 스포츠 활동의 중요성을 학생들과 공감하면서 좀 더 의미 있는 체육 시간을 만들고 싶은데 체육 시간에 교사의 이야기에 귀 기울이는 학생들은 거의 없다는 것이다. 고민 끝에 다양한 스포츠 이론과 건강에 대한 재미있는 사례나 매우 간단한 기본적인 동작을 디딤 영상으로 올리고, 수업 시간에는 아이들의 자세 교정이나 실제 활동으로 넘어가는 수업을 했더니 이전보다 짜임새 있는 수업이 가능해졌다고 한다.

중학교 음악 선생님의 경우도 비슷한 경험을 이야기한다. 음악 시간이 단순히 실기 시간이 아니라 음악에 대한 감성도 키워주고 음악을 통한 인문학 수업도 진행하고 싶었는데, 그동안은 수업 시간에 노래를 부르거나 주로 음악을 틀어주는 것이 대부분이었다고 한다. 수업 시간에 강의를 통해 다양한 음악적 배경에 대해 함께 공부하면서 감성을 키워주려는 시도를 하기는 했지만 여의치 않은 경우가 많았다고 한다. 그런데 거꾸로교실을 이용하니 음악 시간이 더 풍요로워졌다고 한다. 음악과 노래에 얽힌 다양한 이야기와 음악사를 사전 동영상으로 보고 오게 하고 수업 시간에는 서로 사전 동영상 내용에 대한 이해를 나눈 다음 음악을 틀어주거나 노래를 부르게 하니 학생들이 음악 시간을 대하는 태도가 달라졌다는 것이다.

개별적인 사례 몇 가지에 불과하지만 거꾸로교실이 어떻게 각 과목의 특성과 교사들의 자율적 역량에 의해 재구조화하면서 실행될 수 있는지를 보여준다. 따라서 거꾸로교실은 특정한 교과에만 적절하다는 것은 맞지 않는 말이다. 하려는 마음만 있다면 교사의 의도와 목적에 맞게 얼마든지 활용이 가능하다. 교사들이 들려주는 다양한 거꾸로교실 실행 경험은 수업의 장애 요인이 과목의 특수성이나 외적 환경이 아니라 교사의 의지라는 것을 암시한다.

사. 거꾸로교실을 운영하려면 교사의 특별한 능력이 필요하나요?

그렇기도 하고 그렇지 않기도 하다. 거꾸로교실은 강의 동영상 제작에서부터 교실 활동 기획까지 교사의 역량에 따라 달라질 수 있는 영역이 많다. 따라서 교육과정을 적절하게 재구성하여 디딤 영상을 만들고, 학생들의 학습 상황을 점검하고 적절한 피드백을 제공하거나 때로는 팀별 협력 학습을 효율적으로 운영하는 기법이 필요하다는 점에서 교사의 역량이 요구된다. 이는 거꾸로교실에서만 필요한 특별한 능력이라기보다 가르치는 사람들 모두에게 필요한 능력이기도 하다.

물론 교실 수업에서 강의만 하는 고전적인 수업 방식과 비교한다면, 디딤 영상 제작과 교실 활동을 이끄는 능력이 오히려 추가된 영역이라고 할 수 있다. 문제는 거꾸로교실을 운영하기 위한 특별한 능력을 전제로 거꾸로 수업이 가능하다고 말하는 것은 적절하지 않다는 것이다.

거꾸로교실은 반드시 모든 교실 수업에 특별한 활동이나 창의적인 내용이 들어가야 하는 것은 아니다. 교과의 특성과 단원의 목표에 따라 지식 이해 활동 위주로 구성할 수도 있다. 또한 교사가 전체 학생들을 대상으로 처음부터 온전히 강의를 하지 않을 뿐 팀별, 개인별로 학습 이해를 돕는 교사의 설명이 필요할 때도 있다. 때로는 팀별, 개별 활동이 끝난 뒤 수업의 마지막 부분에서 전체적으로 이해를 확인하는 차원에서 교사가 핵심 정리 강의를 짤막하게 할 수도 있다.

어떻게 거꾸로교실 수업을 진행하느냐는 교사에 따라, 교과목에 따라, 단원의 특성에 따라 다양하다. 거꾸로교실을 경험한 교사들의 다양한 사례는 이를 증명한다. 고전적인 강의식 수업을 매우 잘했던 교사들이 여전히 거꾸로교실에서 다양한 학습자 활동을 기획하면서 더 발전된 모습을 보이기도 하고, 고전적인 강의 수업이 어려웠던 교사가 거꾸로교실을 하면서 교실 수업의 질이 더 좋아졌다는 이야기도 한다.

거꾸로교실은 특별한 역량을 지닌 교사가 아니라 누구나 접근이 가능한 쉽고도 간단한 수업이다. 그러므로 기본적인 룰만 익혀서 그냥 일단 시작하면 된다. 수업을 진행하다 보면 그 과정에서 자신의 새로운 역량이 발견되거나 성장하기도 한다.

학생들처럼 교사도 직접 하면서 배운다. "실행하면서 배운다Learning by doing"는 모토는 학생들에게만 해당되는 말이 아니다. 실제로 수업을 진행해보면 시작 전에 우려했던 것보다 극복할 수 있는 길을 생각보다 쉽게 찾는 경험을 하는 경우가 많다. 그래서 일단 해보는 것은 그것이 수업이든 다른 활동이건 가장 중요하다.

Part VII

거꾸로교실로
한국 교육 문화
가로지르기

교육열과 입시는 한국 교육 문화를 관통하는 열쇳말이다. 세계 최고를 자랑하는 교육열은 입시 전쟁에 의해 '학벌 경쟁'으로 가시화되어왔다. 그러나 이 경쟁의 소용돌이 속에서 학교와 학원을 오가며 공부를 강요당한 많은 학생들이 학습 동기를 상실했고, 사교육으로 학교의 위상이 흔들리면서 교사도 가르치는 의미를 잃어가기 시작하였다. 교육열은 높은데 학교 수업은 활기를 잃어갔고, 잠을 자는 교실은 한국 학교의 지배적인 문화가 되었다. 역설적이게도 학생들은 과거에 비해 훨씬 더 열심히 공부하는데 학생들도, 교사들도 학교에서 소외를 경험하고 있는 듯하다.

이 장은 거꾸로교실이라는 새로운 수업 도입으로 인해 학교 현장이, 교사가, 학생들이 어떻게 변하는지를 기술하였다. 여기서 풀어놓은 이야기는 거꾸로교실이라는 수업 방식이 지닌 잠재적 가능성이기도 하고, 실제로 거꾸로교실을 도입한 학교 현장의 변화에 따른 것이기도 하다. 그동안 거꾸로교실을 시범적으로 실시한 많은 학교들을 참관하거나 교사들과 함께 워크숍을 진행하면서 거꾸로교실로 인한 변화들을 조금 더 생생하게 경험하고 그 의미를 반추해볼 수 있었다. 이 장은 이러한 직간접적인 경험을 바탕으로 거꾸로교실이 어떻게 한국 교육 문화를 가로지르면서 학교를 변화시킬 수 있는지를 기술하였다.

1. 거꾸로교실 현장 이야기

가. 모두가 주인공인 살아 있는 배움의 공간으로

거꾸로교실의 가장 중요한 모토 가운데 하나는 학생들이 스스로 공부하는 교실을 만들어낸다는 것이다. 따라서 학생들이 딴짓을 하거나, 때로는 투명인간처럼 존재감 없이 교실에서 그냥 지내거나 잠을 자는 것이 불가능하다. 그래서 모든 학생들이 배움의 과정으로 들어오는 활기 넘치는 교실 공간을 만들어낸다. 거꾸로교실을 실행해본 교사들은 대부분 단 한 번의 수업으로 달라진 교실에 놀라움을 표한다. 기존의 강의식 수업에서는 전혀 체감하지 못했던 학생들의 달라진 모습들은 그 자체로 교사들에게 매우 신선한 변화이기 때문이다. 성적 향상이나 가시적인 교육적 효과에 상관없이 활기 넘치는 교실 공간의 창출만으로도 충분히 감동스럽다는 이야기를 하기도 한다.

디딤 영상으로 인해 교사의 강의가 사라진 거꾸로교실은 학생들이 직접 참여하거나 해결해야 하는 문제 풀이나 활동 수업으로 자연스럽게 전환된다. 그러므로 학생들이 교실의 주인공으로 전면적으로 등장하지 않을 수 없는 구조를 이미 그 자체에 지니고 있다.

이러한 학생 중심 수업에서는 특정 학생이 소외되는 경우가 거의 없다. 어떤 방식으로든 학생들 개개인이 자신의 존재를 자의적·타의적으로 드러내고 표현할 수 있게 된다.

전통적인 수업 구조는 교실 수업에서 교사의 일방적인 강의에 의해 진행되기 때문에 거기에 집중하고 반응하는 학생들을 중심으로 수업이 진행될 수밖에 없었다. 모범적이거나 성실한 학생들을 제외한 나머지 학생들을 소외시키는 구조였다. 물론 고전적인 수업 방식에서도 학생 참여가 전혀 없었다고는 할 수 없다. 그러나 간헐적으로 이루어지는 교사와 학생의 상호작용은 교사가 전체 학생들을 대상으로 질문을 하면 공부를 잘하는 몇몇 아이들이 대답을 하는 폐쇄적인 상호작용이 대부분이었다.

거꾸로교실 수업은 닫힌 상호작용이 아니다. 학생들의 자기 주도적인 학습과 질의응답, 또래 학습과 교사의 개별적인 지도로 구성되기 때문에 매우 자유롭고 열린 방식으로 상호작용이 이루어진다. 따라서 전통적인 강의식 수업에서 수동적으로 앉아만 있던 학생들이 다양한 방식의 수업 참여와 상호작용을 통해 적극적인 학습자로 자연스럽게 변화하게 된다.

이러한 변화는 '무기력'이 지배하는 한국 학교 문화에 시사하는 바가 적지 않다. 요즈음 교사들이 가장 지도하기 어려운 아이들은 학교 안팎에서 문제를 일으키는 소위 말하는 '날라리'가 아니라고 한다. 오히려 이들은 문제를 일으켜서 자신들에게 관심을 보여달라는 적극적인 신호를 보내는 것이라고 한다. 문제는 공부하는 데뿐 아니라 노는 데에도 시큰둥한 아이들이라는 것이다. "노는 일도 강제적으로 해야 겨우

움직인다"라는 교사들의 이야기는 아이들이 요즘 학교에서 어떻게 지내는지를 짐작하게 한다.[1]

학생들의 무기력은 학습 부진이나 학력 저하 등 학습 영역을 넘어서서 삶과 생활 전반에서 보이는 태도이므로 이를 변화시키기가 쉽지 않다. 항의나 주장이 없는 아이들, 공부가 싫고 교사의 존재를 아예 무시하는 아이들, 같은 반 친구의 존재도 무시하는 아이들이 앉아 있는 교실이다. '귀차니즘'과 '냉소주의'도 이러한 학생들의 태도를 단적으로 표현하는 언어들이다.

그런데 학생들이 스스로 학습을 책임지고 주도할 수 있도록 판을 깔아주니 거기에 맞게 몸과 행동의 변화가 촉발된다는 매우 단순하면서도 놀라운 현상이 거꾸로교실 수업을 통해 드러난 것이다.

무엇보다 달라진 학생들의 태도와 표정은 어쩌면 아이들이 원래 의욕이 없거나 무기력한 것이 아니라 신나게 무언가를 할 수 있는 기회를 우리 사회가, 학교가 제대로 주지 못한 것일지도 모른다는 생각을 떨칠 수 없게 한다.

나. 구별 짓기를 넘어 민주적이고 공평한 교실 공간으로

'우리는 공부를 잘하는 아이보다 못하는 아이에게 관심이 많다'[2]는 핀란드 교육의 방향성은 학교교육의 사회적 목적과 지향을 매우 선명하게 드러내준다. 공교육이 부모에 따라 출발점이 달라지는 아이들에게 공평한 성장의 기회를 주는 사회적 장치여야 한다는 핀란드의 교육 모토 역시 핀란드 교육이 어디를 향하는지를 잘 보여준다.

무엇보다 뛰어난 아이들을 위한 집중적인 지원이 아니라 뒤처지는 아이들을 위한 교육적 배려를 통해 모두가 함께 살아가기 위한 장치로서 학교교육의 기능을 분명히 하고 있는 듯하다. 학교가 '구별 짓기distinction'의 장이 아니라 모든 아이들의 균등한 성장 공간이라는 것을 선명하게 공표하고 있는 것이다.

생각해보면, 공부를 잘하는 아이는 타인의 특별한 관심이나 지원 없이도 잘한다. 또한 가정적 배경이 좋은 아이는 부모의 막강한 학업 지원을 받을 가능성이 높다. 따라서 오히려 공교육이 관심을 두어야 할 대상은 가정적 배경이 좋지 않거나, 상대적으로 공부를 못하는 아이들이다. 어느 부모에게서 태어나느냐에 따라 성적도 결정되는 사교육이 지배하는 교육 현실을 상기하면 더욱 그렇다.

안타깝게도 학교는 이러한 역할 기대에 그리 부응하고 있는 것 같지 않다. 그동안 학교를 비판적으로 바라보는 담론들은 학교가 오히려 위계적인 사회 질서의 축소판이거나 기존의 불평등한 사회구조를 재생산하는 곳임을 강조해왔다. 학교가 차별적인 사회경제적 구조를 합리화하거나 심지어 이러한 불평등을 더욱 공고하게 하는 구조와 문화로 이루어져 있다거나, 주류 계층의 문화 자본에 의한 차별적인 사회화의 공간임을 이야기하는 비판적 교육학 담론들은 그 대표적인 예이다.

사회에서 경제적 자원이 분배되는 구조와 마찬가지로 학교에서도 점수나 등수, 학급 내에서의 위치와 같은 무형의 자원이 분배되는 구조가 가시적 혹은 비가시적으로 존재한다. 이러한 분배 구조에 따라 학생들은 학교에서 일정한 지위와 역할을 부여받고 이에 따른 자아 인식과 정체성을 형성하기도 한다.

거꾸로교실은 이러한 비판적 담론들을 가로지르면서 보다 공평한 교실을 만들 수 있는 가능성을 제시해준다. 거꾸로교실은 학업 능력이 더 뒤처지는 학생에게 교사의 관심이 옮겨 가는 효과를 발휘하기 때문이다. 전통적인 강의 중심 수업에서 교사는 학업 능력이 떨어지는 학생들에게 관심을 두고 교육적 지원을 하기가 거의 불가능했다. 무엇보다 이런 학생들을 따로 지도해줄 수 있는 교사의 물리적 시간 자체가 없었다고 할 수 있다.

수업 시간이 팀별 혹은 개별 학습으로 바뀌면, 당연히 교사의 도움이 더 필요한 팀이나 학생을 중심으로 교사가 학습 촉진자 혹은 학습 조력자 역할을 할 수 있는 기회가 생긴다. 따라서 그동안 교실 수업에서 소외되어 교사의 강의를 좇아가지 못했던 학생들이 교사와 친구들의 도움으로 학습을 따라갈 수 있게 된다. 이는 무엇보다 디딤 영상을 배포하여 학생들의 기초 학습을 보장하고 이를 기반으로 교실 수업을 바꿀 수 있기 때문이다.

거꾸로교실 실험 과정에서 드러났던 중하위권 학생들의 가파른 성적 향상 역시 학습 속도가 늦거나 학습 능력이 없었던 학생들에 대한 배려가 디딤 영상 제작과 교실 수업 과정에서 이루어졌기 때문이다. 거꾸로교실 실험 과정에서 성적군에 관계없이 모든 집단에서 지속적인 상승세를 보였지만 중·하위권 학생들의 약진은 매우 두드러지는 특성이었다. 중·하위권 학생들의 약진은 수업에서 소외 집단이었던 학생들이 수업의 변화를 통해 괄목할 만한 성장을 보인다는 점에서 그 의미가 적지 않다.[3]

이러한 변화는 디딤 영상을 학생들이 미리 공부해오면 수업이 학생 활동과 이를 보조해주는 교사의 개별적인 지도 중심으로 바뀌면서 교사-학생 간 개별적인 접촉 빈도가 증가하고, 그동안 교실에서 소외되었던 아이들을 발견하게 되면서 가능해졌던 것이다.

거꾸로교실을 실행하고 있는 교사들과 학생들은 이러한 변화를 생생하게 전달해준다. 거꾸로교실을 실행하면서 그동안 전혀 몰랐던 학생들의 다양한 목소리를 접하게 된 덕에 교사 역할을 성찰할 수 있었다고 고백하는 교사들이 많다. 학생들 역시 가까이서 학습을 도와주는 선생님과의 상호작용 속에서 공부에 더 많은 흥미를 느끼게 되었고, 학교 생활이 즐거워졌다고 이야기하는 경우가 많았다.

일반적으로 담임을 맡고 있다 하더라도 아이들을 모두 제대로 파악하고 있는 교사는 많지 않다. 이를 단순히 교사의 탓으로 돌리기는 어렵다. 많은 학생들을 지도하고 행정 업무도 해야 하는 교사로서도 쉽지 않은 일이기 때문이다. 특별히 말썽을 부리는 아이들이거나 뛰어난 아이들이 아니라면 교사의 관심 대상이 될 가능성이 적을 수밖에 없다.

거꾸로교실은 이러한 현실적 교육 환경 속에서 수업의 변화만으로 강의 중심의 위계적이고 차별적이었던 교실 공간을 민주적이고 공평한 교실 공간으로 바꿀 수 있는 가능성을 제시한다.

다. 능력별 반 편성 제도를 넘어 다양성이 자원이 되는 교실 공간으로

현재 중등 학교급의 영어와 수학 과목의 경우 90퍼센트 이상의 학교들이 소위 말하는 능력별 반 편성 제도를 도입하고 있다. 미국에서 도입된 능력별 반 편성 제도는 한국 교육 문화에 정착하면서 미국보다 훨씬 더 파급력이 큰 제도가 되었다. 무엇보다 미국에서 이 제도의 시작은 학교 수업을 따라가지 못하는 아이들을 위한 현실적인 구제책이었다. 그러나 한국 사회에서는 오히려 성적에 의한 '구별 짓기' 수단으로 작용하고 있다. 능력별 반 편성의 효과성에 대한 연구들이나 현장의 경험적인 이야기들 역시 그 의미와 취지를 다시 생각하게 한다.

관련 연구에 의하면, 최우수 반은 능력별 반 편성이 학생들의 학업에 긍정적인 효과를 보이지만, 하위 반으로 내려올수록 오히려 학습 효과가 떨어지는 결과를 낳고 있다고 한다.[4] 원인에 대한 분석은 다양하다. 그 가운데 피그말리온 효과를 지목하는 경우가 많다. 반의 수준에 따라 교사의 학생에 대한 기대와 관심 등이 차별화되면서 부정적인 영향을 미칠 수 있다고 보는 것이다.

또한 한국과 같은 위계적이고 경쟁적인 교육 문화는 학교의 차별적인 관심과 지원도 중요한 원인으로 해석할 수 있다. 대부분의 학교가 우수한 학생들에 대한 집중적인 지원을 통해 학교의 입지를 다지려는 방식으로 운영하기 때문이다. 특히 고등학교의 경우는 입시 성적의 결과가 학교 평가를 결정하는 역할을 하기 때문에 이러한 경향성이 훨씬 두드러진다.

일반적으로 교사가 학생을 평가하여 분류하는 이유는 학생 수준에 맞는 교육을 제공하기 위함이다.[5] 능력별 반 편성도 미국에서 그렇게 시작되었다. 그러나 현실적으로 교사들의 학생 분류가 학생 수준에 맞는 교수 방법의 적용과 연결된다기보다, 일종의 '낙인 효과'를 발휘할 가능성이 크다는 점에서 문제이다.

번스타인Bernstein(1975)은 사회구조의 권력과 통제가 학교 공간에서 재맥락화되는 방식을 분류화classification와 구조화framing라는 범주로 제시하였다.[6] 분류화란 어떤 대상을 특정한 기준에 의해 나누어 등급화하는 방식을 의미한다. 이러한 분류는 이런 결과에 의해 이익을 얻는 이들의 이해관계를 중심으로 행해진다. 일종의 '구별 짓기'인 셈이다. 일반적으로 구별 짓기에는 특정한 대상을 타자화하려는 욕망의 배치가 그 이면에 숨겨져 있다. 능력별 반 편성은 이러한 분류화를 학교에서 매우 노골적으로 시행하고 있는 경우다.

열반에 속한 아이들의 자존감 문제도 성장 과정에서 치명적일 수 있다. 학교교육과정을 통해 아이들은 자신들이 있어야 할 자리를 무의식적으로 내면화하게 되는 차별적 사회화 과정을 밟는다. 특히 정체성은 고정불변의 실체라기보다 전 생애를 통해 구성되며 주관적인 정의 못지않게 타인의 판단과 시선도 한 개인의 정체성을 형성하는 중요한 요소다.[7] 성장기에 반별로 자신들이 어디에 있는지를 끊임없이 확인받아야 하는 아이들이 스스로에 대한 긍정적인 자아상을 갖기는 어렵다.

이처럼 능력별 반 편성 제도에 따른 낙인 효과에 대한 우려는 학교 현장에서 이미 확인되고 있다. 학교에서는 이런 낙인효과를 제거하기 위해 '상·중·하'처럼 위계적인 방식으로 반 이름을 붙이지 않고, 꽃 이름이나 추상적인 이름을 붙여서 능력별 반 편성 제도를 시행하기도 하지만 '눈 가리고 아웅 하는 격'이다. 성적이나 또래 관계 등에 민감한 학생들이 이러한 시스템을 모를 리 없다. 학교에서 열반에 속하지 않기 위해 사교육을 받는다는 것은 알 만한 사람은 다 안다.

교육혁신의 출발점을 교실에서 찾고자 했던 교실사회학은 교사와 학생의 상호작용에서 교사가 학생들을 대하는 편견과 고정관념, 기대가 학생들에게 미치는 영향력을 강조한다. 기존의 교육사회학이 강조했던 교육 환경이나 구조의 문제를 넘어 교사의 수업과 학생과의 관계가 학생들의 학교 적응과 학업성취에 미치는 영향력에 주목하기 때문이다. 이 점에서 능력별 반 편성은 교사와 학생의 상호작용에 치명적으로 부정적 영향을 미쳐왔다고 해도 과언이 아니다.

거꾸로교실은 능력별 반 편성을 하지 않아도 된다. 또래 팀별 학습은 오히려 다양한 능력을 지닌 아이들이 함께 공부할 때 더 많은 효과들을 만들어낸다는 것에 주목한다. 거꾸로교실에서는 교사의 개별적인 지도와 학생들끼리 서로 학습을 확인하고 도와주는 팀별 활동이 가능해짐에 따라 능력별 반 편성을 하지 않아도 같은 교실 공간 내에서 다양한 능력과 학습 속도를 지닌 학생들이 함께 그리고 때로는 각자 공부하며 성장할 수 있다. 무엇보다 다양한 사람들과 만나서 소통하고, 연대하며, 협업하는 능력은 21세기에 중요한 스킬 가운데 하나다. 다양한 능력과 배경을 지닌 학생들이 함께 공부하면 학습 내용의 습득을 넘어 미래 핵심 역량을 키울 수 있을 것이다.

이처럼 거꾸로교실은 능력별 반 편성을 대체하여 함께 공부하는 교실 공간을 만듦으로써 다양성을 자원으로 하는 협업, 문제 해결 능력을 길러주는 새로운 교육의 판을 만들어줄 수 있다.

라. 왕따와 학교폭력 없는 친밀한 또래 관계 형성의 공간으로

학교폭력은 최근 교육계 안팎의 뜨거운 이슈다. '이지매'라는 이름으로 회자된 일본의 학교교육 문제가 한국에서 '왕따'라는 이름으로 문제가 되기 시작한 지는 오래되었다. 학교폭력은 학생들 간의 물리적 폭력만이 아니라 사이버 공간을 통한 다양한 폭력, 언어폭력 등 그 양상도 복잡하다. 학교는 단순히 재미없거나 학습을 제대로 하지 않는 곳을 넘어 '위험한 공간'이 되어가고 있는 것이다.

문제는 왕따나 학교폭력을 개인적인 문제로 보거나 가정적인 문제에서 기인된 것으로만 보는 시각이다. 이러한 시각이 반드시 틀렸다고는 할 수 없다. 실제로 학교폭력에 연루된 학생들이 특수한 성향을 나타낼 수도 있고, 가정적 돌봄을 받지 못한 아이들이 학교 문제를 일으키는 경우도 적지 않다. 따라서 학교폭력 문제를 전적으로 학교의 책임으로 돌릴 수는 없다. 그럼에도 불구하고 학교가 아이들이 주로 생활하는 인적·물적 환경이므로 학교의 관점에서 이 문제를 사유해볼 필요는 있다.

학교는 더불어 공생하는 공공성의 장이 아니라 경쟁과 위계적 질서가 지배하는 장이 된 지 오래다. 한국은 이러한 적자생존적 교육 문화가 극대화된 사회이다. 최근 두드러지게 증가하고 있는 학교에서의 왕따와 폭력 문제는 경쟁적 교육 문화가 어떻게 표출될 수 있는지를 극명하게 보여주는 사례이다.

PISA 결과[8]가 보여준 것처럼, 한국 학생들이 학교에서 친구 사귀기를 어려워한다는 사실 역시 학교 문화의 황폐함을 증명한다. 국제 비교적 관점에서도 한국 학교 문화가 학생들 간 관계 친화성을 매우 떨어트린다는 것을 입증하고 있는 셈이다.

비단 학교 안에서뿐만이 아니다. 아이들은 학교가 끝나면 학원이나 과외 등 사교육 기관으로 흩어지는 매우 파편적인 관계를 형성하고 있다. 한국 교육 문화에서 방과 후 함께 모여 놀거나 시간을 보내는 경우는 매우 드물다. 놀 친구가 없어 아이들이 학원에 간다는 말이 나올 수밖에 없는 환경이다.

거꾸로교실은 이렇게 도구적이고 파편적인 또래 관계를 수업 시간을 통해 친밀한 관계로 변화시키는 결과를 가져온다. 거꾸로교실 후 친구 관계가 달라졌다는 아이들의 이야기는 배움의 방식이 관계의 배치도 바꿔놓을 수 있음을 보여준다.

거꾸로교실은 일렬로 줄을 맞추어 앉아 앞 친구의 뒤통수를 보는 수업을 전복시킨다. 얼굴을 마주 보고 함께 공동의 문제를 풀기 위해 머리를 맞대는 공간의 배치로 바뀌기 때문이다.

팀별 학습 방식에 의한 또래 학습Peer instruction이 학습 효과에서도 매우 의미 있는 결과를 가져온다는 사실은 이미 교육 현장에서도 충분히 입증되었다. 그러나 거꾸로교실은 또래 학습의 효과가 단순히 학습 자체에만 있지 않다는 것을 보여준다.

한 사람의 인생은 관계의 총합이라고 한다. 성장기의 아이들에게 또래 관계는 다른 모든 관계를 넘어서는 영향력을 발휘한다. 어떤 친구를 만나고 어떻게 관계를 맺느냐에 따라 자신에 대한 정의도, 경험의 종류도, 그에 따른 삶의 관점과 시각도 달라진다.

거꾸로교실 수업 이후 성적이나 가정환경 등이 비슷한 친구들하고만 사귀다가 다양한 친구들을 사귈 수 있었다는 아이들부터 친구가 없어서 학교 가기가 싫었는데 친구가 생긴 것이 좋다는 아이들까지 또래 관계 변화의 스펙트럼은 매우 다양했다. 또한 팀별 학습을 통한 의사소통 능력 향상으로 인해 생겨난 변화를 이야기하는 학생들도 많았다. 거꾸로교실이 만들어놓은 이렇게 달라진 관계는 교실이 경쟁과 적자생존의 장이 아니라 다양성을 배려하는 소통과 협력의 공간으로 재구조화될 수 있는 가능성의 공간임을 암시한다.

한편, 청소년 일탈의 원인을 규명하는 '사회통제이론'은 사회적 관계의 중요성을 상기시킨다. 이 이론은 사회적 유대가 있는 아이들은 그렇지 않은 아이들에 비해 일탈을 하지 않는다는 것에 주목한다. 즉, 신뢰 관계를 형성할 수 있는 또래나 부모, 교사가 있다면 아이들은 건강하게 자란다는 것이다. 달라진 교실에서 또래 혹은 교사와의 긍정적인 관계 형성 자체가 아이들의 태도와 행동 방식에 영향을 미칠 수 있다는 점에서 시사하는 바가 적지 않다.

교실 수업은 성장기의 아이들이 가장 많은 시간을 보내는 일상적 공간이다. 이러한 일상적 환경을 그대로 두고 왕따나 학교폭력 문제를 일시적인 예방 프로그램이나 사후 대책으로 해결하기는 불가능하다. 지속적인 일상의 경험이 삶의 양상을 만들어낸다는 것은 새삼스러운 이야기가 아니다. 학교도 마찬가지다. 수업의 변화를 통해 긍정적인 관계의 경험을 학습할 수 있는 기회를 아이들에게 주어야 하는 이유다.

2. 한국 교육 문화에서 거꾸로교실의 의미

가. 학습 주체로의 귀환을 통해 배우는 즐거움을 회복하다

거꾸로교실은 수동적인 학습 태도를 벗어나 적극적이고 자기 주도적인 학습자로 변하게 하는 효과를 발휘한다. 그동안 교육 현장에서 자기 주도적 학습의 필요성에 대한 공감대는 있었지만 어떻게 학교교육을 통해 자기 주도적 학습자로 자리매김할 수 있을지는 쉽지 않은 문제였다. 무늬만 자기 주도적이고 실제로는 획일적인 통제와 지시에 의한 수업이 이루어지는 경우가 많았던 것도 사실이다.

인도 빈민가 거리에서 수행한 실험을 통해 아이들은 스스로 배운다는 사실을 입증한 수가타 미트라 교수의 이야기는 자기 주도적 학습의 놀라운 사례를 제시한다. 단지 아이들에게 학습 기회를 제공해주기만 하면 특별히 교사가 무언가를 가르쳐주지 않아도 아이들이 스스로 배움의 길을 찾아간다는 것을 매우 간단한 실험을 통해 보여주었다. 이름하여 벽 속의 구멍Hall in the Wall 프로젝트다. TED 강연을 통해 널리 알려진 이 유명한 실험 내용은 간단하다. 컴퓨터를 한 번도 본 적이 없는 인도 시골 벽지의 마을 한구석에 있는 벽 속에 구멍을 뚫어 컴퓨터를 설치해놓는다. 그리고 시간을 두고 어떻게 아이들이 스스로 컴퓨터 조작법을 익히고, 그 안의 정보를 이해하는지를 관찰하는 것이 전부다.

이 실험은 아이들은 어떻게 배우는가에 대한 놀라운 결과를 보여준다. 우연히 그곳을 지나다가 처음 벽 속의 구멍 안에 있는 컴퓨터를 발견한 아이는 호기심에 혼자서 마우스를 조작하며 기계의 작동 방식을 익혀나간다. 그리고 자신이 알게 된 정보를 컴퓨터 주변에 모여든 다른 아이들에게 알려준다. 이렇게 기본적인 내용을 공유하고 난 후에는 서로 머리를 맞대고 의논하면서 다양한 컴퓨터 기능과 정보를 익혀나가기 시작하는 놀라운 결과를 제시한다. 이 실험은 아이들은 스스로 배울 수 있는 잠재적 역량의 소유자들임을 매우 생생하게 입증하였다는 점에서 그 반향이 컸다.[9]

이 실험을 기획하고 연구한 수가타 미트라는 교사의 역할은 아이들에게 학습할 거리를 제공해주고 아이들이 스스로 풀어나가는 과정을 지켜보면서 격려만 해주면 된다고 단언한다. 배움 중심으로의 패러다임 전환에서 한 발 더 나아가 가르침 없는 배움이 가능하다는 사실을 입증한다는 점에서 매우 도발적인 실험이다. '아이들의 배움에는 교사가 필요 없다'는 명제를 도출하고 있기 때문이다. 물론 한정적인 범주에 해당되는 사례이지만, 배움이 반드시 가르치는 사람을 필요로 하지 않는다는 극단적인 주장을 내포하는 것이어서 교육자들에게는 위협적이기까지 한 결과가 아닐 수 없다.

거꾸로교실은 수가타 미트라 교수의 실험이 바탕을 두고 있는 '아이들은 스스로 배운다'는 믿음을 공유한다. 교사가 가장 기초적이고 핵심적인 지식 이해의 단초를 동영상을 통해 제시해주면 학생들은 또래 학습을 통해 스스로 배워나가는 자기 주도적 학습을 하는 방식이 거꾸로 교실이기 때문이다. 그리고 아이들은 스스로 배운다는 명제는 거꾸로 교실을 통해 충분이 증명되고 있다. 거꾸로교실은 학생들이 스스로 학습하는 방법을 깨우쳐가는 '메타 학습'[10]의 과정이 될 수 있음을 보여주는 증거이기도 하다.

나. 스스로에 대한 새로운 자아 정체성을 만들어가다

최근 발간된 『교실 속 자존감』은 학생들이 수업 시간에 교사와의 상호작용과 또래 관계에서 느끼는 자존감이 아이들의 삶을 구성하는 결정적 요소임을 강조하는 책이다. 영어를 한마디도 하지 못하는 아시아에서 온 여자아이가 주눅 들기만 했던 학교 수업에서 자신을 존중해주고 격려해준 학교 교사와의 만남을 통해 자존감을 찾아간 경험을 담고 있어 화제가 되었다.

한 사람의 자존감이 개인의 삶을 결정할 수 있다는 것은 그동안 다양한 관련 연구 결과들이, 때로는 우리의 개인적 경험에서도 공감할 만한 보편적인 이야기다. 그런데 이 자존감의 형성 과정에서 성장기를 관통하는 학교교육 경험이 매우 결정적일 수 있다는 것이다.

전통적인 수업 방식에서는 학습 능력이 뒤처진 학생들은 교실에서도 소외될 가능성이 많았다. 문제는 단지 학습 소외뿐만이 아니다. 학업 성적이 낮은 학생들은 현실적으로 교사에게서 정서적 격려나 지지를 받기 어렵다는 데 문제의 심각성이 존재한다. 이렇게 학업적·정서적으로 학교에서 소외되었던 아이들이 느끼는 패배 의식과 낮은 자존감이 학교를 졸업한 후에도 삶 전체에 영향력을 미친다면 치명적일 수도 있다. 이러한 경험들이 사회에 나가서도 열등감을 가지고 살아가게 하는 무의식적 기제로 작동될 가능성이 높기 때문이다.

이처럼 성적 위주의 위계적이고 서열적인 학교교육 문화가 문제인 이유는 단순히 이들이 낮은 사회적 지위를 갖게 되는 사회적 재생산 문제에만 국한되지 않는다는 것이다. 학교에서 공부를 잘하지 못하는 학생이 자아에 대한 긍정적인 정체성을 갖기가 쉽지 않다는 게 더 문제일 수 있기 때문이다. 심리학자들은 성장기에 만들어진 자아에 대한 정체성은 성인이 되어서도 쉽게 바뀌지 않는다고 한다.

이런 영향력은 비단 학교교육에서 열등한 위치를 차지했던 학생들에게만 해당되는 것도 아니다. 흔히 한국 사회는 좋은 엘리트가 나오기 힘든 교육 구조 속에 있다고들 한다. 교육 선발 경쟁이라는 전쟁을 통과한 입시 전사가 엘리트가 되는 환경과 교육 문화 속에 있기 때문이다. 적자생존을 통해 살아남은 아이들이 우리 사회의 엘리트가 되었을 때 자신들의 능력과 자원을 사회적으로 환원하기는 쉽지 않다. 교육 전쟁을 통과하여 승리한 아이들은 자신들의 성벽을 더 굳건히 하거나 오랜 기간 싸워서 승리한 전리품을 챙기는 데 에너지를 더 사용할 가능성이 높다.

교육적 경험의 공간인 교실은 다양성이 매우 중요한 자산이다. 학생들은 학교를 졸업하고 사회에 나가서도 다양한 능력과 자원을 가진 사람들과 함께 살아야 한다. 따라서 다양한 수준과 배경을 지닌 학생들이 함께 공부하면서 만들어가는 배움의 풍경은 그 자체로 세상을 살아가는 방식을 몸에 익히는 과정이 된다는 사실을 상기할 필요가 있다.

관계는 존재의 기본 형식이다.[11] 아이들은 성장기에 학교교육과정을 통과하면서 또래 관계 및 교사와의 관계에 의해 자신의 존재가 만들어진다. 경쟁적 관계는 자신을 수직적 질서 안의 어느 곳에 배치시키면서 누군가는 우월감을, 누군가는 열등감을 학습한다. 그러나 협력적 관계는 공동의 목적과 목표를 위해 나의 역할과 태도를 경험하고 학습하게 된다.

학교가 아이들에게 어떤 교육적 경험을 줄 수 있는가는 미래의 인간 관계 형식과 사회적 상상력을 결정한다. 지금 학교가 아이들이 자존감을 가지고 각자의 삶을 그리고 때로는 어깨를 나란히 하면서 살아가려면 어떤 교육적 경험을 주어야 하는지 물어야 한다.

다. 아무도 잠을 자지 않는 교실에 대한 로망을 실현하다

사석에서 어느 장학사가 한 말이 인상적이었다. 요즘 교사들에게 가장 중요한 능력은 수업 능력이 아니라 잠자는 아이들을 깨울 수 있는 능력이라는 것이다. 요즘 교사들은 소위 말하는 스타 인강 강사의 수업을 통해 강의 기술을 배우고 있고, 수업 내용을 정리하거나 교육과정을 분석하는 콘텐츠도 매우 풍부해서 웬만한 교사들은 모두 강의를 잘한다는 거다.

그런데 문제는 교사의 강의 능력과 상관없이 아이들은 여전히 학교 수업 시간에 교사의 강의를 듣지 않고 '멍 때리거나' 잠을 잔다는 것이다. 사교육의 관성에 익숙해 있어 학원에서 밤늦게까지 공부하고 학교에서는 부족한 잠을 보충하는 경우이건, 게임 등으로 학습에 흥미를 느끼지 못하는 아이들이건, 학습 속도가 달라 수업 내용을 따라가지 못하는 아이들이건 모두가 잠을 자는 풍경이 교실에서 펼쳐진다. 그러니 아무리 훌륭한 강의를 한다고 해도 듣는 아이들이 없는 교실은 '가르침'은 있으나 '배움'은 없는 무의미한 공간이 된다는 것이다.

이런 학교 현장의 이야기들은 교사의 역할과 기능을 재정의해야 할 필요성을 제기한다. 교사에게 필요한 자질은 '잘 가르치는 능력'보다는 '학생들이 잘 배우게 하는 능력'이라는 전제에 동감한다면 가르침의 방향성은 이미 정해져 있다. 무엇보다 한국 교실 수업의 심각한 문제 가운데 하나인 잠자는 교실을 바꾸는 것이 중요하다. 깨어 있어야 배움도 가능해지기 때문이다.

거꾸로교실은 아무도 잠을 자지 않는 교실을 탄생시킨다. 이유는 단순하다. 그동안 강의식 수업 시간에 학생들이 청중이거나 방관자였다면, 거꾸로교실에서는 무대 위의 주인공이다. 무대 위의 주인공은 역할이 힘들거나 어려워서 실수를 할 수는 있어도 지겨울 틈이 없다. 무언가를 끊임없이 해야 하므로 잠을 잘 수도 없다. 전통적인 수업에서 교사들만 주인공 역할을 함으로써 독무대를 꾸려갔다면, 거꾸로교실은 학생들이 무대 위의 주인공이 됨으로써 배움을 주도적으로 이끌기 때문이다.

또한 전통적인 수업에서는 교사만 교실에서 작동하기 때문에 학생들의 배움의 뇌가 활성화되지 않았다면, 거꾸로교실은 학생들을 배움의 과정에 적극적으로 참여시킴으로써 배움의 뇌를 매우 활발하게 작동시킨다. 따라서 당연히 학습 효과가 높아진다. 특별한 활동 중심의 감각적인 자극을 통한 즐거움이 아니라 무언가를 배우고 이해하는 과정이 그 자체로 아이들에게 즐거움이었던 것이다.

교사만 열심히 강의를 하는 것이 아니라 학생들이 배움 활동을 열심히 하는 교실 수업의 가능성이 거꾸로교실에는 있다. 잠을 자는 아이들을 애써 외면하면서 수업 시간을 견뎌야 했던 교사들의 고통과 어려움도 따라서 없어지게 된다. 아무도 잠을 자지 않는 교실의 로망은 이렇게 만들어진다.

라. 가르치고 배우는 즐거움을 복원하다

강의 중심 수업이 교사 위주라고 하지만 실제로는 교사도 수업에서 소외되어왔다. 학생들은 수업에서 타자로 소외되었고, 교사도 수업에 흥미가 없는 아이들을 대상으로 수동적으로 수업을 진행하며, 반응 없는 시간을 견뎌야 하는 소외된 존재였다. 그러나 거꾸로교실은 교사 1인이 다수의 학생들을 대상으로 하는 '일방적인 독백'이 아니라 상호 소통이 이루어지는 교실이기 때문에 학생과 교사 모두의 소외를 극복할 수 있는 가능성을 열어준다.[12]

낮은 자기 효능감은 학생만의 문제가 아니다. 학생에 대한 교사의 높은 기대와 신뢰는 교사의 자기 역할에 대한 높은 기대를 전제로 할 때 그 의미가 있다. 교사 역시 교사로서의 존재감은 학생과의 관계에서 경험할 수밖에 없다. 또한 교사의 역할과 기능 강화는 교사로서의 성취감

축적을 통해 이루어질 가능성이 크다.

거꾸로교실은 교실 수업 공간에서 학생들과의 지속적인 상호작용에 의해 학생들의 배움을 확인하고 이를 바탕으로 아이들의 학습과정에 보다 효과적으로 개입할 수 있는 길을 열어준다. 즉 교사는 강단 연설자에서 학습 코치로, 배움의 동기를 유발하고 촉진하는 지적 동반자로서의 정체성을 새롭게 구성하게 되는 것이다.

역설적으로 거꾸로교실에서 교사에게 부여되는 새로운 역할은 교실 안의 주인공은 아니지만 훨씬 더 의미 있는 것이다. 조연인 교사가 어떻게 하느냐에 따라 주인공인 학생들이 목적을 달성할 수도 있고, 그렇지 않을 수도 있다. 그리고 함께 만들어가는 교실 공간이 살아 있는 배움의 공간일 수도, 죽어 있는 침묵의 공간일 수도 있다. 교사의 강의가 사라진 거꾸로교실은 역으로 진정한 교사 역할을 귀환시킨다.

스스로 공부하며 배움의 즐거움을 알아가는 학생들도 마찬가지다. 공부는 일종의 즐거운 놀이이며, 우리의 호기심을 충족시키는 매우 창의적 활동이다. 학습 욕구 이론은 인간은 원래 호기심의 동물이라는 것을 상기시킨다. 새로운 것에 대한 호기심과 알고자 하는 욕구가 학습을 가능하게 한다.

지금까지 공부가 지겨운 내용의 반복이었다면 그건 공부의 본질이 그러했던 것이 아니라 공부 방식의 문제일 것이다. 무언가 새로운 것에 대한 호기심이 생기기도 전에 학습을 강요받는 현실이 공부를 지겨운 것으로 변질시켰을 가능성도 있다. 공부 방식의 변화를 통해 공부가 즐거운 놀이이며 창의적 활동임을 학생들이 경험할 수 있다면 더할 나위 없을 것이다.

공부란 일종의 놀이이자 삶의 기술을 배우는 것이기도 하다. 고급화된 놀이인 셈이다. 거꾸로교실은 가르치고 배우는 즐거움을 선사하며 놀이로서의 공부에 대한 복원 가능성을 활짝 열어주고 있다.

마. 오래된 교육 문화적 관습으로부터 탈주하다

우리가 일생 동안 하는 여행 가운데 가장 먼 여행은 머리에서 가슴까지의 여행이라고 한다.[13] 낡은 생각을 깨트리고 오래된 인식틀을 바꾸는 것은 쉽지 않은 일이기 때문이다. 그동안 교육을 둘러싼 다양한 문제들에 대한 비판적 담론들은 넘쳐 났지만 이를 극복하기는 쉽지 않았다. 한국 사회에 깊숙하게 박혀 있는 뿌리 깊은 관성들을 들어내는 것은 쉽지 않은 작업이기 때문이다. 인식의 전환을 넘어 실천으로 가는 '가슴에서 발까지'로의 여행이 쉽지 않은 머나먼 길임을 시사하고 있다.

교사의 수업 방식도 오랜 관성에 그 기반을 두고 있다. 강의를 중심으로 이루어지는 수업은 교사 세대에게 매우 익숙한 방식으로 아이들을 가르치는 것이다. 하지만 아이들은 기성세대와는 다른 문화적 세례를 받고 성장했고, 기성세대와는 다른 삶의 문법을 가지고 있다.

교사들을 대상으로 강연을 할 때마다 많이 받는 질문 가운데 하나는 "거꾸로교실을 실행할 때 가장 어렵거나 힘든 것이 무엇이냐"는 것이다. 대부분은 인터넷 환경이 학교에 구축되어 있지 않다거나, 아이들이 동영상을 안 보고 온다거나, 학교의 행정적 지원이 없다거나, 부모들의 이해가 없다거나 등 거의 외부적인 것들을 염두에 둔 질문들이다.

물론 이런 장애들은 거꾸로교실을 수행할 때마다 교사들이 현실적으로 빈번하게 부딪히는 것들이다.

그럼에도 불구하고 거꾸로교실을 실행할 때 가장 커다란 장애물은 대부분의 교사들이 염려하는 것처럼 외적인 것들이 아니다. 오히려 교사들이 스스로 가지고 있는 수업에 대한 고착된 사고이고 관습일 경우가 훨씬 많다. 외적인 것들은 실은 얼마든지 극복 가능한 것들이다. 설사 모두 다 극복이 안 된다고 하더라도 제한된 조건 속에서 가능한 방식으로 시행하다 보면 길이 보이게 되어 있다.

그렇지만 오랜 습관은 쉽게 무너지기 어렵다. 오랫동안 "아직 미성숙한 아이들에게 무언가를 가르치는 일"[14]에 익숙한 교사들이 이전의 습관들을 한꺼번에 버린다는 것은 쉽지 않은 일이다. 강의식 수업 방식은 인류가 가장 오래 해왔고, 매우 간편하고 단순한 수업 방식이다. 이렇게 오래된 관습을 벗고, 새로운 교육 방식을 시도하는 것은 교사들에게 낯설고 불편할 수 있다.

흥미로운 사실은 거꾸로교실을 실행하면서 어려움을 겪는 교사들 가운데는 전통적인 수업에서 교사로서의 자질이 뛰어난 분들이 꽤 많다. 강의를 중심으로 이끌어가던 방식을 접고 학생들에게 주도권을 넘겨주기가 생각만큼 쉽지 않다는 것이다. 잘 가르치는 교사였고, 교실에서 스포트라이트를 받으며 모든 학생들이 수업에 집중하는(혹은 그런 것 같은) 시간들을 매우 짜릿하고 뿌듯한 경험으로 가지고 있는 경우도 많다. 물론 강의식 수업의 효과도 있고 나름 의미도 없지 않다. 또한 지식을 잘 설명하고 이해시키는 것은 교사들에게 매우 필요한 능력이고 교사로서 훈련이 필요한 부분이기도 하다.

그런데 수업 방식을 학생 중심으로 바꾸어야 하는 이유는 교사가 강의를 못해서가 아니다. 혹은 학생들이 강의를 좋아하지 않거나 집중을 하지 못해서만도 아니다. 아무리 좋은 강의도 학습자가 잘 배우지 않았다면(혹은 못했다면), 잘 가르쳤다고 말하기 어렵다. 교실 수업이 교사인 나의 만족감에서 학생들의 배움과 성장에 대한 확인으로 바뀌어야 하는 이유다. 따라서 가르치는 사람의 만족도나 강의 스킬보다 중요한 것은 학생들의 배움을 극대화하는 것이다. 이를 위해서는 가르친 것에 대한 피드백과 확인이 필수적이다.

"철학은 망치로 한다"라는 니체의 말[15]은 새로운 사고는 오래도록 몸에 각인된 관습을 털어내는 일이기 때문에 매우 어려운 작업임을 말하고 있다. 거꾸로교실에도 오래된 교육적 관습을 털어내는 망치가 필요하다. 거꾸로교실이 고전적인 수업을 바꾸어내는 오래된 문화적 관습에의 도전이자 탈주인 이유다.

3. 거꾸로교실의 다양한 가능성

가. 완전 학습의 판을 깔다

모든 학생들이 성장하고 학습 목표에 도달할 수 있도록 하는 완전 학습mastery learning은 이상적인 교육 목표다. 그러나 현실은 이러한 이상 과는 거리가 멀다. 다양한 능력과 속도를 지닌 학생들을 대상으로 하는 학교교육과정에서 이러한 교육적 이상에 도달하기란 쉽지 않은 일이다. PISA 결과가 보여주듯이 학생 간 학업 격차가 매우 큰 한국 교육 현실 은 완전 학습이라는 교육적 이상과는 매우 먼 곳에 있다는 것을 보여 준다.

거꾸로교실은 많은 학생들을 대상으로 강의를 하거나 진도 때문에 모든 학생들의 학습 상황을 제대로 점검하지 못하고 수업이 진행되는 허점을 보완할 수 있는 길을 열어준다. 따라서 완전 학습의 가능성을 내포하고 있다.

완전 학습은 1920년대에 도입되었으며, 블룸Bloom에 의해 1968년에 재조명된 학습 이론 가운데 하나다.[16] 학생들이 학습과정에서 다음 단 계로 진급하기 전에 기본적인 학습을 마스터하는 것으로, 한 단계를 완전히 학습해야만 다음 단계로 넘어갈 수 있는 학습 시스템이다.

학습의 각 단계에서 학습자들은 자신들의 학습 상황에 대해 점검을 받고, 각 단계에서 요구되는 기술 혹은 지식을 완전히 습득할 때까지 학습을 할 수 있도록 조치를 한다. 낮은 단계의 지식이 제대로 습득되지 않으면 높은 단계의 지식이나 기술에 도달하기 어렵기 때문이다. 그런데 현실적으로는 진도에 급급해 수업이 진행되다 보니 학습의 각 단계가 제대로 이루어지지 않아 지속적인 학습 장애를 겪는 경우가 발생한다. 때로는 단기적으로 이러한 학습 구멍이 보이지 않다가 특정한 단계에서 학습 성장이 이루어지지 않는 경우도 발생한다. 살만 칸의 스위스 치즈 구멍 이야기는 이러한 학습의 공백을 잘 설명해준다.[17] 즉 학생들의 배움 과정은 구멍이 숭숭 뚫려 있는 스위스 치즈처럼 구멍 난 지식이나 오개념이 있을 수 있다.

주목할 것은 불완전한 학습은 성적이 높은 학생들도 예외가 아니라는 점이다. 성적이 우수한 학생들도 의외로 학습과정에서 이런 구멍이 있을 수 있다. 이는 쉽게 지나칠 수도 있지만 학생들이 교육과정을 제대로 학습하지 않거나, 원리에 대한 충분한 이해가 선행되지 않았을 경우에는 다음 단계에서 공백이 생길 위험성이 존재한다. 이러한 현상은 이전 학습 단계에서의 구멍이 보다 높은 다음 학습 단계에서 심각한 오류를 가져올 수도 있음을 암시한다. 따라서 각 단계에서 확인 학습을 통해 이러한 구멍을 채워주어야 학생들의 성장을 더욱 촉진시킬 수 있다.

완전 학습을 위한 수업 전략은 학생들의 학습 상황을 진단하여 결손을 보충해주는 방법에서부터 학습의 각 단계에서 학습을 점검하여 교사가 피드백을 주는 방법까지 다양하게 활용된다. 그러나 이러한 방법들은 교사당 많은 학생 수, 교과 진도 등 현실적인 이유로 기존의 전통적인 수업으로 진행하기에는 어려움이 있었다.

거꾸로교실은 완전 학습을 위한 조건이 갖추어진다. 무엇보다 사전 동영상 강의를 통해 이전 학습 단계의 핵심적인 개념을 제대로 학습하고 넘어갈 수 있다. 또한 현재 기초적이고 핵심적인 학습 내용에 대해 학생들이 미리 집에서 동영상을 보고 오면, 수업 시간에는 학생들의 학습 상황 정도를 체크할 수 있다. 이 과정에서 학생들이 어떤 부분에서 어려움을 겪는지를 확인하여, 교사가 개별적으로 피드백을 주거나 학생들끼리 또래 학습을 통해 서로의 오개념을 교정하고 정확한 이해에 도달하도록 도와줄 수 있다.

사전 동영상 강의를 통한 학습과, 수업 시간을 통해 학생들의 학습 점검과 소집단 학습에 의한 확인 작업이라는 기본적인 거꾸로교실 수업 방식이 완전 학습을 가능하게 하는 토대를 만들어가는 것이다. 거꾸로교실이 여러 가지 현실적인 장애들을 뚫고 완전 학습을 위한 판을 깔아준다고 할 수 있다.

나. 지식 습득과 학습자 활동 수업의 통합

학습자 중심 수업은 다양한 배경을 지닌 아이들을 적절하게 도와줄 수 있다는 점에서 매우 이상적인 수업으로 받아들여졌다. 그러나 과다한 학생 수, 교사들의 과중 업무, 진도에 대한 부담 등으로 비현실적이라는 비관적 전망이 우세했다. 실제로 제7차 교육과정에서부터 "교육의 다양화", "학습자 중심 교육", "인성과 창의성 교육" 등을 강조해왔지만, 여전히 교사의 일방적인 강의 중심의 획일적인 지식 습득 수업에서 벗어나지 못했던 것도 이와 연관이 깊다.

'참여형' 수업의 필요성과 의의에는 동감하지만 현실적으로는 학생들이 참여하는 수업은 적용되기 어려운 것이 교육 현장의 현실이라는 비판이 지배적이었다.[18] 교과 간 통합, 집중 이수, 프로젝트 수업도 이상적이지만 현실적인 조건을 고려하면 불가능하다는 회의론이 있었던 것도 같은 맥락에서다. 이러한 현실은 입시 환경이라는 한국 교육 문화의 구조적 환경과 진도라는 부담감이 작용했을 가능성이 크다.

한편, 학습자 중심 교육은 핵심적인 교과 지식 습득에 상대적으로 소홀할 수 있다는 위험성 때문에 비판적 시선도 적지 않았다. 지식 습득을 중요시하는 한국 교육 문화에서 그 현실적 파급력에 한계가 있었던 것도 사실이다. 학생 배움 중심을 표방하면서 학생 활동 중심 교육과정을 운영했던 혁신학교가 그 의의에도 불구하고 초등학교에서는 그 파급력이 있지만 중·고등학교로 갈수록 어려웠던 이유를 성찰해야 하는 대목이기도 하다.

그동안 한국 사회에서 학습자 중심 교육은 단순하고 기술적인 지식 습득이나 암기식 교육 문화에 대한 반헤게모니적 성격을 지니면서 진행되어온 측면이 있다. 물론 지식의 과정과 배경, 혹은 삶과의 연관성 등을 묻지 않고 경쟁적인 교육 환경 속에서 폐쇄적인 지식 습득 자체에 골몰해온 한국의 교육 사회문화를 고려하면 충분히 의미 있는 시도이자 성과라고 할 수 있다. 그리고 그 교육적 성과와 의미에도 충분히 공감이 된다. 개인적으로 이러한 혁신학교가 한국 사회에 잘 정착되기를 소망한다.

그럼에도 불구하고 이 과정에서 학습자 중심 교육에 대한 일반적인 오해가 쌓인 면도 있다. 학생 배움 활동 중심 교육에 공감하는 교사들 일부에서 지식을 공유하고 제대로 습득하는 것에 대한 경시가 암묵적으로 전제되어 있는 경우를 발견할 때가 있다. 교사들과 함께 연수나 워크숍을 진행하다 보면 이러한 오해가 매우 강고하게 자리 잡고 있음을 경험하곤 한다.

학습자 중심 교육은 배움을 학습자 중심으로 재편한다는 의미이지 지식 습득을 간과하는 실천적 활동을 가리키지는 않는다. 이 점에서 거꾸로교실은 학습자 활동 중심 교육을 기반으로 하면서도 교과 지식을 놓쳐버릴 위험성에 대한 우려를 해결할 수 있는 가능성을 제시한다. 동영상을 통해 기본적인 지식 전달이 교실 밖에서 가능해짐으로써 교실에서 활동 중심을 실행하면서 핵심적인 교과 지식을 가르치는 것도 놓치지 않을 수 있기 때문이다. 예를 들어 교실 수업에서 특정한 교과와 단원에서 핵심 지식을 이해하는 것이 목표라면 이러한 지식을 학생들이 잘 이해할 수 있도록 학습자 중심으로 수업을 조직할 수도 있다. 물론 기초적인 지식을 가지고 심화 활동과 적용 문제를 풀 수도 있고, 현실의 문제를 해결하는 실천적 활동과 연결시키는 것도 가능하다. 무엇보다 입시 중심의 한국 교육 문화에서는 구조화된 지식이 필요하고, 학습 결과를 정리할 수 있는 내용물이 필요하다. 또한 구조화된 지식은 그 자체로도 매우 중요하다.

거꾸로교실은 본질적으로 지식 습득과 학습자 활동의 통합을 기반으로 한다. 따라서 한국의 지식 습득 중심의 교육 문화와 미래 세대에게 필요한 창의력, 문제 해결 능력, 사고력, 협업 능력 등을 함께 기를 수 있는 학습자 활동 수업을 가능하게 하는 길을 열어주고 있다.

다. 거꾸로교실의 진화: 자유학기제와 창의적 재량 활동에의 적용

거꾸로교실이 열린 텍스트라는 점에서 상황이나 환경에 따른 변종이나 진화는 매우 자연스러운 과정이다. 오히려 더 바람직하다. 따라서 거꾸로교실은 주어진 교육 환경 혹은 현실에서 다양한 교육적 활용을 할 수 있는 가능성을 열어준다.

최근 한국 교육개혁의 키워드 가운데 하나가 자유학기제다. 아일랜드의 전환학기제Transition year를 벤치마킹한 이 제도는 주입식 교육의 폐해를 보완하고, 입시 교육의 틀을 벗어나 학생들에게 다양한 교육적 경험의 기회를 제공하기 위한 것이었다. 실제로 우리 사회처럼 교육 경쟁이 치열했던 아일랜드는 중학교 졸업 후 학생들이 고등학교에 입학하기 전에 자신들의 삶을 반추하고 진로 설계를 위한 시간이 필요하다는 사회적 공감대가 형성되면서 전환학기제를 도입한다. 아일랜드에서는 고등학교 진학은 구체적인 진로를 결정하고 시작해야 하는 시기이기 때문에 그 이전에 학생들에게 충분한 고민과 경험의 시간을 제공하고자 했던 것이다.

그런데 한국은 대부분의 학교에서 중학교 1학년 2학기 혹은 2학년 때 자유학기제를 시행한다. 여러 가지 변수를 고려한 선택이겠지만 되도록 입시 준비에의 피해를 최소화하는 시기에 시작해야 한다는 현실적 부담이 작동했음을 짐작할 수 있다. 자유학기제가 한국 교육 문화를 바꾸어내는 혁신적인 과정이 아니라 매우 협소한 이해에 의해 진행될 위험성이 있음을 암시하는 대목이기도 하다.

특히, 중학교 저학년이라는 시기는 자유학기제의 취지를 무색하게 할 수 있는 위험성을 동반한다. 무엇보다 이 시기가 학생들이 자신의 진로를 진지하게 탐구할 만한 적당한 기간인지에 대해서는 의문이 든다.

한 사람이 평생 동안 직업을 바꿀 확률은 6~7번이라는 통계가 있다. 진로나 삶의 방향성은 평생을 두고 고민하는 과정이며 언제든지 바뀌고 또 그렇게 되는 것이 자연스러운 과정이기도 하다. 그런데 중학교 저학년 한 학기 동안의 특별한 활동과 체험이 학생들의 진로에 얼마나 영향을 줄 수 있을는지는 회의적이다. 한 학기를 단순히 교과 수업이나 시험이 없는 일상적인 학교 수업의 예외적인 활동 시기로만 보내고 그 이후의 시간에 어떤 의미 있는 영향도 미치지 못한 채 끝날 위험성도 경계해야 할 것이다.

따라서 특정한 한 학기 동안의 이벤트를 넘어서는 의미를 지닐 수 있도록 기획할 필요가 있다. 자유학기제의 경험이 추후에도 이어지고 학생들의 진로에 의미 있는 경험이 되도록 하려면 다양한 방법들이 가능하다. 무엇보다 일상적인 수업 시간을 통해 지식을 기반으로 한 다양한 활동들이 촉진되도록 독려한다면 보다 효과적일 것이다.

거꾸로교실이 수업의 변화를 통해 학생들의 다양한 역량 개발을 추구하는 것에는 이러한 의도가 숨어 있다. 사전 동영상으로 핵심적인 지식이 이루어지면 교실 수업은 문제 중심 학습이나 프로젝트 중심 학습으로 바꿀 수 있기 때문이다. 주입식 교육을 떠나 학생들의 창의적 활동을 독려하고 새로운 학습과 체험의 기회를 제공한다는 취지는 그 자체로 공감할 만하다. 이러한 자유학기제가 성공적으로 잘 정착된다면 학교교육 문화에도 긍정적인 변화가 있을 것이다. 그러나 더욱 중요한 것은 현실적으로 내용성 있는 기획과 운영이다.

자유학기제의 취지에도 불구하고 교사와 학생, 학부모 모두 난감해하는 상황이 벌어지고 있는 냉정한 현실을 감안한다면 이를 돌파해나갈 현실적인 전략을 고민해야 한다.

실제로 많은 현장 교사들이 자유학기제가 어떤 의미인지 구체적인 목표와 내용을 소화도 하기 전에 학생들을 데리고 구체적으로 무엇을 해야 하는지 난감해하고 있다. 관련 연수에서 만났던 교사들은 자유학기제를 새로운 교사의 업무 부담으로 느끼는 경우가 훨씬 더 많았다. 연수에서 만났던 한 중학교 선생님은 요즈음 학교가 자유학기제로 패닉 상태라고 전한다. 뭔가를 하기는 해야 하는데 어떻게 해야 하는지도 모르겠고, 준비하고 있는 것들이 자유학기제의 취지에 제대로 맞는지도 몰라 솔직히 골치만 아프다는 것이다. 다양한 직업 체험 현장에 아이들을 보내거나 진로 특강이 주로 선생님들이 할 수 있는 상상력의 대부분이라고 한다.

대부분의 학부모들도 자유학기제를 반기지 않는 듯하다. 자유학기제가 학교에서 공부를 안 가르치고 놀리는 시간이라는 인식이 팽배한 것 같다. 일부 학부모들 사이에서는 자유학기제 동안 학습이 부족한 학생들이 학원에서 지식 습득 시간을 어떻게 보완해야 하는지를 고민하고 기획한다는 이야기도 주변에서 자주 들린다. 자유학기제가 기대한 효과와는 다른 별개의 현상이 재현될 수도 있음을 암시한다. 학생들도 그냥 교사들이 하라고 하는 일을 수동적으로 따라 하는 것일 뿐 이 시간을 진지하게 진로를 고민하고 자신의 꿈을 찾는 과정으로 생각하는 경우는 많지 않다는 이야기도 있다. 이처럼 자유학기제를 둘러싼 교육 주체들의 반응 혹은 대응을 보면 교육적 기획과 현장이 어떻게 서로 다른 그림을 그리고 있는지를 추측할 수 있다.

거꾸로교실을 이용하면 단순히 체험이나 활동 중심으로만 학생들의 창의적인 활동이 이루어지는 것이 아니라 이론과 실천, 학생들의 풍부한 아이디어를 모으는 교실 수업을 만들 수 있게 된다. 모든 체험과 아이디어는 생각만으로 이루어지는 것이 아니라 다양한 학습을 전제로 일어난다. 따라서 교사가 학생들의 아이디어를 자극하고 실천을 독려하는 다양한 학습 내용을 디딤 영상을 통해 제작·배포하고 이를 바탕으로 학생들이 프로젝트나 문제 중심 배움으로 넘어가게 하는 방법으로 활용할 수 있다. 수업 시간에 교과 학습과 이를 기반으로 한 현실 적용으로 교실에서의 배움을 학교 밖 삶과 연결시킬 수 있기 때문이다.

거꾸로교실은 마땅히 다양한 변종으로 진화해야 그 빛을 더 발할 수 있다. 모든 새로움이 기존의 것의 파괴와 재건에서 이루어지듯이 거꾸로교실도 그 운명에서 벗어나 있지 않다. 거꾸로교실이 다양한 교육적 현장 혹은 요구들과 만나 새로운 수업 기회로 점프할 수 있는 디딤돌 역할을 해줄 수 있는 것만은 분명하다. 거꾸로교실이 어떤 모습으로 진화할 수 있는지도 역시 교사들의 몫에 달려 있다.

라. 분절적인 교과 지식을 넘어 통섭과 융합으로

근대는 분업을 기반으로 하는 사회이므로 학문 체계 역시 세분화된 영역으로 나뉘어왔다. 현재 교육과정도 이러한 분절적인 교과 지식 체계가 바탕이 된다. 그러나 우리의 삶이 분절적이지 않듯이 삶에 대한 앎의 체계인 지식도 분절적이거나 구획되는 그 무엇이 아니다. 분절적인 지식은 때론 세상을 이해하는 데 불충분하거나 심지어 방해하기까지 한다. 교과 간 경계를 넘나드는 통섭과 융합이 최근 교육적 화두로 등장한 데에는 이러한 배경이 깔려 있다. 최근 교육계에서 회자되었던 STEAM 교육법도 이러한 통섭적 배움의 한 갈래라고 할 수 있다.

우리가 살아가는 현실적 삶의 체계가 그러하듯이 학습에도 다양한 지식을 연결하는 네트워크적 사고와 방법론이 필요하다. 통섭적인 학습은 서로 다른 영역으로 분류되는 지식들이 어떻게 관련성을 갖는지를 체득할 수 있게 한다. 창의성과 문제 해결력을 강조하는 학습 방법이 미래형 교육 방식으로 각광받는 것도 이 때문이다. 분절적 지식보다는 통합적 지식이, 폐쇄적인 분과적 교과주의가 아니라 교과 간 융합을 통한 통합주의가 미래 교육의 방향성이라는 담론 역시 이러한 시대적 요구와 밀접하게 연관되어 있다.

거꾸로교실은 통섭적인 학습이 가능한 수업 방식이다. 교과 간 통합적인 내용으로 디딤 영상을 함께 제작하여 학생들이 공유하고, 개별적인 교실 수업 시간에는 각 교과별 주제를 중심으로 교실 활동을 전개하는 방법으로 진행이 가능하기 때문이다. 기존에는 각 교과별 교육과정에 맞추어 수업을 해야 하기 때문에 통섭적 학습은 창의적 재량 활동 시간에 따로 하는 경우가 대부분이었다. 다양한 교과목에 편재되어 있는 관련 주제들을 통합하여 융합 강의 동영상을 교과 교사들이 협업하여 만들고, 이에 따라 각 교과 수업 시간에는 학습자 활동을 해당 교과목의 핵심 내용을 중심으로 진행하는 방법이 있을 수 있다. 이렇게 되면 학생들은 해당 교과목에서 배운 내용이 다른 영역과 어떻게 연결되는지를 맥락적으로 이해하면서 배울 수 있는 기회가 자연스럽게 만들어진다. 창의적·확산적 사고는 이렇게 만들어진다.

Part VIII

거꾸로교실에서 시작하는
교육혁신

한국 사회에서 교육만큼 범국민적 관심사도 드물다. 대선 때마다 교육정책 공약이 민생과 직결되는 경제정책만큼이나 비중이 큰 것은 이러한 관심의 크기를 말해준다. 우리 모두에게 '교육 문제'는 개인적 관심 혹은 이해관계가 얽혀 있는 문제이기도 하다. 현재 교육 문제에 직접적으로 특별한 이해관계가 없다고 하더라도 과거 학교교육의 경험과 이력들은 다양한 의미에서 많은 사람들의 현재의 삶을 가로지르고 있기도 하다.[1]

물론 국가적·사회적 특성을 막론하고 교육정책에 가장 민감하게 반응하는 계층은 중간 계층이라고 할 수 있지만,[2] 북미나 유럽 국가 등과 비교하여 계층을 초월한 교육 열망을 보여준다는 점에서 한국 사회의 특수성이 존재한다.[3] 무엇보다 '교육을 통한 공평한 사회적 지위의 배분'이라는 '교육 신화'가 매우 공고한 한국 사회에서 교육정책은 범계층적으로 매우 민감한 사안이었다. 학교가 모두에게 공평한 기회의 공간이라는 것이 현실이 아니라 '신화'인 이유는 그것이 현실적인 구현과는 상관없이 강력한 신념 체제로서 작동되는 일종의 이데올로기이기 때문이다. 전 세계적으로는 1960년대 후반부터, 한국 사회는 1990년대 후반부터 학교교육을 통한 계층 재생산이 공고해졌지만, 그 신념 체제를 근본적으로 뒤흔들지는 못하고 있다.

입시제도 개편이나 교육 기회 확대 등 다양한 교육개혁이 한국 사회에서 끊임없이 시도되었던 이유도 한국인들의 교육에 대한 범국민적 관심을 반영한 결과라고 할 수 있다. 그러나 이러한 다양한 거시적인 교육정책들은 기대만큼 그 효과를 발휘하지 못했다. 한국 교육개혁 정책이 수립될 때마다 단골 메뉴로 등장하는 입시제도는 너무 자주 바뀌어서 문제라는 이야기도 나온다. 입시는 그동안 해보지 않은 시도가 없으니 이제는 그냥 그대로 두는 것이 가장 새로운 정책이 될 것이란 우스갯소리가 회자되기도 한다.

교육은 매우 다양한 스펙트럼을 지닌 영역이다. 따라서 특정한 구조적 혹은 제도적 개혁이 교육 문제를 단번에 해결하는 것은 불가능하다. 구조적인 요인은 매우 중요하고 지속적으로 풀어가야 할 핵심적인 과제이지만, 역으로 구체적인 행위자들의 움직임 없이는 그 어떤 변화도 불가능하다. 수많은 교육개혁 정책들이 교육 현장의 감수성을 제대로 읽어내지 못하면서 별 효과를 발휘하지 못했다는 비판들은 이런 맥락에서 반성적으로 성찰할 필요가 있다. 무엇보다 교육은 제도적 환경이나 구조적 요인 등이 행위 주체들의 의지나 요구와 만나 상호 교차하는 역동적인 장이다.

제도적 차원의 변화가 학교 문화나 교실 수업 등에 미치는 영향력은 결코 무시할 수 없다. 마찬가지로 단위 학교와 교실 수업의 변화가 주변 학교와 주체들의 변화를 가져오고 이는 다시 전체 교육 구조와 환경의 변화로 이어질 수도 있다. 거꾸로교실이라는 새로운 수업의 변화에 의한 미시적 차원의 변화가 구조적 변화로 이어질 수 있는 까닭도 여기에 있다.

그동안 한국 사회는 다양한 실험을 통해 교육적 이상을 구성해나가는 문화가 정착되지 못했다. 매우 우수한 교사 인적 자원을 지닌 한국이 다양한 교육적 쇄신을 선도해내지 못한 이유이기도 할 것이다. 이 장은 한국 교육 문제의 사회적·문화적 맥락을 기반으로 하여 교실 수업 혁신이라는 미시적 차원의 변화를 통한 교육개혁의 가능성을 거꾸로교실에서 발견해보려는 시도다.

1. 한국 교육 현실과 교육혁신

가. 교육개혁 범주와 거꾸로교실[4]

 일반적으로 교육개혁에 관한 논의는 그 중점을 어디에 두느냐에 따라 다양한 관점과 입장이 대립되어왔다. 이러한 입장 차이는 사회구조 개혁을 우선시하는 입장과 교육 내부 개혁을 주장하는 관점으로 나누어볼 수 있다. 먼저, 사회구조 개혁을 주장하는 경우에는 고용이나 학력별 임금 격차 등과 같은 제도의 변화 없이 교육 내적 혁신으로는 교육 문제를 해결할 수 없다는 입장을 취한다. 따라서 교육개혁은 교육 내적인 면이 아니라 사회적 불평등-고용, 직업 안정성, 임금 격차 등등-을 포함하는 사회구조적 개혁 차원에서 이루어져야 한다고 주장한다.

 반면, 교육 자체의 변화를 통한 교육개혁을 주장하는 입장에서는 교육 자체의 동력(경제적 효용성이 작동하지 않는 교육 경쟁 등 한국의 독특한 교육 문화)이 존재하기 때문에 교육 내부적 개혁으로 이러한 동력을 비틀 필요성이 있다고 주장한다. 따라서 교육정책과 학교 환경의 개선 등 교육 내적인 개혁을 통해 문제를 완화할 수 있다고 주장한다. 전자가 교육을 사회의 종속변수로 전제한다면, 후자는 교육 내적인 변화가 구조를 바꾸는 출발점임을 강조한다. 후자의 경우, 구조적 문제를 간과해서라기보다는 제도적 개혁만으로는 실질적인 변화를 이끌어내기 어렵고, 구조적 문제는 단기간에 해결하기도 어렵다는 현실론에서 비롯된다.

　교육 내적인 개혁 영역에서도 다양한 관점과 입장이 존재한다. 교육문제의 진단에 따라 교육개혁 수준이나 영역에서 차별성을 보이기 때문이다. 자생적인 근대화를 한 서구 사회에서도 학교교육이 제대로 작동하지 않게 된 1960년대 후반부터 다양한 영역과 수준에서의 교육개혁 운동이 활발하게 전개되었다. 때로는 교실 수업의 변화를 통해 학교교육을 바꾸어내려는 미시적인 교육개혁에서부터 학교 체제를 뒤흔들고 새로운 대안적 교육제도를 모색하는 급진적이고 거시적인 흐름까지 다양한 운동들이 일어났다. 아래는 교육개혁 수준과 영역에 따라 교육개혁 유형을 4가지로 분류한 것이다.

　먼저, 개선형(A)은 일종의 현상 유지형 교육개혁이라고 할 수 있다. 교육개혁에 대한 매우 보수적인 접근 방식으로서 제한적 개편을 통해 교육을 개선하고자 하는 유형이다. 현 교육제도에 대한 부분적 보완이나 교육과정의 부분적 개편 등이 이에 해당한다.

　둘째, 재구조화형(B)은 기존의 교육제도를 새롭게 재창조하려는 교육개혁이다. 학교 운영 시스템의 재구조화, 교육과정이나 교실 수업 체제의 전면적인 개편 등을 동반하는 개혁 유형이다. 학교의 기본적인 토대는 기존 시스템과 동일하지만 내부 제도와 운영 체제를 전면적으로 재구조화하여 운영되는 학교가 그 대표적인 예이다. 미국의 차터스쿨, 한국의 혁신학교 등이 여기에 해당된다.

　셋째. 보완형(A')은 비형식적 교육기관인 가정이나 사회적 공동체에

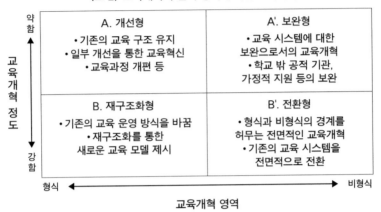

〈표 2〉교육개혁 수준과 영역에 따른 교육개혁 유형

*Charles Leadbeter(2010)의 교육혁신 모델 분류에 기반을 두고 필자가 재구조화하여 작성.

서 학교교육에서 부족한 부분을 보완해주는 교육 개선을 지향한다. 기본적인 교육 시스템은 그대로 두고 보조적 교육 지원을 통한 개선책이라고 할 수 있다. 학습 부진아 보조, 저소득층 아이들을 위한 지역사회 기관의 지원 등은 여기에 해당된다.

마지막으로, 전환형(B')은 학교 안팎의 기존 교육 체제를 전면적으로 뒤엎고 새롭게 교육을 재편하려는 전면적인 교육개혁 유형이다. 제도적 학교교육 시스템 개혁만으로는 한계가 있다고 보고, 학교의 경계를 허무는 급진적 교육개혁을 추구한다. 학교 밖 자생적인 학습공동체 등은 대표적인 사례이다. 전환형에 의해 운영되는 학습공동체는 기존의 학교 모델과 전혀 다르며, 추구하는 가치와 시스템도 다른 형태이다. "학교 없는 사회"를 주창했던 일리히Illich(1971)의 학습망도 이러한 전환형 형태에 해당된다.

일반적으로 국가 정책으로서의 교육개혁은 A 유형인 개선형을 띠는 경우가 많다. 기존의 교육 체제를 고수하면서 현상적으로 드러나는 문제들을 해결하는 방식은 많은 비용을 치르지 않으면서 단기적 효과를 내는 데 적합하기 때문이다. 보완형인 A' 유형도 학교교육을 보완하는 형태로서 현상 유지형인 A형과 더불어 가장 빈번하게 이루어지는 교육개혁 유형이다. 이처럼 한 국가의 교육정책은 시간적·공간적 한계 속에서 정당성을 갖고 효율성을 강조하는 방향으로 흐를 가능성이 높기 때문에 대체로 부분적인 교육개혁을 선호할 가능성이 높다.

한편, 제도교육 내에서 보다 급진적인 교육개혁을 추진할 경우에는 재구조화형인 B의 형태를 띠게 된다. 그러나 전환형인 B'는 기존 교육 체제를 전면적으로 개혁하여 새롭게 틀을 짜기 때문에 안정된 사회제도를 지닌 사회에서는 대안적 교육 운동 형태로 드러날 가능성이 높다. 한국 사회의 대안학교 운동이나 홈스쿨링 등은 그 대표적인 예다. 또한 사회 체제가 안정적이지 않거나 자원이 부족하여 기존의 학교제도적 시스템을 갖추기 어려운 사회에서도 전환형 형태의 교육개혁 움직임이 일어날 가능성이 있다. 제도적·구조적 틀을 갖추는 데에 드는 시간과 비용을 감당하지 못할 경우 가능한 범위 내에서 자생적인 다양한 형태의 교육 실험들이 가능해지기 때문이다.

거꾸로교실을 통한 미시적 교육개혁은 학교교육의 위기를 돌파해나가는 전략으로 학교개혁의 일환으로 교육개혁을 논한 것이다. 〈표 1〉의 분류에 의하면 재구조화형(B)에 가장 가깝다. 거꾸로교실로 인한 교실 수업의 혁신이 광범위하게 확산되면 아래로부터 시작하는 상향식 혁신과 위에서 시작하는 하향식 접근 사이의 이분법적 경계를 넘어 상호 영향을 주는 방식으로 확산될 가능성이 크기 때문이다.

나. 교사와 학생이 성장하는 수업에서 시작하는 교육혁신

교실은 교육이 이루어지는 최전선이다. 교실에서 좋은 수업이 구현되지 않는 한 교육 환경과 구조 자체는 아무런 의미가 없다. 교육 환경과 구조가 아무리 훌륭하다고 할지라도 결국은 좋은 수업을 위한 조건일 뿐이라고 해도 크게 틀린 이야기는 아닐 것이다. 체계적이고 적절한 교육과정도 교실에서 이를 어떻게 구현하느냐에 따라 그 의미와 효과가 결정된다. "수업이 교육의 질을 결정한다"라는 모토는 여전히 교사가 놓지 말아야 할 핵심이다.

물론 사회적 구조와 교육 환경이 미시적인 교실 수업에 미치는 영향력이 결코 적다고 할 수 없다. 대한민국 교육 문제를 가로지르는 입시 환경이 달라지면 수업의 방식과 풍경이 달라질 가능성이 크고, 교육정책에 따라 교육과정 운영과 교실 수업 실천에 미치는 영향력은 매우 막강하다. 그러나 그동안 교실 수업을 바꾸기 위한 입시제도의 개혁이나 교육과정이 실제로 수업 개선에 별다른 영향을 미치지 못했던 것을 상기하면 교육정책만으로는 교육혁신을 이루어내기에 한계가 있다.

교실 수업 개선은 수업 주체인 교사의 공감과 자발적인 실천 없이는 불가능하다. 제도적 개선 자체가 현장 주체의 공감과 움직임으로 나타나지 않았다는 것은 우리 교육 현장에서 낯선 일이 아니다. 이러한 현실은 구조적 개선을 넘어 현장에서 시작하는 변화가 실질적 파괴력을 가질 수 있다는 것을 상기시켜준다. 이 점에서 어떤 제도적 혁신이건 교사가 기꺼운 마음으로, 쉽게 실천할 수 있는 방향으로 이루어지지 않으면 그 변화를 기대하기가 어렵다.

거꾸로교실은 수업에서 시작하는 교육혁신을 위한 가능성을 열어주고 있다. 교사가 기꺼운 마음으로 교실 수업의 변화를 통해 새로운 교육 패러다임을 열어갈 수 있는 가장 쉬운 길로 안내하는 표지판이 될 수 있기 때문이다. 그동안 한국 교육 사회문화를 지배했던 무기력과 냉소를 넘어 새로운 길을 만들어가는 데 거꾸로교실이 작은 디딤돌이 될 수 있다는 것을 많은 교육 현장들이 확인시켜주었다. 따라서 제도적 혁신만으로는 불가능했던 새로운 교육의 판을 교사와 학생이 함께 성장해나가는 수업에서 시작하는 것이 불가능하지 않다는 희망을 이야기하고 있다는 것이 과장만은 아닐 것이다.

2. 미시적 교육혁신으로서의 거꾸로교실

가. 사교육을 넘어 학교 역할의 복원

사교육으로 인한 교실 붕괴와 학교교육을 통한 계층 재생산이 90년대 이후 극심해지면서 교육에 대한 비판적 담론이 매우 거세어지고 있고 이러한 비판은 때로는 학교교육의 무용론無用論과 연결되기도 한다. 학교의 긍정적 기능과 역할의 부재는 가정적 배경이 좋지 않은 아이들에게 더 치명적일 수 있다는 점에서 문제의 심각성이 있다. 학교교육이 삶의 기회로 작동하기 위한 제도적 노력이 끊이지 않았던 것도 이 때문이다.

성적에 의해 모든 것이 평가되고, 그로 인해 줄을 서야 하는 현실은 충분히 개탄스럽다. 그동안 성적 위주의 학교교육에 대한 비판의 목소리들은 배움의 과정이 아니라 성적으로 가시화되는 결과만을 중시하는 우리의 교육 문화를 향해 있었다. 성적 중심 교육 문화는 경쟁적인 학교 문화를 만들면서 학교에서의 또래 관계도 황폐하게 했던 것이 사실이다. 그뿐이 아니다. 학교교육에서 경쟁력을 높이기 위해 사교육에 의존하게 되는 기형적인 교육 문화를 만들어오기도 했다.

그럼에도 불구하고 학교교육의 결과라고 할 수 있는 학업성취는 다양한 방식으로 현실적 영향력을 발휘한다는 점에서 결코 무시할 수 없는 부분이다. 가정적 배경에 따른 학업성취 격차가 교육 평등 지수로 중요하게 다루어졌던 것도 이 때문이다. 학업 성적의 의미를 논하기 전에 학교는 신분제가 철폐된 근대에 보다 공평한 사회적 지위를 배분하기 위한 제도적 장치였음을 상기할 필요가 있다.

그러나 현실은 이러한 학교교육의 이상을 무너뜨렸다. 가정적 배경이 학교교육의 결과를 결정한다는 명제는 콜만 보고서(1966) 이후 오래된 불편한 진실이다. 하지만 한국 사회에서는 사교육의 창궐은 공교육이 지니는 가장 기초적인 기회의 평등이라는 기능을 무너뜨렸다. 굳이 가정적 배경에 의한 비가시적인 문화 자본을 거론할 필요가 없을 만큼 한국 사회에서 사교육이 학교교육에 미치는 영향력은 매우 거세다. 부모의 재력에 의해 사교육 기회가 차별적으로 부여되고, 이러한 사교육이 공교육에 유의미한 영향을 미쳐왔기 때문이다.

그렇다면 학교는 아무것도 할 수 없는 것일까? 모두에게 공평한 기회의 공간으로서 학교교육 복원은 불가능한 것일까? 거꾸로교실은 이러한 의문들과 마주하여 해결의 가능성을 열어준다.

사교육의 실질적 효과성에 대해서는 연구별로 다양한 스펙트럼을 보여주지만, 효과가 좋다고 하더라도 그 원인이 사교육 강사가 훌륭해서는 아니다. 학생들에게 필요한 도움을 줄 수 있는 소규모 개별적인 맞춤형 교육이 가능한 시스템을 갖추고 있기 때문이다. 그러나 현실적으로 공교육에서 교사가 사교육처럼 개별적인 맞춤형으로 교육적 지원을 하기는 어렵다.

개별화된 수업은 단순히 수업 이해도를 향상시켜 학업성취도를 올려주는 기술적 효과성 차원에서만 의의가 있는 것이 아니다. 교사와 학생 간의 상호작용을 증가시켜 학습 효과에 다양한 직간접적 영향을 줄 가능성이 크다. 사교육은 이런 개별적인 맞춤형 교육 시스템을 작동시키면서 한국 사회의 오래된 '그림자 교육shadow education'[5]을 담당해 왔다.

거꾸로교실은 앞서 기술한 것처럼 교실 수업에서 개별적인 학생 지도가 가능해진다. 동영상을 통해 강의를 교실 밖으로 옮김으로써 교실 수업 시간에서는 교사가 학생들을 개별적으로 가르칠 수 있는 물리적 시간을 만들어주기 때문이다. 따라서 사교육의 도움을 받을 수 없는 아이들을 구제할 수 있는 길을 만들어줌으로써 공교육이 담당해야 하는 중요한 역할을 복원할 수 있다.

물론 거꾸로교실의 궁극적 목적이 학생들의 성적 올리기에 있지는 않다. 아무리 좋은 수업을 해도 상대평가가 존재하는 한 성적 격차는 있을 수밖에 없고 학생들에게는 그에 따른 등급이 매겨질 것이다. 그렇지만 상대적인 등수와는 상관없이 자신의 학습 이해도 향상과 성적 변화 자체는 개인적으로 의미가 크다. 자신의 가능성을 학교교육을 통해 확인받을 수 있기 때문이다. 또한 잠재적 능력은 있었으나 적절한 학습 도움을 받을 수 없었던 학생들에게 공교육에서 그 기회를 제공함으로써 말 그대로 모두에게 공평한 기회를 실질적으로 보장하는 기능을 하게 된다. 학교교육의 궁극적 목적이 성적이 아니더라도 학업 성적이 가정적 배경에 의해서 결정된다는 것은 그 자체로 문제적일 수밖에 없기 때문이다.

개인적으로 학업 성적이 학생들의 미래의 삶에 절대적인 역할을 한다고 생각하지 않는다. 따라서 성적 중심의 학교교육 문화는 충분히 반성해야 한다. 그러나 성적은 청소년기의 자존감과 정체성을 형성하는 데 결정적인 역할을 할 가능성이 많다는 점에서 성적 변화는 다양한 효과성을 발휘한다. 특히, 학교 성적이 가정과 학교에서의 관계 형성에 핵심적인 요소가 될 수 있는 한국의 교육 문화를 고려하면 그 의미는 결코 작다고 할 수 없다. 낮은 성적이 능력의 열등함을 나타내는 지표로 작동되는 한국 교육 현실에서 성적 향상에 대한 경험은 그 자체로 자신의 가능성을 확인하는 경험이 되기 때문이다.

거꾸로교실에서는 학습자의 수준과 능력에 맞는 개별적인 지도가 가능해지기 때문에 학교에서 학습이 느린 학생들이 소외될 가능성을 완화시킬 수 있다. 물론 '완화'가 모든 문제 해결을 의미하지는 않는다. 그럼에도 불구하고 더 악화시키지는 않는 최소한의 처방책이자 보완책일 수는 있다. 그것만으로도 지금의 공고한 교육 계층 재생산 구조에 보다 현실적인 방식으로 균열을 내는 의미 있는 작업일 수 있다.

나. 안티테제로서의 교육 문화 운동을 넘어

학교는 공부하는 곳이다. 공부의 방법과 목표, 방향성은 문제일 수 있지만 '공부'를 빼고 학교를 이야기할 수 없다. 그런데 학교 공부, 혹은 교육 학습에 대한 사회적 재현social representation은 긍정적이지 않다는 데에 문제의 심각성이 있다. 최근에 회자되기 시작한 '배움'이라는 언어는 이러한 교육과 학습의 부정적 이미지를 걷어내는 의미로도 차용하고 있는 듯하다. 단순한 지식의 습득이나 성적 향상을 위한 도구적인 학습이 아닌 삶의 역량에 대한 강조는 이러한 '배움' 담론의 핵심이다.

　그러나 어떤 언어와 개념을 동원하든지 공부의 의미 자체는 훼손될 수 없다. 삶의 역량을 배우는 일이 지식에 대한 이해와 확장을 도외시하는 것은 아니기 때문이다. 거칠게 이야기하면, 지식은 현실에 대한 체계적이거나 타당성 있는 해석 그 이상도 이하도 아니다. 따라서 기존의 지식을 제대로 배워, 새로운 사고로 확장하거나 삶에 대한 심층적인 이해와 실천으로 이어가는 작업은 매우 중요한 공부 혹은 배움의 과정이다.

　최근 일련의 교육 문화 운동은 지식의 암기나 성적 위주의 한국 교육 현실을 타개하기 위해 지식의 습득을 상대적으로 도외시하는 경우가 종종 있다. 물론 이러한 경향성은 기존의 획일적이고 낙후된 교육 문화에 대한 안티테제로서는 충분히 의의가 있다. 이러한 안티테제가 새로운 길을 만들어내고 그동안 현실 교육에서 경시해왔던 의미 있는 교육적 기능을 복원하는 과정인 것도 사실이다. 그러나 교육이 장기적인 기획이라는 점에서 안티테제로만 기능하는 것은 바람직하다고만 할 수는 없다. 또한 현실을 돌파해나갈 파급력을 갖기도 힘들다.

　지식을 공유하고 심화, 확장하는 것보다 창의적이고 협력적인 활동에 의미를 두고 많은 시간을 할애하는 것은 현실 교육 지형에서는 한계가 있다. 지식의 이해와 창의적 활동이 분리되는 것이라고 보기도 어렵지만 이러한 이분법적인 인식은 궁극적으로 바람직하지 않아 보인다. 무엇보다 교육 목표의 옳고 그름이나 교육철학의 문제를 떠나 입시라는 한국 교육 환경을 감안하면 현실적 한계가 분명히 보인다.

배움의 과정을 통해 얻는 협력심, 관계 맺기 능력, 문제 해결력, 사고력이 반드시 교과적 지식과 유리될 필요는 없다. 우리가 배우는 기존의 지식은 이미 우리를 둘러싼 다양한 문제들을 먼저 고민해서 타당성 있는 방식으로 정리해놓은 그 무엇이다. 문제는 지식을 배우고 공유하고 적용하는 방식이지 지식 자체가 아니다. 따라서 배움의 과정에서 중요한 질문은 "무엇"이 아니라 "어떻게"다.

안티테제로서 교육 운동을 넘어 공부 자체가 즐거움이 되고, 성장의 동력이 되는 동시에, 학생들의 창의성과 협업 능력을 길러주는 교육 문화를 만들어가는 길을 고민해야 한다. 거꾸로교실은 이러한 이상적인 수업을 지금 교실 현장에서 만들어나갈 수 있는 방법 가운데 하나일 것이다.

다. 혁신은 모든 것이 갖추어진 곳에서는 일어나지 않는다?!

'슬럼가에서의 교육혁신'이라는 제목의 TED 강연자인 찰스 리드비터 Charles Leadbeter(2010)는 교육혁신은 한 번도 구조적인 환경이 우호적인 곳에서 일어난 적이 없다고 단언한다. 오히려 혁신적인 교육 실험을 할 수밖에 없는 열악한 구조와 조건들이 교육개혁이라는 새로운 길을 만들어왔다는 것이다. 그가 들려주는 교사와 학생과의 관계 혹은 수업을 통해 만들어낸 수많은 기적의 이야기들은 가르친다는 것의 의미를 다시 성찰하게 한다.

변화와 창조는 늘 중심이 아니라 변방에서 이루어져왔고, 교육혁신도 마찬가지다. 중심부는 기존의 것을 지키는 보루가 되기는 쉬우나 창조적 공간이 되기는 어렵기 때문이다.[6] 거꾸로교실 실험도 서울 강남의 학교가 아니라 어려운 가정적 배경을 지닌 아이들이 많은 부산의 후미진 지역에서 시작되었다.

제도적인 개혁을 위한 노력은 사회적 구조가 개인에게 미치는 영향력을 고려할 때 아무리 강조해도 지나치지 않다. 그러나 제도를 구성하는 행위자의 실천 없이는 그 어떤 것도 불가능하다. 따라서 변화를 만들어내는 그 시작을 행위자가 시작할 수도 있다. 그 작은 움직임이 새로운 구조와 환경을 만들어가는 변화의 흐름을 만들어낼 것이다. 이 점에서 거꾸로교실은 학교교육의 구조나 제도, 사회적 환경을 모두 바꿔내는 거대 담론 대신 교육이 이루어지는 최전선이라고 할 수 있는 교실 수업의 변화를 통한 혁신의 가능성을 이야기한다고 할 수 있다.

Part IX

거꾸로교실이
다시 던지는
오래된 교육적 화두

전통적인 교실 수업에서 주류를 이루어왔던 교사의 강의가 동영상 제작을 통해 교실 밖으로 이동함으로써 교실 수업 구조가 전면적으로 변화하는 거꾸로교실은 다양한 부수적 현상들을 수반한다. 이 변화들은 때로는 드라마틱하기도 해서 수업 방법의 변화만으로도 즉자적으로 나타나는 효과에 당황(?!)하고 감동스러워하는 교사들도 많다.

그럼에도 이 변화의 과정에서 교육이란 무엇인지, 가르친다는 것은 어떤 의미인지, 좋은 수업이란 어떤 것인지에 대한 보편적이고 오래된 교육적 화두를 다시 꺼내 들게 된다. 거꾸로교실을 실행하다 보면 이런 일반론적인 질문과 자주 마주 서는 경험을 하게 된다는 고백을 하는 교사들도 많다. 가르침과 배움의 역전, 학생과의 새로운 관계 등 거꾸로교실이 가져다주는 변화들이 새삼스럽게 교육의 의미와 교사의 자리를 다시 성찰하게 하는 것일지도 모르겠다.

이 장은 이처럼 보편적이고 오래된 것이지만 거꾸로교실에서도 더욱더 유의미한 몇 가지 교육적 화두에 대한 사색의 글이다.

1. 가르치는 자로 살아간다는 것

가. 친구가 될 수 없으면 스승이 될 수 없다

오랫동안 교육의 장을 지배해온 계몽주의와 교사 중심의 강의 프레임은 배움의 과정을 통해 촉발되는 창의적인 발상과 자유로운 사고, 잠재적인 가능성을 원천적으로 봉쇄할 가능성이 매우 높다. 교사-학생의 위계적 관계에 따른 지식 전달식 강의는 새롭고 자유로운 상상력이 발휘될 여지를 주지 않기 때문이다. 이는 창의적인 문제 해결 능력을 기를 수 있는 기회를 교육이 제공하지 못한다는 점에서 21세기 교육 패러다임에도 적절하지 않다. 자유로운 상상력이 발휘되지 않는 곳에서 창의성이 발현되기는 어렵다. 감히 교사에게 질문을 하지 못하고 교조주의적 가르침과 정해진 정답만을 말해야 하는 교육 문화가 지배적인 곳에서 창의적인 사고가 싹틀 리 만무하다.

이 점에서 가르침과 배움의 관계란 사제師弟가 아닌 사우師友여야 한다는 이탁오의 통찰은 미래 지향적인 배움에 대한 탁월한 비전을 함의하고 있다.[1] 친구가 될 수 없으면 스승도 될 수 없다는 그의 이야기는 통제와 지시, 일방적인 계몽적 가르침으로 대변되는 강의 중심 교육 문화에 대한 날카로운 통찰을 담고 있다. 가르치는 자와 배우는 자 사이의 위계 대신 자유로운 질문과 대답, 논쟁과 소통이 가능한 관계가 배움을 촉발시킬 수 있다는 그의 식견은 21세기에 찬찬히 되새겨야 할 고전 속 진리다.

거꾸로교실의 주인공은 더 이상 교사가 아니라 학생이며, 교사는 보조적 역할로만 존재할 뿐이라고 했지만, 교사와 학생 간의 위계를 흔드는 것은 실제로 쉽지만은 않은 일이다. 오랫동안 학생을 다스리고 가르쳐야 한다는 교사의 역할에 익숙해지면 이러한 위계적 관계에 균열을 내기가 쉽지 않기 때문이다.

그러나 교사와 학생의 위계적인 관계를 내려놓고 서로 평등한 관계로 가르치고 배운다는 것이 교사의 권위를 손상시키는 것은 아니다. 따라서 교사와 학생의 평등한 관계가 교사의 권위를 떨어트릴 수 있다는 일부의 우려는 기우다. 오히려 상호 존중 속에서 서로 배우고 성장한다는 관계의 패러다임을 의미한다. 함께 배움의 길을 떠나는 동반자에게 서로에 대한 존중과 예의는 기본적인 전제이기 때문이다.

최근 교권이 하락했다는 매스컴의 이야기는 매우 다른 용어가 뒤섞이면서 우리의 혼란을 초래하고 있는 것 같다. 물론 교사의 역할과 관계없이 사회의 변화에 따른 교권의 위기도 발생하고 있다. 또한 학생들이나 학부모들의 행동이나 태도도 교사들을 당황하게 하고 상처를 입히기도 한다.

교사들은 해가 다르게 변화하는 새로운 감성과 배경을 지닌 아이들을 만나서 새로운 관계를 맺게 된다. 사회의 급속한 변화와 함께 학생들의 변화 속도도 빠르다. 교사들이 학생들을 가르치고 지도하기가 해가 갈수록 힘들다는 이야기도 이런 환경과 무관치 않을 것이다.

그럼에도 불구하고 교사의 권위를 우리가 어떻게 규정하고 있는지에 대해서는 우리 스스로의 비판적 성찰이 필요하다. 권위는 교사에게 주어진 배타적 권리가 아니다. 오히려 학생과의 관계에서 만들어지는 것이다. 그러므로 교사의 권위를 어떻게 만들어가야 하는지는 교사 개인의 몫이기도 하다.

열린 관계에 기초하여 함께 배우고 성장하는 스승을 학생들이 존경하지 않을 이유가 없고, 그 권위를 학생들이 '감히' 무시하지도 않는다. 무엇보다 달라진 시대에, 달라진 아이들과 함께 배움의 길을 인도하고 가르치는 자로서 어떻게 관계를 맺어야 할지를 고민해야 할 때인 듯하다. "친구가 될 수 없으면 스승이 될 수 없다"라는 어쩌면 지금 교권의 하락 위기를 경험하고 있는 교사들이 스스로 몸 바꾸기를 통해 새롭게 '선생 노릇'을 재구성하는 데 가장 절실하게 필요한 말일지도 모르겠다.

나. 교사들도 가르침의 파트너가 필요하다

'또래 학습'은 학생들의 배움을 촉발시키는 최고의 학습법 가운데 하나다. 따라서 함께 공부하고 의논하면서 문제를 해결해나갈 수 있도록 또래 학습의 판을 만들어주는 것은 매우 중요하다.

동료와 함께하는 것의 중요성은 비단 공부를 하는 학생들에게만 필요한 것은 아니다. 학습자들이 배움의 길을 떠나는 데 또래라는 파트너가 필요하듯 교사들도 가르침의 길을 함께할 파트너가 필요하다. 협업 능력이 21세기 핵심 역량인 이유는 혼자서 문제 해결을 하는 것보다 함께하면 더 쉽고 효율적으로 문제를 해결할 수 있을 뿐만 아니라 함께하는 과정 자체가 서로에게 힘이 될 수 있기 때문이다.

특히, 새로운 모험의 길을 떠날 때는 함께할 동반자가 절실하게 필요하다. 서로에게 용기를 북돋워주고, 함께 길을 찾으며 걸어갈 사람은 그 자체로 모험의 성패를 가름하는 관건이 될 수도 있다. 무엇보다 새로운 길 위에서 만날지도 모를 장애를 극복할 지혜를 함께 나눌 수 있는 존재는 그 자체로 매우 중요하다.

거꾸로교실을 실행해본 교사들은 이전에는 전혀 절감하지 못했던 동료 교사의 필요성을 많이 느낀다고 한다. 동영상을 만드는 것에서부터 교실 수업 전략을 함께 고민하면 물리적, 심적 부담이 훨씬 가벼워질 것 같다는 이야기를 많이 한다.

실제로 거꾸로교실을 시작하거나 그 이후에 동료 교사들을 꼬드겨 (?!) 함께한 사례가 많다. 새로운 수업 방식을 도입하는 데 서로 용기를 줄 수 있고, 무엇보다 수업을 진행하면서 만나게 되는 다양한 어려움들을 돌파해나갈 방법을 함께 모색할 수 있어서 큰 힘이 된다고 한다. 현실적으로는 동료 교사와의 협업을 통해 동영상 제작이나 수업 전략도 공유하게 되면 일종의 품앗이가 되기 때문에 업무의 양을 덜 수 있는 장점도 있다. 또한 혼자였다면 포기할 수도 있었을 상황에서도 격려와 지지를 보내는 동료 교사들 덕분에 힘을 얻었다는 고백을 많이 듣는다.

그런데 한국의 수업 문화에서 서로의 수업이나 학생 지도에 대해 교사들이 공유하는 경우는 많지 않다. 교사들의 대화에 학생들을 어떻게 가르쳐야 할 것인가에 대한 고민이 없다는 것도 그동안 많이 회자된 이야기이기도 하다.

가르치는 일이 그리 만만한 일이 아니라는 것은 현장 교사들이 일상적으로 절감하는 이야기다. 교사 연수에서 만났던 교직 경력 30년 차인 한 선생님은 요즘 젊은 교사들이 안쓰럽다고 한다. 자신은 퇴직이 얼마 안 남았으니 조금만 견디면 되지만 신입 선생님들은 해마다 달라지는 학생들의 변화를 좇아가며 수업하고 지도하는 일을 앞으로도 오랫동안 해야 해서 안타깝다는 것이다.

다양한 동기와 배경을 지니고 있는 학생들을 대상으로 수업을 진행해야 하는 것은 쉽지 않은 일이다. 자주 바뀌는 교육과정이나 새로운 교수법을 익혀 학생들을 가르치는 일도 물리적·심리적으로 버거운 일이다. 고군분투하다가 지치거나 교사라는 직업에 회의를 갖게 된다는 교사들의 고백도 가끔 듣는다. 신입 교사의 열정은 3년을 넘기지 않는다는 속설도 있다. 한국 교사들의 매우 낮은 효능감도 이러한 현실적 상황과 연관이 없지 않을 것이다.

협업 능력이 21세기 핵심 역량이라면 교사도 예외일 수 없다. 오히려 미래 세대를 가르치는 교사들 간 수업의 방향성과 방법, 학생 지도에 대한 공유와 협력은 더 중요하다. 수업이든 학생 지도든 같은 고민을 함께 나누고 방법을 모색할 동료가 있다면 훨씬 짐이 가벼워지고 해결책도 보다 쉽게 발견할 가능성이 높기 때문이다. 아이들이 함께 공부하면 학습이 효율적이고 배움의 과정이 즐겁듯이 교사들도 함께하면 가르치는 일이 훨씬 효율적이 되고 즐거운 성장의 과정이 된다.

가르침의 파트너를 갖는다는 것은 실질적인 수업에 관한 도움을 주고받는 동료를 얻는 것이기도 하고, 가르치는 일을 업으로 하는 이로서 서로 공감하면서 길을 함께 가는 도반을 얻는 것이기도 하다.

다. 왜 가르치는가에 대한 나만의 이유가 필요하다

거꾸로교실은 수업 방식의 변화만으로 새로운 교육 효과와 결과를 보여주기도 한다는 점에서 많은 주목을 받고 있다. 무엇보다 이 과정에서 교사의 성찰과 경험을 토대로 자신만의 교육 비전을 실험하고 찾아가는 계기가 될 수 있음을 보여주기도 하였다. 그럼에도 불구하고 교육에 대한 철학과 지향점이 배제된 채 단지 교육과정이나 수업 방법을 외형적으로 변화시키는 것은 한계가 있을 수 있다. 또한 예기치 않은 현실적 장애들을 만났을 때 쉽게 포기하거나 길을 잃게 될 위험성도 있고, 교사라는 직업은 전문성을 요구하는 영역이다. 그러므로 교수 능력이나 학생 지도 능력, 방법 등에 대한 전문적인 훈련이 필요하다.

그러나 이보다 중요한 것은 교사 스스로 가르치는 이유를 찾는 일이다. 학생들이 공부를 잘하려면 '나는 왜 공부하는가'에 대한 이유가 필요한 것과 다르지 않다. 따라서 교사가 왜 가르치는가에 대한 자신만의 답을 가지고 있는 것은 현실적 장애들을 극복하고 자신의 길을 지속적으로 걸어갈 수 있는 힘이 된다.

'왜'라는 질문은 '어떻게'에 앞서는 질문이다. '어떻게'가 구체적인 실천이라면 '왜'는 그 실천 전략을 추동하는 엔진이다. '왜'에 대한 나만의 답은 전체적인 방향을 결정하고 구체적인 방법을 견인해내는 동력이 된다. 나는 왜 가르치는가에 대한 답이 얻어지면 '어떻게'가 결정된다.

수업은 교사와 학생이 만나 다양한 교육 내·외적 조건들과 상호작용하며 구성되는 매우 역동적인 공간이다. 교육과정, 평가, 학교 안팎의 구조 등 다양한 요인들이 직접적·간접적 영향을 미치게 된다. 따라서 일정한 수업 모형이 그대로 기계적인 방식으로 교실 수업에 적용되는 것은 불가능하다. 또한 수업 과정에서 다양한 변수와 장애를 만나게 되기도 한다. 때로는 원래 계획했던 것들을 전면적으로 수정해야 하거나 포기해야 할 때도 있다. 물론 다양한 난관을 뚫고 그냥 원래 계획대로 밀고 가야 할 때도 있다. 이 과정에서 '나는 왜 가르치는가'에 대한 나만의 이유는 선택과 결정의 순간에 그 기준과 방향을 알려주는 열쇠가 될 수 있다.

아이들을 잘 가르쳐서 내가 인도하고 싶은 곳은 어디인지, 어떤 아이들을 기르고 가르치고 싶은지에 대한 자신만의 답을 먼저 찾으면 새로운 수업을 하면서 만나는 현실적인 장애들은 별것이 아니거나 혹은 얼마든지 해결할 수 있는 것들로 바뀌게 된다.

2. 교육, 학교 그리고 수업

가. 끊임없는 상상력과 새로운 교육 실험이 만들어내는 교육혁신을 위하여

앞으로 나아갈 당시에는 보이지 않던 삶의 마디가 뒤돌아보니 삶을 연결해주는 점들이 뚜렷이 보이더라는 이야기는 스티브 잡스가 스탠퍼드 대학에서 했던 유명한 연설의 일부다. 그의 말은 지금 막막하더라도 좌절하지 말고 앞으로 나아가면 훗날 그 의미들의 그물망이 엮인다는 메시지를 담고 있다. 삶의 신비와도 같은 이 말은 나중에 보니 이렇게 길이 만들어졌더라는 단순한 결과론적 해석만은 아닐 것이다. 뒤돌아보니 연결되는 점들이 보이는 이유는 삶의 과정에서 끊임없이 시도했던 것들이 흔적을 남기기 때문이라고 믿고 싶다. 실패한 시도라고 해도 어떤 방식으로건 생에 흔적을 남기기 때문이다.

실험이란 말 그대로 일종의 시도이기 때문에 실패할 수도 성공할 수도 있다. 과학에서 실험으로 검증되지 않는 이론은 폐기되지만 실험의 과정과 시도는 또 다른 사고와 방법을 잉태하는 필연적 과정이다. 교육 실험도 마찬가지다. 거꾸로교실이라는 새로운 수업 방식을 실험 삼아 수업에 도입하다 보면 다양한 시행착오를 겪을 수도 있다. 그러나 거꾸로교실이라는 새로운 수업 방식을 적용하면서 겪을 수 있는 다양한 시행착오는 그대로 자산이 되어 교사가 보다 좋은 수업을 만들어가는 데 동력이 될 것이라고 생각한다. 그 실험이 모여 보다 좋은 수업을 만들어 나갈 수 있는 원천이 될 것이다. 무엇보다 미래 세대를 키우는 교육 공간이 실험이 멈추는 곳이어서는 안 될 것이다. 그 실험이 실패하더라도 실험 그 자체로 충분히 의미 있다. 실험의 시도와 과정 자체가 이미 교육적이다. 의미 없는 질문이 없듯이 의미 없는 실험도 없다.

새로운 것의 도입은 늘 저항과 함께 시작된다. 누구나 자신에게 이미 익숙한 환경을 벗어나거나 틀을 벗어나 새로운 것을 시도한다는 것은 부담스러울 수 있기 때문이다. 그럼에도 불구하고 모든 변화는 새로운 것과의 끊임없는 접속에 의해 일어난다. 외부와의 접촉과 교섭, 자신에게 익숙한 것들을 낯설게 보려는 시도와 실험 없는 변화와 발전은 없다. 좋은 수업이란 기존의 수업 규범 혹은 관습에 만족하지 못하고 새로운 실험을 시도하는 과정에서 끊임없이 구성되는 것이기 때문이다. 이 점에서 자신의 수업을 열어놓고 그 안에서 최적의 수업을 만들어가면서 자신만의 교육 논리를 만들어가는 열린 방식은 여전히 커다란 의미를 지닌다.

나. 최고의 수업, 최고의 교사

"어떤 수업이 최고인가"라는 질문에 답을 하기란 난감하다. 가르치고 배우는 일이란 누가 어떤 목적을 가지고 하느냐에 따라 달라지기 때문이다. 이 점에서 거꾸로교실만이 최고의 수업이라고 단언할 수는 없다. 다만 지금도 현장에서 수많은 교사들이 개별적으로 만들어가고 있는 최고의 '수업들'이 있을 뿐이다.

교실은 매우 역동적인 공간이다. 개별적 교실 안에 모인 아이들 역시 그 수만큼 다양한 배경과 역량, 동기, 목적을 가지고 있다. 또한 개별 학교의 환경과 특성도 매우 다양하므로, 수업의 풍경은 이러한 다양한 맥락에 따라 달라질 수밖에 없다. 따라서 특정한 수업 방식이 모두에게 최고로 훌륭한 수업이라고 하는 것은 그것이 무엇이든 지나친 오만일 가능성이 크다.

수업만이 아니라 교육이라는 좀 더 포괄적인 단어로 대치하자면 교육학의 역사는 이러한 질문에 답을 찾아가는 역사이기도 하다. 교사들이 교실에서 수행하는 수업 방식은 대부분 어떤 것이 최고의 교육인가라는 질문하에 결정되는 구체적인 배움의 방식이라는 점에서는 크게 다르지 않을 것이다.

교육이란 학생들의 '잠재 능력을 이끌어내는 것'이라는 자연주의 교육철학부터 인간 행동의 계획적인 변화라는 교육철학과 교육개론도 최고의 교육 혹은 최고의 수업을 찾기 위한 고민과 맞닿아 있다. 보다 구체적으로 효율적인 수업 방식을 고민하는 교육공학 이론도 이러한 최고의 수업을 위한 교육학 연구의 핵심이다. 교육 방법과 교실 수업에 대한 다양한 이론들은 저마다의 교육 방식을 주창해왔고, 다양한 실험들 또한 교육 현장에서 끊임없이 시도되었다.

가장 효율적이고 좋은 수업이라는 여러 가지 사조들이 발흥했다가 스러지고 있지만 이런 사조들과 무관하게 훌륭하게 수업을 만들어온 교육 현장의 많은 선생님들이 있다. 개별적 현장에서 학교와 학생, 교사가 처한 각자의 현실과 교육 목표에 따라 저마다 다른 좋은 수업들도 많다.

마찬가지로 "어떤 교사가 최고의 교사인가"도 어려운 질문이다. 예비교사인 사범대 학생들을 대상으로 종종 어떤 교사가 가장 훌륭한 교사인가를 묻는 질문을 하곤 한다. 그러면 학생들의 대답은 매우 다양한 스펙트럼을 보여준다. "수업을 잘하는 교사", "아이들을 이해하고 사랑하는 교사", "공부하고 노력하는 교사" 등등 나름의 이상적인 교사상을 이야기한다. 다 맞는 말이다.

만약 어떤 교사가 최고의 교사인가를 내게 묻는다면 '학생의 성장'을 가르침의 목표로 설정하는 교사라고 말하고 싶다. 모든 수업이 학생의 성장을 중심으로 이루어지는 것이 아닌가라고 반문하는 이도 있을 것이다. 그러나 '그래야 한다'는 당위와 현실은 다르다.

모든 인간이 자기중심적인 것처럼, 가르치는 이도 자기중심적으로 수업을 기획하고 운영할 가능성이 크다. 맥닐Mcnill은 이를 '방어적 수업'이라 이름 붙였다. 교사들은 학생들의 성장을 위한 적극적인 수업이 아니라 다양한 방식으로 수동적이고 방어적 수업을 하고 있다는 것이다. 특별히 이기적이거나 학생들을 사랑하지 않아서, 혹은 교사로서의 사명감이 없어서도 아니다. 교사도 인간이기 때문에 의식적·무의식적으로 이런 행동 방식이 자연스러울 수 있다. 따라서 학생의 성장을 위해 어떤 수업을 해야 하는지에 대한 성찰은 가르치는 자가 놓지 않아야 할 질문이다.

교사가 학생에게 미치는 영향력이 매우 크다는 것은 거꾸로교실을 실행했거나 하고 있는 많은 교사들의 고백이기도 하다. 또한 거꾸로교실 실험이 진행되면서 눈에 띄게 달라지는 아이들의 모습과 이런 변화에 스스로 놀라워하며 선생님들이 들려주는 이야기는, 교사가 무심히 던지는 시선이나 언어가 아이들에게 얼마나 큰 의미를 안겨주는지 증언하고 있었다. 성장기 대부분의 시간을 학교에서 보내는 아이들에게 선생님이란 존재가 미치는 영향력은 막강할 수밖에 없다.

교사의 권위가 예전만 못한 것도 사실이고, 여전히 좋은 수업을 하기에는 현실적이고 구조적인 어려움들이 적지 않다. 또한 교사가 교육에 대한 짐을 모두 져야 한다고도 생각지 않는다. 아무리 훌륭한 계획과 비전을 가지고 있다 하더라도 그것이 누군가의 희생을 담보로 해야 한다면 오래 지속되기도 어렵고 바람직하지도 않다고 생각하는 편이다. 그러나 현재 각자 선 자리에서 할 수 있는 최선은 있을 수 있다. 교사가 교실 수업이라는 자신의 영역에서, 지금 바로 그 자리에서 보다 좋은 수업을 할 수 있는 길을 찾는 실험을 멈추지 말아야 하는 이유다.

한국 사회의 교육 문제가 매우 역동적이다 보니 교사는 '공공의 적'이라는 말이 회자되기도 한다. 어떤 교육적 개혁안을 내놓아도 교사들은 절대 변하지 않는다는 속설도 매우 강력하게 한국 사회를 지배하는 담론이었다. 그러나 교사들도 그 출구를 찾지 못했을 뿐 모두가 무기력한 것만은 아니었다는 것을 많은 교사들을 만나면서 절감하고 있다. 바라건대 거꾸로교실이 교사들 스스로 각자 선 자리에서 자신만의 비전을 가지고 최고의 수업을 만들어가는 작은 디딤돌이 될 수 있었으면 좋겠다.

에필로그

거꾸로교실은 완벽한 수업이 아니다

글을 써놓고 보니 '거꾸로교실'이 모든 교육 문제를 일시에 해결해주는 '만병통치약'이거나, 21세기 최고의 수업이라는 '예찬론'이 되어버린 것 같아 민망하다. 직간접적 경험으로 인한 효과를 기반으로 하다 보니 자연스럽게 글의 방향이 그렇게 흘러간 듯하다. 거꾸로교실 실험에 자문교수로, 연구자로 참여하면서 확인했던 놀라운 변화와 직접 내 수업에 적용하면서 긍정적인 효과를 체감한 것으로 이해되었으면 하는 바람이다.

개인적으로 유일한 사유나 가치, 방법 등을 경계하는 편이다. 따라서 이 글도 절대적인 수업 방법론을 설파하는 것으로 읽히지 않았으면 좋겠다. 바라건대 좋은 교육은 교사와 학생이 만나는 가장 익숙한 공간인 교실 수업에서 출발할 수 있다는 경험적 이야기 가운데 하나로 읽혔으면 한다.

거꾸로교실 실험이 끝난 후 학생들에게 한 학기 동안 경험한 거꾸로교실이란 무엇이었는지를 UCC 동영상으로 제작하라는 팀별 프로젝트를 내주었더니 학생들의 반응이 매우 뜨거웠다. 학생들만의 재기 발랄한 아이디어로 만들어낸 동영상은 거꾸로교실이 만들어낸 다양한 의미를 담고 있었다. 판만 깔아주면 그 위에서 어떻게 놀 수 있는지를 아는 학생들의 잠재 능력을 확인할 수 있어 감동스럽기까지 했다. 그 가운데 기존 광고 문구를 패러디해서 만든 작품이 인상적이었다.

거꾸로교실에게도 영혼이 있다면 우등생, 열등생을 가리지 않고 가르치려는 용기와 어떤 학생들도 집중시킬 수 있는 강인함, 어렵지만 모든 이들을 이해시키려는 따뜻함을 가졌을 것입니다. 단언컨대 거꾸로교실은 가장 완벽한 수업입니다.

위의 문구가 포함되어 있는 동영상은 개인적으로 최고의 작품으로 꼽고 있다. 거꾸로교실의 철학을 경험적으로 꿰뚫는 통찰력이 매우 놀라웠다. 학생들이 거꾸로교실을 어떻게 이해하고 경험했는지를 성찰하게 한 문구여서 그 의미를 곰곰이 생각하게 한 동영상이기도 했다.

그럼에도 불구하고 단언컨대 거꾸로교실은 완벽한 수업이 아니다. 세상에 절대적이거나 완벽한 것은 없다. 따라서 완벽한 수업이란 존재하지 않으며, 거꾸로교실도 예외는 아니다. 다른 모든 수업과 마찬가지로 거꾸로교실 역시 현장 적용 과정에서 드러나는 다양한 한계와 어려움이 있을 것이다. 역효과가 있을 수도 있다. 아무리 준비 작업이 철저해도 수업 과정에는 예기치 않은 다양한 상황이 발생하기도 한다. 그러나 이런 특성이 거꾸로교실이 지닌 가능성까지 모두 희석시키지는 않는다고 '감히' 말하고 싶다. 그리고 그 가능성을 극대화시키느냐 혹은 그렇지 않느냐는 결국 교사와 학생의 몫으로 남겨진다. 거꾸로교실은 그 가능성으로 안내하는 길잡이이거나 디딤돌 역할을 수행할 뿐이다.

거꾸로교실이 굳이 아니더라도 지금 각 교실 현장에서 나름 최고의 수업을 만들어가는 수많은 교사들이 있다. 실제로 다양하고 개별적인 '좋은 수업들'이 있을 뿐, 이 가운데 특정한 하나를 최고의 수업이라고 지목한다는 것은 불가능하다. 또한 특정한 수업 방식을 그대로 배워서 자신의 모든 수업에 기계적으로 적용하는 것은 가능하지도, 바람직하지도 않다. 세상의 모든 것이 그러한 것처럼 수업 방식도 적용 과정에서 변화되고 재구조화될 수밖에 없으며 또 그래야 한다. 따라서 수업의 다양한 돌연변이는 적극적으로 환영할 만하다.

거꾸로교실은 단발성 실험으로만 끝나지 않았다. 방송 후 교사들의 뜨거운 반응 속에서 그동안 가시화되지 않았던 다양한 교육 현장의 고민들도 접할 수 있었고, 여러 가지 악조건 속에서도 아이들을 위해 좋은 수업을 고민하는 교사들의 열정도 확인할 수 있었다. 또한 실험에 참여했던 선생님들을 중심으로 미찾샘(미래교실을 찾는 선생님) 사이트를 개설하자 전국 각지의 선생님들이 자신들의 수업 이야기를 이 온라인 공간에 풀어놓기도 하였다. 거꾸로교실 방송 전에도 이미 고군분투하면서 자신들의 교실에서 거꾸로교실을 실천해온 선생님들의 수업 이야기는 놀라웠다. 교사들은 자신들이 가르치는 학교와 아이들의 특성에 맞게 다양한 방안을 구사하여 거꾸로교실을 매우 훌륭하게 최적화하여 실행하고 있었다. 다양한 연수와 워크숍을 통한 교사들과의 만남은 새로운 수업이 바꾸어놓은 살아 있는 교실 수업의 풍경도 확인할 수 있었다.

누군가는 지금까지 그랬던 것처럼 거꾸로교실도 하나의 유행처럼 지나갈 것이라고 한다. 그럴 가능성이 전혀 없다고 단언하기는 어렵다. 만약 그렇다 해도 그게 무슨 상관이겠는가? 새로운 시도와 실험은 늘 그 자체로 의미 있고 또 다른 실험을 촉발하는 의미 있는 발자취를 남기게 되어 있다. 그것만으로 충분하다고 생각한다.

거꾸로교실이라는 수업의 탄생이 그랬던 것처럼 그 실험 과정 속에서 또 다른 수업의 모습이 새롭게 나타나기도 할 것이다. 보다 중요한 것은 좋은 수업을 만들어나가는 수많은 실험들을 지원하는 일이고, 그 실험을 하려는 교사들을 기꺼이 격려하는 일이다. "교육의 질은 교사의 질을 초과하지 못한다"라는 아포리즘은 '여전히' 그리고 '정확하게'[1] 옳다.

주해

프롤로그 1 • 교사는 여전히 힘이 세다?!

1. Bourdieu, P.(1980), *Le Sens pratique,* paris: Minuit.
2. 이 문장은 교사들을 인터뷰하여 학교교육에서 교사들이 경험하는 고민과 좌절 등을 담은 책 제목(엄기호, 『교사도 학교가 두렵다』(2013), 서울: 교육공동체 벗)을 그대로 가져왔다.
3. http://www.ted.com/talks/bill_gates_teachers_need_real_feedback.
   지식과 아이디어의 확산을 모토로 하는 TED는 Technology, Entertainment, Design의 약자로 삶의 모든 영역에 관한 유익한 짧은 강의를 제공하고 있는데, 해당 사이트(http://www.ted.com)에 최근 새로운 교육혁신 방법으로서 Flipped Classroom에 대한 실천 사례를 다룬 강의들을 제공하고 있다.

프롤로그 2 • 다시 학교교육의 희망을 이야기하다

1. 그러나 당장의 문제 해결을 위한 상담 인력의 배치 등 사후 처방이거나 기술적인 처방을 제시할 뿐 근본적인 해결책은 어디에서도 찾아보기 힘들다. 최근에는 인성교육을 강화해야 한다는 당위론적 주장들이 제기되는 것이 거의 전부다. 학교폭력 문제가 최근 교육계의 핫이슈로 등장하면서 교육부가 '학교폭력의 예방과 실제'라는 교과목을 교직 이수 과목으로 추가하여 예비 교사들을 대상으로 이에 대한 학습을 하도록 하고 있다. 물론 교사들이 학교폭력에 대한 이론적·실천적·전문적 역량을 갖는 것도 중요하다. 그러나 학교폭력은 한국 학교 문화의 거울이라는 점에서 학교 문화를 바꾸어내려는 움직임이 없는 대책은 한계를 지닐 수밖에 없다.
2. 대한민국은 고등학교 졸업자의 90%가 대학을 진학하는 초고학력 사회다. 이러한 현실은 고용시장과의 불일치를 야기하며 고학력 실업을 양산하는 주범이 되기도 하지만, 학력 팽창은 한국의 초고속 성장의 신화를 뒷받침하고 있다.
3. 신형철, 『정확한 사랑의 실험』(2014: 132), 서울: 마음산책.
4. 이반 일리히에 의하면 "근대인의 역사는 판도라 신화의 타락에서 시작하여 스스로 뚜껑을 닫는 조그만 상자에서 끝나"는 것이고, 그것은 "희망이 쇠퇴하고 기대가 증대해가는 역사"라고 한다. 동의어처럼 보이는 이 희망과 기대라는 언어를 일리히는 매우 다르게 해석한다. 희망은 "자연의 선을 신뢰하는 것"이고, 기대란 "인간에 의해 계획되고 통제된 결과에 따르는 것"이다. 따라서 희망이 인류가 잃어버린, 그리하여 회복해야 할 그 무엇이라면 기대는 지금의 인간의 삶에 수많은 문제를 낳은 문제적인 그 무엇이다. 이반 일리히의 이 개념을 교육에 적용하면 계획되고 통제된 기대로서가 아니라 교육의 자생적 복원력을 강조하는 의미로 읽을 수 있다. 마찬가지로 교사와 학생이 스스로 만들어가는 자생적이고 자

율적인 공간으로서의 교실 수업은 구획되고 분리된 위계적이고 통제적인 교실 수업에 반하는 것으로 읽을 수 있다(정병호·김찬호·이수광·이민경, 『교육개혁은 왜 매번 실패하는가』(2008), 창비).

들어가며•교실 수업에서 시작하는 교육혁신 이야기

1. 앨빈 토플러, 『부의 미래』(2006), 김중웅 옮김, 서울: 청림출판.
2. 2015년에는 1차 실험 결과를 기반으로 전국적으로 교사들이 자발적으로 참여한 거꾸로 교실 이야기가 "거꾸로교실의 마법-1,000개의 교실"이라는 제목으로 2차 실험 이야기가 방영되었다.
3. 필자는 거꾸로교실 실험 결과를 학교 현장에서 만났던 교사들과 학생들의 이야기를 중심으로 두 편의 논문으로 발표하였다. 거꾸로교실 실험에 관한 직접적인 이야기는 다음의 두 논문을 참조하길 바란다. 이민경, 「거꾸로교실의 효과와 의미에 대한 사례 연구」(2014), 『한국교육』, 41(1), 87-116; 이민경, 「거꾸로교실의 교육사회학적 의미 분석: 참여 교사들의 경험을 중심으로」(2014), 『교육사회학 연구』 24(2), 181-207.
4. 이와 관련한 자세한 내용은 앞서 언급한 거꾸로교실 실험에 관한 필자의 논문을 참조하라.

Part I 한국 교육의 빛과 그림자: 한국 교육 현실의 세 가지 풍경

1. 2014년도 소득별 분포에 따른 소위 말하는 명문대 진학률도 이러한 교육 불평등 현상을 여실히 드러내준다. 관련 보도에 따르면, 소득 최상위 집단의 자녀는 소득 하위 집단의 자녀보다 유명 대학 진학률이 17배 이상 높은 것으로 드러났다. 또한 서울대의 '2014학년도 고교별 합격 현황'(최초 합격 기준) 자료를 보면, 일반고 출신 서울대 합격생 2명 중 1명이 강남 출신인 것으로 보고되고 있다(『경향신문』, 2014. 6. 12).
2. 물론 초고학력 사회는 학력과 고용시장의 불균형을 야기하면서 새로운 문제가 되고 있다는 점에서 반드시 긍정적이라고만 보기 어렵다. 그럼에도 불구하고 한국 교육의 성장을 증명하는 바로미터임에는 틀림없다.
3. OECD, PISA 2012 Results in Focus: What 15-year-olds Know and What they can do with what they know(2013).
4. 중국(상하이)이 1등을 기록하고 있어 교육열이 높기로 유명한 동아시아 국가들의 약진이 주목할 만하다. 중국은 1990년대 경제 성장과 더불어 교육열이 급격하게 팽창하게 된다. 특히 한 자녀 정책(one child policy)으로 인해 자녀교육 투자 규모는 매우 가파르게 증가하고 있다. 최근 한국 사회로의 중국 유학생 유입은 이러한 중국의 상황과도 밀접한 연관이 깊다. 교육열에 비해 대학 인프라가 적은 중국은 대학 입학 경쟁이 매우 치열하기 때문에 입시 교육열도 한국보다 훨씬 더 높다. 따라서 자국에서 대학 입학이 좌절되거나 자신이 원하는 명문대 입학이 어려운 경우 '외국 학위'를 통해 보완하려는 전략적 선택으로서 한국 유학을 결정하고 있는 것으로 알려졌다.

5. OECD, 앞의 글.

6. 이 표현은 EBS의 '지식채널 e-핀란드의 교육 실험'에서 빌려온 것이다.

7. 예를 들어 수학의 경우 학습 동기에 대한 PISA의 질문 문항은 다음과 같다. 1) 나는 수학에 관한 글을 읽는 것을 좋아한다. 2) 나는 수학 수업 시간이 기다려진다. 3) 나는 수학을 좋아하기 때문에 수학 공부를 한다. 4) 나는 수학에서 배우는 것들에 대해 흥미가 있다. 세계 1위 수학 성취 국가 학생들의 수학에 대한 흥미도가 가장 낮다는 것이 지닌 의미를 성찰할 필요가 있다. 한국의 경우, 교육열 문화와 입시 경쟁으로 사교육/학습 시간의 양 등에 의해 학업성취도는 높게 나타나지만 학업에 대한 흥미나 내적 욕구가 없이 강요된 학습을 하고 있다고 할 수 있다.

8. 위의 OECD(2013) 발표에 의하면, 나는 학교에서 행복하다(I feel happy at school)라는 문항은 전체 조사 국가 중 최하위, 나는 내가 다니는 학교에 만족한다(I am satisfied with my school)는 마카오에 이어 최하위를 기록하고 있다. 한편, 나는 학교에서 친구를 쉽게 사귄다(I make friends easily at school)는 문항 역시 최하위를 기록하고 있다.

9. 글로벌 교육기관 바르키 GEMS 재단이 교사의 연봉, 사회적 지위 등을 종합해 2013년 10월 5일(현지 시간) 발표한 '교사 위상 지수(Teacher Status Index)' 보고서에 따르면 한국은 총점 62점을 기록, 중국(100점)·그리스(73.7점)·터키(68점)에 이어 4위를 차지했다. 교사 위상 지수는 학생들의 학업성취 능력과 교사 위상, 연봉의 상관관계를 알아보기 위해 GEMS 재단과 피터 돌튼 영국 서섹스 대학 교수가 공동으로 연구·개발한 지수다. 미국·중국·영국 등 21개국에서 직업·성별·연령 등에 따른 1,000명의 표본을 대상으로 조사한 보고서를 바탕으로 만들어졌다. 이 지수에 따르면 한국 교사의 1인당 평균 연봉(PPP 기준)은 4만 3,874달러(약 4,699만 원)로, 싱가포르(4만 5,755달러)·미국(4만 4,917달러)에 이어 세 번째로 높았다. 일본(4만 3,775달러)·독일(4만 2,254달러)·스위스(3만 9,326달러)·네덜란드(3만 7,218달러) 등이 뒤를 이었다. 조사 대상국 중 교사 연봉이 가장 적은 나라는 이집트(1만 604달러)였다.

10. 미국(33%)의 경우 7위로 상위권에 올랐으나 일본(15%)은 19위로 뒤처졌다.

11. 한편, 이러한 높은 위상에도 불구하고 학생들의 교사에 대한 존경심은 조사에 포함된 국가들 가운데 최하위에 머물고 있는 것으로 집계됐다. '학생들이 교사를 존경한다'는 응답률은 한국이 11%로 최하위를 기록했던 것이다. 반면 중국(75%)은 압도적인 1위였고, 이어 터키(52%), 싱가포르(47%) 순이었다. 이 부문의 점수가 가장 높은 국가는 브라질(7.1)이었다(연합뉴스, 2013, 한국 교사 위상 OECD 국가 중 4위, 중국 1위… 연봉 3위, 학생들 존경심은 '꼴찌').

12. TALIS-OECD's Teaching and Learning International Survey: 교수-학습에 관한 최초의 국제비교조사로 23개국 75,000명의 교사가 참여하였다.

13. 교사가 자신이 가르치는 목표에 도달할 능력을 가지고 있는지에 대한 자가 판단을 의미한다(OECD, 2009).

14. 이 조사에 의하면 에스토니아, 헝가리, 스페인 등이 한국에 이어 교사의 자기 효능감이

낮은 국가들이다(OECD, 2009).

15. OECD 국제비교조사에서 사용한 교사의 자기 효능감 체크 리스트는 다음과 같다. 1. I feel that I am making a significant educational difference in the lives of my students(나는 나의 학생의 삶에 의미 있는 교육적 차이를 만들고 있다고 느낀다). 2. If I try really hard, I can make progress with even the most difficult and unmotivated students(내가 정말 노력한다면 나는 학습 능력이 없고 동기가 없는 학생들의 성장을 촉진시킬 수 있다). 3. I am successful with the students in my class(나는 나의 반에서 학생을 지도하는 데 성공적이라고 생각한다). 4. I usually know how to get through to students(나는 대개 학생들을 어떻게 잘하게 하는지를 알고 있다). 한편, 한국 교사들은 학생 활동 중심 수업을 바람직한 수업으로 간주하고 있지만 실제로는 교사의 지식 전달 중심의 수업을 하고 있어, 수업에 대한 관점과 실제 수행 방식의 괴리를 보이고 있어 주목할 만하다.

16. 교사의 질이 단순히 교사의 학력이나 개인적 역량 등 독립적인 영역이 아니라 수업과 학생 지도에서 드러나는 상호적인 의미임을 감안한다면, 교사의 자기 효능감이 교사의 질을 좌우할 수 있다는 점은 짐작하기 어렵지 않다.

17. 이종각, 『교육열 올바로 보기: 그 정체는 무엇이며 어떻게 다루어야 하나?』(2003), 서울: 원미사.

18. 자녀교육에서 '부모주의(parentocracy)'로 대변되는 학부모들의 전면적인 부상은 비단 한국에만 국한된 현상은 아니다. 국내외를 막론하고 자녀교육에서 부모이 차지하는 위치와 역할은 매우 두드러진 특성이다(오욱환, 2007; Brown, 1990).

19. Abelmann, N., 『The Melodrama of Mobility: Women, Talk, and Class in Contemporary South Korea』(2003), Honolulu: University of Hawaii Press.

20. 첫 조사인 2006년 2.94점을 기록한 뒤 2008년 3.05점, 2010년 3.09점으로 올랐다가 2011년(2.82점) 이후 하향 추세여서 학교교육에 대한 범국민적인 불만이 높아지고 있음을 보여주고 있다. 연합뉴스, 2014. 2. 9, 학교교육 국민평가 5점 만점에 2.49점… 갈수록 악화.

21. 글로벌 교육기관 바르키 GEMS 재단이 교사의 연봉, 사회적 지위 등을 종합해 2013년 10월 5일(현지 시간) 발표한 '교사 위상 지수(Teacher Status Index)' 보고서에 의하면, 교육 시스템에 대한 신뢰도는 한국이 4.4점(10점 만점)으로 평균 점수(5.5점)를 밑돌며 19위에 그쳤다. 한국은 또 '교사의 학업 수행에 대한 신뢰도'도 평균점수(6.3점)보다 낮은 5.4점을 기록해 이집트·체코 등의 국가보다 낮은 순위에 머물렀다(연합뉴스, 2013, 한국 교사 위상 OECD 국가 중 4위, 중국 1위… 연봉 3위, 학생들 존경심은 '꼴찌').

22. 강준만, 『한국인 코드』(2006), 서울: 인물과사상사.

23. 필자는 이러한 학부모들의 교육 이야기를 '불안과 욕망의 이중주'라는 제목으로 출간하기도 하였다(정병호 외, 『교육개혁은 왜 매번 실패하는가』(2008), 서울: 창비).

24. 오욱환(2009: 102)에 의하면 학력·학벌 경쟁이 끝없이 전개되면서 피지배 집단의 부모

들이 경제력의 한계 때문에 일정 수준에서 중단할 수밖에 없고, 과잉 학력 사회에서는 취업에 요구되는 학력을 갖춘 사람들이 너무 많이 배출됨으로써 학교교육의 취업 효과는 약화되고 부모의 사회경제적 지위와 인맥의 영향력이 결정적인 변수가 되기 때문에 하층 계층에게 매우 불리할 수밖에 없다고 본다.

Part II 교육 패러다임의 전환과 수업

1. 앨빈 토플러, 『부의 미래』(2006), 김중웅 옮김, 서울: 청림출판.
2. 근대에 탄생한 학교와 이전의 교육기관은 전적으로 다르다. 근대 이전의 다양한 교육기관은 배움의 공간이라는 점에서 학교의 기능과 유사하다. 그러나 특정한 신분만을 위한 배타적인 공간이었고, 근대적 의미의 학교처럼 졸업장이라는 제도적 증명서를 통해 사회적 지위를 배분하는 역할을 하지 않았다는 점에서 구별된다.
3. Abelmann, N., 『*The Melodrama of Mobility: Women, Talk, and Class in Contemporary South Korea*』(2003), Honolulu: University of Hawaii Press.
4. Morin, E., 『*La méthode 3. La connaissance de la connaissance*』(1992), Paris: Seuil.; Morin, E., 『*Les sept Savoirs nécessaires à l'éducation du futu*』(2000), Paris: Seuil.; Touraine, A., 『*Critique de la modernité*』(1995), Paris: Fayard.
5. 학교 없는 사회를 주창한 일리히의 저작[Illich, I.(2004), Deschooling Society: A Call for Institutional Revolution]. 『학교 없는 사회』(심성보 옮김, 서울: 미토, 원저 1971 출간)가 가장 대표적이다.
6. 이민경, 「홈스쿨링 청소년들의 유형과 학습경험 의미 분석」(2010), 『한국교육학연구』, 16(3), 155~179; 정연순·이민경, 「교사들이 지각한 잠재적 학업중단의 유형과 특성」(2008), 『한국교육』, 35(1), 79~102; 조혜정, 「학교를 거부하는 아이, 아이를 거부하는 사회」(1997), 서울: 또하나의문화; 조혜정, 「학교를 찾는 아이, 아이를 찾는 사회」(2001), 서울: 또하나의문화.
7. 조한혜정 외(2007), 「위기 청소년을 위한 학교 밖 작은 학습 공간 활성화 방안 연구」, 삼성고른기회장학재단 연구보고서. The Partnership for 21st Century Skills(www.p21.org).
8. 집단적 창의성과 집단지성이란 혼자서는 새로운 생각을 하기 힘든 경우에도 다른 사람과 함께 머리를 맞대는 브레인스토밍(Brain Storming)을 하게 되면 새로운 생각이 촉발되고 보다 합리적이고 타당한 결과를 이끌어낼 수 있는 능력을 의미한다.
9. 잠재적 교육과정은 교육과정에서 의도적인 계획에 의해 표면적으로는 드러나지 않으나 교육과정 경험을 통해 자연스럽게 습득되는 것을 의미한다. Latent Curriculum, Unstructed Curriculum 등으로 불리기도 한다.
10. 번스타인(Bernstein, 1975; 1996)은 보울스와 진티스의 결정론과는 달리 교육의 상대적 자율성을 강조한다. 번스타인 역시 거시적 사회구조와 미시적 학교구조가 연결되어 있다는 점에서 사회학적인 관점을 놓치지 않는다. 자본주의 사회구조는 학교와 교실, 교육과정과 수업, 평가의 미시적 구조를 통해 재생산된다는 점에서는 보울스와 진티스의 시선과 맞

닿아 있다. 그러나 보울스와 진티스와는 달리 사회적 결정론과는 다른 입장을 취한다. 그는 학교가 무엇을 가르치고(교육과정), 교사가 이를 어떻게 가르치고(수업), 학생을 어떤 방식으로 평가하느냐(평가)에 따라 사회의 권력과 통제 방식이 학교 차원에서 재맥락화 (recontextualized)된다는 것을 보여주고 있기 때문이다(Bernstein, 1975; 1996; 이형빈, 2015: 23에서 재인용).

11. 이진경, 『근대적 시공간의 탄생』(2010), 서울: 그린비.

12. 퍼실리테이터(facilitator)는 말 그대로 학습을 쉽게 할 수 있도록 도와주는 사람이다. 이는 학습의 주체가 교사가 아니라 학생이며, 교사는 학생의 배움이 원활하게 이루어질 수 있도록 돕는 보조적 존재임을 암시하고 있다. Dewey(1987)가 '퍼실리테이터로서의 교사 (teacher as a facilitator)' 역할을 정의하였는데, 이는 거꾸로교실에서의 교사의 역할과 매우 흡사하다. Dewey(1987)는 교사의 역할은 학생들에게 특정한 생각을 주입하는 데 있는 것이 아니라 오히려 학생들에게 미칠 수 있는 영향을 선택하기 위하여, 그리고 이러한 영향들에 적절하게 반응하도록 학생들을 돕기 위한 커뮤니티의 구성원으로서 그 의미가 있음을 강조하였다. 다시 말하면, 교사란 아동의 학습을 도와주는 안내자이며, 권위적인 위치에 있는 사람이 아니라 아동과 학습을 상의하고 계획하는 파트너이다. 교사는 권위적이고 배타적인 지식 전달자가 아니라 학습 촉진자로서 존재해야 한다고 주장한 것은 이러한 배경에 기인한다.

Part III 거꾸로교실 제대로 이해하기

1. http://en.wikipedia.org/wiki/Flip_teaching.
2. Bergmann, J. & Sams, A.(2012), *Flip your classroom: Reach Every Student in Every Class Every Day*, International Society for Technology in Education.
3. 지식과 아이디어의 확산을 모토로 하는 TED는 Technology, Entertainment, Design의 약자로 삶의 모든 영역에 관한 유익한 짧은 강의를 제공하고 있는데, 해당 사이트(http://www.ted.com)에 최근 새로운 교육혁신 방법으로서 Flipped Classroom에 대한 실천 사례를 다룬 강의들을 제공하고 있다.
4. 최근 새로운 교실 수업 방식으로 회자되고 있는 유태인의 학습 방법으로 알려진 하부르타는 배움의 파트너를 갖는 것으로 요약할 수 있다. 자신이 공부한 것을 동료들에게 설명하면서 자신의 앎을 명확하게 하는 동시에 서로 확인하면서 공부하는 것이 그 원리다.
5. 서울대학교교육연구소, 『교육학 용어사전』(1995), 서울: 하우동설.
6. http://en.wikipedia.org/wiki/Flip_teaching.
7. OECD(2013), Education at a glance 2012, OECD Publishing.
8. 대니얼 T. 윌링햄, 『왜 학생들은 학교를 좋아하지 않을까?』(2011), 문희경 옮김, 서울: 부키.
9. Catherine Twomey 외, 『구성주의 이론, 관점, 그리고 실제』(2001), 서울: 양서원.
10. Catherine Twomey 외, 『구성주의 이론, 관점, 그리고 실제』(2001: 25), 서울: 양서원.
11. 대니얼 T. 윌링햄, 『왜 학생들은 학교를 좋아하지 않을까?』(2011), 문희경 옮김, 서울: 부키.

12. 신영복, 『담론』(2015), 서울: 돌베개.

Part Ⅳ 거꾸로교실의 실제

1. 거꾸로교실 수업에 회자되면서 온라인상에서 다양한 방식으로 수업 동영상을 만드는 방법이 소개되고 있다. 또한 모든 교사들이 무료로 들을 수 있는 교육연수원 원격 콘텐츠부터 사설 교육기관의 콘텐츠까지 동영상 제작 원리를 상세하고 쉽게 설명한 자료가 많으니 참고하라.
2. 살만 칸, 『나는 공짜로 공부한다-우리가 교육에 대해 꿈꿨던 모든 것』(2013), 김현경·김희경 옮김, 서울: 알에이치코리아.
3. 문제 중심 학습이란 실세계의 비구조화된 문제로 시작하여 문제를 해결하는 과정을 통해 필요한 지식을 학습자 스스로 배울 수 있도록 이끌어가는 교육적 접근이다. 프로젝트 기반 학습은 교과 내용과 연관하여 학생들이 특정 주제를 정하면 함께 공동의 작업을 해내는 방법이다.
4. Wikipedia, https://en.wikipedia.org/wiki/Nominal_group_technique.

Part Ⅴ 거꾸로교실을 보다 효과적으로 만드는 법

1. Keddie, N.(1971), 『*Classroom Knowledge. M. Young ed. Knowledge and Control*』, London: Collier Macmillan LTd, 133-160.
2. 도로시 리즈(Dorothy Leeds), 『*The 7 powers of questions: secrets to successful communication in life and at work*(질문의 7가지 힘)』(2002), 노혜숙 옮김, 더난출판사.
3. 학생들이 들려주는 거꾸로교실의 의미에 대한 구체적인 이야기는 이민경의 「거꾸로교실의 교실사회학적 의미, 참여 교사들의 경험을 중심으로」(2014b) 논문을 참고하라.
4. Shepard, 2000; 이형빈, 2015에서 재인용.
5. Foucault, M.(1971), 『*L'ordre du discours*』, Paris: Gallimard.

Part Ⅵ 거꾸로교실에 대한 오해와 진실

1. http://www.ted.com/talks/salman_khan_let_s_use_video_to_reinvent_education.
2. 박재근·노석구, 「초등 예비 교사들의 탐구 수업 지도 전문성 향상을 위한 수업 컨설팅의 적용」(2011), 『초등과학연구』, 30(2), 152-161. 오후진·구완규, 「귀인상담과 능력별 예습과제의 활용을 통한 귀인성향의 변화가 수학학습 능력에 미치는 효과」(1999), 『한국학교수학회 논문집』, 2(1), 15-30. 한영자, 「예습, 확인을 통한 가정과 자율학습 효과에 관한 연구: 중학교 일학년 중심으로」(1979), 『가정학연구』, 제4집, 65-73.
3. Bransford JD, Brown AL, and Cocking RR(2000), 『*How people learn: Brain, mind, experience, and school*』, Washington, D.C.: National Academy Press.
4. 서울대학교교육연구소, 『교육학용어사전』(1995), 서울: 하우동설.
5. 서울대학교교육연구소, 『교육학용어사전』(1995), 서울: 하우동설.

6. 대니얼 T. 윌링햄, 『왜 학생들은 학교를 좋아하지 않을까?』(2011), 문희경 옮김, 서울: 부키.

Part Ⅶ 거꾸로교실로 한국 교육 문화 가로지르기

1. 정연순·이민경, 「교사들이 지각한 잠재적 학업중단의 유형과 특성」(2008), 『한국교육』, 35(1), 79-102.
2. 이 표현은 EBS '지식채널 e-핀란드의 교육혁명'의 한 구절에서 따온 말이다.
3. 성적과 관련된 보다 자세한 내용은 앞서 언급한 필자의 논문을 참조하라.
4. 황여정, 「능력별 집단편성이 중학생의 수업만족도에 미치는 영향」(2010), 한국교육개발원 제4회 한국 교육종단연구 학술대회논문집, 655-682, 2010. 10. 15. 서울대학교.
5. 교사들의 언설은 학생들을 사회적으로 유형화(social typing)한다고 할 수 있는데, "사회적 유형화란 교사에 의해 학교 내 아동이 사회경제적 배경에 따라 여러 가지 하위집단으로 정형화되고 소속 집단에 따라 다르게 대우받는 것"(김정원, 1999: 66)이라고 정의하고 있다.
6. 이형빈, 2015: 24에서 재인용.
7. Mucchielli, A.(1986), 『L'identité』, Paris: PUF.
8. 2012년 PISA 보고서(OECD, 2013)는 "나는 학교에서 친구를 쉽게 사귄다(I make friends easily at school)"는 문항에서 우리나라 아이들이 그렇지 않다고 가장 많이 대답한 것으로 드러났다.
9. 이와 관련해서는 수가타 미트라 교수의 TED 강연을 참조하라.
10. 메타 학습(Meta learning)은 도널드 B. 모슬리(Donald B. Maudsley, 1979)에 의해 처음 주창된 이론이다. 그에 의하면 메타 학습이란 학습자가 자신의 학습의 과정을 통제하면서 스스로 학습법을 깨우쳐가는 것이라고 보고 있다.
11. 신영복, 『담론』(2015: 282), 서울: 돌베개.
12. 한편, 거꾸로교실은 비단 초·중등 교육에만 효과적이거나 의미 있는 것은 아니다. 대학 교육에서의 거꾸로교실의 효과를 탐구한 스트레이어(Strayer, 2007)의 연구는 전통적인 강의와 비교하여 거꾸로교실 수업이 매우 효과적임을 보고하고 있다. 대학 강의에 거꾸로교실 수업을 도입하여 그 효과를 전파하고 있는 TED 강연을 참고하라.
13. 신영복, 『담론』(2015: 19), 서울: 돌베개.
14. 뒤르켐은 교육이란 미성숙한 어린 세대에게 어른 세대의 영향력 행사라고 정의하였다. 근대 교육의 이론적 틀을 제시했던 뒤르켐의 이러한 명언은 21세기 학교교육에 여전히 막강한 위력을 떨치고 있다.
15. 이 문장은 위에 인용한 신영복의 글에서 그대로 차용해온 것이다.
16. http://en.wikipedia.org/wiki/Flip_teaching.
17. 살만 칸, 『나는 공짜로 공부한다』(2012), 김희경·김현경 옮김, 서울: RHK(알에이치 코리아).
18. 정병호·김찬호·이수광·이민경, 『교육개혁은 왜 매번 실패하는가』(2008), 서울: 창비.

Part VIII 거꾸로교실에서 시작하는 교육혁신

1. 학교교육의 핵심적인 주체라고 할 수 있는 교사와 학생 그리고 학부모는 가장 핵심적인 이해 당사자들이다. 여기에 교육 관련 산업 종사자와 교육 분야 관료 등을 포함하면 직접적인 이해관계가 있는 사람들만 고려해도 그 수는 헤아리기 어려울 정도로 많다. 또한 한국 사회의 교육열이 다른 나라와 비교하여 매우 크다는 것을 감안하면 교육 문제에 대한 국민적 관심의 정도는 가늠하기 어렵지 않다.

2. 중간계층은 그들의 '문화자본'(Cultural capital)(Bourdieu, 1980)에 의해 차별화된 교육 기회와 성과를 향유하려는 욕망이 가장 큰 집단이기 때문이기 때문이다(이민경, 2007; 오욱환, 2007; Brown, 1990; Lett, 1998; Singly, 1996).

3. 한국 사회 근대화의 역사에서 교육열은 개인적·가족적 욕망이 매우 복잡하게 얽히면서 전개되었다. 이 점에서 한국 사회의 교육을 '멜로드라마(Melodrama)'(Abelmann, 2003)로 개념화한 한 인류학자의 통찰은 매우 설득력을 지닌다고 할 수 있다.

4. 이 장은 필자가 발표한 논문(「교실 수업 혁신을 통한 미시적 교육개혁에 대한 시론적 고찰: 거꾸로교실을 중심으로」, 『동향과 전망』, 2015 가을·겨울호)의 일부를 수정·보완한 것이다.

5. 서구에서 한국의 특이한 사교육에 대한 명칭 중 하나로 불리는 개념이다. '학원'이나 '과외'라는 우리말을 그대로 차용한 용어들도 서구에서 찾아보기 어렵지 않을 만큼 한국의 사교육은 전 세계적으로 유명하다. 그림자 교육(shadow education)이란 말 그대로 공교육에서 우위를 점하기 위한 사교육을 그림자에 빗댄 것이다.

6. 신영복, 『담론』(2015: 19), 서울: 돌베개.

Part IX 거꾸로교실이 다시 던지는 오래된 교육적 화두

1. 이 문장은 신영복의 『담론』(2014)에서 재인용한 것이다.

에필로그: 거꾸로교실은 완벽한 수업이 아니다

1. 이 표현은 신형철의 산문집에서 빌려왔다(2014).

참고 문헌

교육부(2013), 「2012년 학업성취도 국제 비교 연구(PISA) 결과 분석」, http://www.mest. go.kr/web/100026/ko/board/view.do?bbsId=294.

강준만(2006), 『한국인 코드』, 서울: 인물과사상사.

『경향신문』(2014. 6. 12), 「2014학년도 고교별 합격 현황」(최초 합격 기준).

글로벌 교육기관 바르키 GEMS 재단(2013. 10. 5), 「교사 위상 지수(Teacher Status Index) 보고서」.

김정원(1999), 「수업 내 교사의 아동 분류와 그 의미」, 『교육사회학연구』, 9(2), 65-95.

대니얼 T. 윌링햄(2011), 『왜 학생들은 학교를 좋아하지 않을까?』, 문희경 옮김, 서울: 부키.

박재근·노석구(2011), 「초등 예비 교사들의 탐구 수업 지도 전문성 향상을 위한 수업 컨설팅의 적용」, 『초등과학연구』, 30(2), 152-161.

서울대학교교육연구소(1995), 『교육학 용어사전』 서울: 하우동설.

살만 칸(2013), 『나는 공짜로 공부한다』(원제: The one world schoolhouse), 김희경·김현경 옮김, 서울: RHK(원저 2012 출간).

신영복(2015), 『담론』, 서울: 돌베개.

신형철(2014), 『정확한 사랑의 실험』, 마음산책.

엄기호(2013), 『교사도 학교가 두렵다』, 서울: 따비.

연합뉴스(2013), 「한국 교사 위상 OECD 국가 중 4위, 중국 1위… 연봉 3위, 학생들 존경심은 '꼴찌'」.

연합뉴스(2014. 2. 9), 「학교교육 국민평가 5점 만점에 2.49점… 갈수록 악화」.

오욱환(2007), 「교육 격차의 원인에 대한 직시: 학교를 넘어서 가족과 사회로」, 『교육사회학연구』, 18(3), 111~133.

오욱환(2009), 「한국 교육정책 실패 원인의 간과를 위한 상상력」, 『교육학연구』, 47(4), 98~117.

오후진·구완규(1999), 「귀인상담과 능력별 예습과제의 활용을 통한 귀인성향의 변화가 수학 학습 능력에 미치는 효과」, 『한국학교수학회 논문집』, 2(1), 15-30.

이민경(2007), 「중산층 어머니들의 자녀교육 담론: 자녀교육 지원태도에 대한 의미 분석」, 『교육사회학연구』, 17(3), 159-181.

이민경(2010), 「홈스쿨링 청소년들의 유형과 학습경험 의미 분석」, 『한국교육학연구』, 16(3), 155-179.

이민경(2014a), 「거꾸로교실의 효과와 의미에 대한 사례연구」, 『한국교육』, 41(1), 87-116.

이민경(2014b), 「거꾸로교실의 교육사회학적 의미 분석: 참여 교사들의 내러티브를 중심으로」, 『교육사회학연구』, 24(2), 181-207.

이민경(2015), 「교실수업 혁신을 통한 미시적 교육개혁에 대한 시론적 고찰: 거꾸로교실을 중심으로」, 『동향과 전망』, 1995 가을·겨울호, 223-251.

이종각(2003), 『교육열 올바로 보기: 그 정체는 무엇이며 어떻게 다루어야 하나?』, 서울: 원미사.

이진경(2010), 『근대적 시공간의 탄생』, 서울: 그린비.

이형빈(2015), 「교육과정-수업-평가 유형과 학생 참여 양상 연구-혁신학교 사례를 중심으로」, 경희대학교 대학원 교육학과 박사학위논문(2015년 2월).

앨빈 토플러(2006), 『부의 미래』, 김중웅 옮김, 서울: 청림출판.

정병호·김찬호·이수광·이민경(2008), 『교육개혁은 왜 매번 실패하는가』, 서울: 창비.

정연순·이민경(2008), 「교사들이 지각한 잠재적 학업중단의 유형과 특성」, 『한국교육』, 35(1), 79-102.

조한혜정 외(2007), 「위기 청소년을 위한 학교 밖 작은 학습 공간 활성화 방안 연구」, 삼성고른기회장학재단 연구보고서. The Partnership for 21st Century Skills(www.p21.org).

조혜정(1997), 『학교를 거부하는 아이, 아이를 거부하는 사회』, 서울: 또하나의문화.

조혜정(2001), 『학교를 찾는 아이, 아이를 찾는 사회』, 서울: 또하나의문화.

한영자(1979), 「예습, 확인을 통한 가정과 자율학습 효과에 관한 연구: 중학교 일학년 중심으로」, 『가정학연구』, 제4집, 65-73.

황여정(2010), 「능력별 집단편성이 중학생의 수업만족도에 미치는 영향」, 한국교육개발원 제4회 한국교육종단연구 학술대회 논문집, 655-682, 서울대학교(2010년 10월 15일).

Abelmann, N.(2003), 『The Melodrama of Mobility: Women, Talk, and Class in Contemporary South Korea』, Honolulu: University of Hawaii Press.

Bourdieu, P.(1980), 『Le Sens pratique』, paris: Minuit.

Bergmann, J. & Sams, A,(2012), 『Flip Your Classroom: Reach Every Student in Every Class Every Day』, International Society for Technology in Education.

Bloom, B. S. (ed.)(1985), 『Developing Talent in Young People』, New York: Ballantine Books.

Bransford JD, Brown AL, and Cocking RR(2000), 『How people learn: Brain, mind, experience, and school』, Washington, D.C.: National Academy Press.

Brown, P.(1990), "The 'Third Wave': education and the ideology of parentocracy", 『British Journal of Sociology of Education』, 11(1), 65-85.

Catherine Twomey 외(2001), 『구성주의 이론, 관점, 그리고 실제』, 서울: 양서원.

Dewey, J.(1987), 『Art as Experience』, The Later Works of John Dewey, 1925-1953. Volume 10: 1934, Edited by Jo Ann Boydston Carbondale and Edwardsville: Southern Illinois University Press.

Dorothy Leeds(2002), 『The 7 powers of questions: secrets to successful communi-

cation in life and at work(질문의 7가지 힘)』, 노혜숙 옮김, 더난출판사.

Freire, P.(1970), 『*Pedagogy of the Oppressed*』, New York: Herder and Herder; 남경태 옮김(2009), 『페다고지』, 서울: 그린비.

Foucault, M.(1971), 『*L'ordre du discours*』, Paris: Gallimard.

Illich, I.(2004), 『*Deschooling Society: A Call for Institutional Revolution*(학교 없는 사회)』, 심성보 옮김, 서울: 미토(원저 1971 출간).

Keddie, N.(1971), 『*Classroom Knowledge. M. Young ed. Knowledge and Control*』, London: Collier Macmillan LTd, 133-160.

Lett, D. P.(1998), 『*In pursuit of status: The Making of south Korea's new urban middle class*』, Cambridge and London: Harvard University Press.

Maudsley, D.B.(1979), 『*A Theory of Meta-Learning and Principles of Facilitation: An Organismic Perspective*』, University of Toronto, 1979(40, 8,4354-4355-A).

Mucchielli, A.(1986), 『*L'identité*』, Paris: PUF.

Morin, E.(1992), 『*La Méthode 3. La connaissance de la Connaissance*』, Paris: Seuil.

Morin, E.(2000), 『*Les Sept Savoirs Nécessaires à l'Education du Futur*』, Paris: Seuil.

OECD(2009), Highlights from Education at a Glance 2009.

OECD(2013), PISA 2012 Results in focus: what 15-year-olds know and what they can do with what they know.

Singly(de), F.(1996), 『*Le Soi, le couple et la famille*』, Paris: Nathan.

Strayer, J. F.(2007), 『*The Effects of the Classroom Flip on the Learning Environment: A Comparison of Learning Activity in a Traditional Classroom and a Flip Classroom that Used an Intelligent Tutoring System*』, USA: The Ohio State University.

Touraine, A.(1995), 『*Critique de la Modernité*』, Paris: Fayard.

삶의 행복을 꿈꾸는 교육은
어디에서 오는가?

미래 100년을 향한 새로운 교육

▶ **교육혁명을 앞당기는 배움책 이야기**
혁신교육의 철학과 잉걸진 미래를 만나다!

▶ 비고츠키 선집 시리즈
발달과 협력의 교육학 어떻게 읽을 것인가?

생각과 말
레프 세묘노비치 비고츠키 지음 |
배희철·김용호·D. 켈로그 옮김 | 690쪽 | 값 33,000원

성장과 분화
L.S. 비고츠키 지음 | 비고츠키 연구회 옮김
308쪽 | 값 15,000원

도구와 기호
비고츠키·루리야 지음 | 비고츠키 연구회 옮김
336쪽 | 값 16,000원

의식과 숙달
L.S 비고츠키 | 비고츠키 연구회 옮김
348쪽 | 값 17,000원

어린이 자기행동숙달의 역사와 발달 I
L.S. 비고츠키 지음 | 비고츠키 연구회 옮김
564쪽 | 값 28,000원

관계의 교육학, 비고츠키
진보교육연구소 비고츠키교육학실천연구모임 지음
300쪽 | 값 15,000원

어린이 자기행동숙달의 역사와 발달 II
L.S. 비고츠키 지음 | 비고츠키 연구회 옮김
552쪽 | 값 28,000원

비고츠키 생각과 말 쉽게 읽기
진보교육연구소 비고츠키교육학실천연구모임 지음
316쪽 | 값 15,000원

어린이의 상상과 창조
L.S. 비고츠키 지음 | 비고츠키 연구회 옮김
280쪽 | 값 15,000원

비고츠키와 인지 발달의 비밀
A.R. 루리야 지음 | 배희철 옮김 | 280쪽 | 값 15,000원

연령과 위기
L.S. 비고츠키 지음 | 비고츠키 연구회 옮김
336쪽 | 값 17,000원

수업과 수업 사이
비고츠키 연구회 지음 | 196쪽 | 값 12,000원

▶ 창의적인 협력수업을 지향하는 삶이 있는 국어 교실
우리말 글을 배우며 세상을 배운다

중학교 국어 수업 어떻게 할 것인가?
김미경 지음 | 340쪽 | 값 15,000원

이야기 꽃 1
박용성 엮어 지음 | 276쪽 | 값 9,800원

토론의 숲에서 나를 만나다
명혜정 엮음 | 312쪽 | 값 15,000원

이야기 꽃 2
박용성 엮어 지음 | 294쪽 | 값 13,000원

토닥토닥 토론해요
명혜정·이명선·조선미 엮음 | 288쪽 | 값 15,000원

인문학의 숲을 거니는 토론 수업
순천국어교사모임 엮음 | 308쪽 | 값 15,000원

어린이와 시
오인태 지음 | 192쪽 | 값 12,000원

수업, 슬로리딩과 함께
박경숙·강슬기·김정욱·장소현·강민정·전혜림·이혜민 지음
268쪽 | 값 15,000원

▶ 평화샘 프로젝트 매뉴얼 시리즈
학교 폭력에 대한 근본적인 예방과 대책을 찾는다

학교 폭력 어떻게 만들어지는가
문재현 외 지음 | 300쪽 | 값 14,000원

아이들을 살리는 동네
문재현·신동명·김수동 지음 | 204쪽 | 값 10,000원

학교 폭력, 멈춰!
문재현 외 지음 | 348쪽 | 값 15,000원

평화! 행복한 학교의 시작
문재현 외 지음 | 252쪽 | 값 12,000원

왕따, 이렇게 해결할 수 있다
문재현 외 지음 | 236쪽 | 값 12,000원

마을에 배움의 길이 있다
문재현 지음 | 208쪽 | 값 10,000원

젊은 부모를 위한 백만 년의 육아 슬기
문재현 지음 | 248쪽 | 값 13,000원

별자리, 인류의 이야기 주머니
문재현·문한뫼 지음 | 444쪽 | 값 20,000원

▶ 4·16, 질문이 있는 교실 마주이야기
통합수업으로 혁신교육과정을 재구성하다!

통하는 공부
김태호·김형우·이경석·심우근·허진만 지음
324쪽 | 값 15,000원

내일 수업 어떻게 하지?
아이함께 지음 | 300쪽 | 값 15,000원
2015 세종도서 교양부문

인간 회복의 교육
성래운 지음 | 260쪽 | 값 13,000원

교과서 너머 교육과정 마주하기
이윤미 외 지음 | 368쪽 | 값 17,000원

수업 고수들 수업·교육과정·평가를 말하다
박현숙 외 지음 | 368쪽 | 값 17,000원

도덕 수업, 책으로 묻고 윤리로 답하다
울산도덕교사모임 지음 | 320쪽 | 값 15,000원

체육 교사, 수업을 말하다
전용진 지음 | 304쪽 | 값 15,000원

교실을 위한 프레이리
아이러 쇼어 엮음 | 사람대사람 옮김 | 412쪽 | 값 18,000원

마을교육공동체란 무엇인가?
서용선 외 지음 | 360쪽 | 값 17,000원

학교생활기록부를 디자인하라
박용성 지음 | 268쪽 | 값 14,000원

교사, 학교를 바꾸다
정진화 지음 | 372쪽 | 값 17,000원

함께 배움
학생 주도 배움 중심 수업 이렇게 한다
니시카와 준 지음 | 백경석 옮김 | 280쪽 | 값 15,000원

공교육은 왜?
홍섭근 지음 | 352쪽 | 값 16,000원

자기혁신과 공동의 성장을 위한
교사들의 필리버스터
윤양수·원종희·장군·조경삼 지음 | 280쪽 | 값 14,000원

함께 배움 이렇게 시작한다
니시카와 준 지음 | 백경석 옮김 | 196쪽 | 값 12,000원

함께 배움 교사의 말하기
니시카와 준 지음 | 백경석 옮김 | 188쪽 | 값 12,000원

미래교육의 열쇠, 창의적 문화교육
심광현·노명우·강정석 지음 | 368쪽 | 값 16,000원

주제통합수업, 아이들을 수업의 주인공으로!
이윤미 외 지음 | 392쪽 | 값 17,000원

수업과 교육의 지평을 확장하는 수업 비평
윤양수 지음 | 316쪽 | 값 15,000원
2014 문화체육관광부 우수교양도서

교사, 선생이 되다
김태은 외 지음 | 260쪽 | 값 13,000원

교사의 전문성, 어떻게 만들어지나
국제교원노조연맹 보고서 | 김석규 옮김 392쪽 | 값 17,000원

수업의 정치
윤양수·원종희·장군 지음 | 280쪽 | 값 14,000원

학교협동조합,
현장체험학습과 마을교육공동체를 잇다
주수원 외 지음 | 296쪽 | 값 15,000원

거꾸로교실,
잠자는 아이들을 깨우는 수업의 비밀
이민경 지음 | 280쪽 | 값 14,000원

교사는 무엇으로 사는가
정은균 지음 | 292쪽 | 값 15,000원

마음의 힘을 기르는 감성수업
조선미 외 지음 | 300쪽 | 값 15,000원

작은 학교 아이들
지경준 엮음 | 376쪽 | 값 17,000원

감성 지휘자, 우리 선생님
박종국 지음 | 308쪽 | 값 15,000원

대한민국 입시혁명
참교육연구소 입시연구팀 지음 | 220쪽 | 값 12,000원

교사를 세우는 교육과정
박승열 지음 | 312쪽 | 값 15,000원

전국 17명 교육감들과 나눈
교육 대담
최창의 대담·기록 | 272쪽 | 값 15,000원

들뢰즈와 가타리를 통해
유아교육 읽기
리세롯 마리엣 올슨 지음 | 이연선 외 옮김 | 328쪽 | 값 17,000원

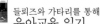

교육과정 통합, 어떻게 할 것인가?
성열관 외 지음 | 192쪽 | 값 13,000원

 동양사상에게 인공지능 시대를 묻다
홍승표 외 지음 | 260쪽 | 값 15,000원

 학교 혁신의 길, 아이들에게 묻다
남궁상운 외 지음 | 268쪽 | 값 15,000원

 프레이리의 사상과 실천
사람대사람 지음 | 352쪽 | 값 18,000원

 혁신학교, 한국 교육의 미래를 열다
송순재 외 지음 | 608쪽 | 값 30,000원

 페다고지를 위하여
프레네의 『페다고지 불변요소』 읽기
박찬영 지음 | 296쪽 | 값 15,000원

 학교 민주주의의 불한당들
정은균 지음 | 276쪽 | 값 14,000원

 교육과정, 수업, 평가의 일체화
리사 카터 지음 | 박승열 외 옮김 | 196쪽 | 값 13,000원

 학교를 개선하는 교장
지속가능한 학교 혁신을 위한 실천 전략
마이클 풀란 지음 | 서동연·정효준 옮김 | 216쪽 | 값 13,000원

 공자던, 논어는 이것이다
유문상 지음 | 392쪽 | 값 18,000원

 교사와 부모를 위한
발달교육이란 무엇인가?
현광일 지음 | 380쪽 | 값 18,000원

 교사, 이오덕에게 길을 묻다
이무완 지음 | 328쪽 | 값 15,000원

▶ 교과서 밖에서 만나는 역사 교실
상식이 통하는 살아 있는 역사를 만나다

 전봉준과 동학농민혁명
조광환 지음 | 336쪽 | 값 15,000원

 남도의 기억을 걷다
노성태 지음 | 344쪽 | 값 14,000원

 응답하라 한국사 1·2
김은석 지음 | 356쪽·368쪽 | 각권 값 15,000원

 즐거운 국사수업 32강
김남선 지음 | 280쪽 | 값 11,000원

 즐거운 세계사 수업
김은석 지음 | 328쪽 | 값 13,000원

 강화도의 기억을 걷다
최보길 지음 | 276쪽 | 값 14,000원

 광주의 기억을 걷다
노성태 지음 | 348쪽 | 값 15,000원

 선생님도 궁금해하는
한국사의 비밀 20가지
김은석 지음 | 312쪽 | 값 15,000원

 교과서 밖에서 배우는 역사 공부
정은교 지음 | 292쪽 | 값 14,000원

 팔만대장경도 모르면 빨래판이다
전병철 지음 | 360쪽 | 값 16,000원

 빨래판도 잘 보면 팔만대장경이다
전병철 지음 | 360쪽 | 값 16,000원

 영화는 역사다
강성률 지음 | 288쪽 | 값 13,000원

 친일 영화의 해부학
강성률 지음 | 264쪽 | 값 15,000원

 한국 고대사의 비밀
김은석 지음 | 304쪽 | 값 13,000원

 조선족 근현대 교육사
정미량 지음 | 320쪽 | 값 15,000원

 다시 읽는 조선근대교육의 사상과 운동
윤건차 지음 | 이명실·심성보 옮김 | 516쪽 | 값 25,000원

걸림돌
키르스텐 세룹-빌펠트 지음 | 문봉애 옮김
248쪽 | 값 13,000원

 음악과 함께 떠나는 세계의 혁명 이야기
조광환 지음 | 292쪽 | 값 15,000원

 역사수업을 부탁해
열 사람의 한 걸음 지음 | 388쪽 | 값 18,000원

 논쟁으로 보는 일본 근대교육의 역사
이명실 지음 | 324쪽 | 값 17,000원

 진실과 거짓, 인물 한국사
하성환 지음 | 400쪽 | 값 18,000원

▶ 더불어 사는 정의로운 세상을 여는 인문사회과학
사람의 존엄과 평등의 가치를 배운다

 밥상혁명
강양구·강이현 지음 | 298쪽 | 값 13,800원

 좌우지간 인권이다
안경환 지음 | 288쪽 | 값 13,000원

 도덕 교과서 무엇이 문제인가?
김대용 지음 | 272쪽 | 값 14,000원

 민주시민교육
심성보 지음 | 544쪽 | 값 25,000원

 자율주의와 진보교육
조엘 스프링 지음 | 심성보 옮김 | 320쪽 | 값 15,000원

 민주시민을 위한 도덕교육
심성보 지음 | 500쪽 | 값 25,000원
2015 세종도서 학술부문

 민주화 이후의 공동체 교육
심성보 지음 | 392쪽 | 값 15,000원
2009 문화체육관광부 우수학술도서

 교과서 밖에서 배우는 인문학 공부
정은교 지음 | 280쪽 | 값 13,000원

 갈등을 넘어 협력 사회로
이창언·오수길·유문종·신윤관 지음 | 280쪽 | 값 15,000원

 오래된 미래교육
정재걸 지음 | 392쪽 | 값 18,000원

 동양사상과 마음교육
정재걸 외 지음 | 356쪽 | 값 16,000원
2015 세종도서 학술부문

 대한민국 의료혁명
전국보건의료산업노동조합 엮음 | 548쪽 | 값 25,000원

 교과서 밖에서 배우는 철학 공부
정은교 지음 | 280쪽 | 값 14,000원

 교과서 밖에서 배우는 고전 공부
정은교 지음 | 288쪽 | 값 14,000원

 교과서 밖에서 배우는 사회 공부
정은교 지음 | 304쪽 | 값 15,000원

 전체 안의 전체 사고 속의 사고
김우창의 인문학을 읽다
현광일 지음 | 320쪽 | 값 15,000원

 교과서 밖에서 배우는 윤리 공부
정은교 지음 | 292쪽 | 값 15,000원

 카스트로, 종교를 말하다
피델 카스트로·프레이 베토 대담 | 조세종 옮김
420쪽 | 값 21,000원

 한글 혁명
김슬옹 지음 | 388쪽 | 값 18,000원

 교사와 부모를 위한 비고츠키 교육학
카르포프 지음 | 실천교사번역팀 옮김 | 308쪽 | 값 15,000원

▶ 살림터 참교육 문예 시리즈
영혼이 있는 삶을 가르치는 온 선생님을 만나다!

 꽃보다 귀한 우리 아이는
조재도 지음 | 244쪽 | 값 12,000원

 선생님이 먼저 때렸는데요
강병철 지음 | 248쪽 | 값 12,000원

 성깔 있는 나무들
최은숙 지음 | 244쪽 | 값 12,000원

 서울 여자, 시골 선생님 되다
조경선 지음 | 252쪽 | 값 12,000원

 아이들에게 세상을 배웠네
명혜정 지음 | 240쪽 | 값 12,000원

 행복한 창의 교육
최창의 지음 | 328쪽 | 값 15,000원

 밥상에서 세상으로
김흥숙 지음 | 280쪽 | 값 13,000원

 북유럽 교육 기행
정애경 외 14인 지음 | 288쪽 | 값 14,000원

▶ 남북이 하나 되는 두물머리 평화교육
분단 극복을 위한 치열한 배움과 실천을 만나다

 10년 후 통일
정동영·지승호 지음 | 328쪽 | 값 15,000원

 선생님, 통일이 뭐예요?
정경호 지음 | 252쪽 | 값 13,000원

 분단시대의 통일교육
성래운 지음 | 428쪽 | 값 18,000원

 김창환 교수의 DMZ 지리 이야기
김창환 지음 | 264쪽 | 값 15,000원

▶ 출간 예정